Die 50er Jahre

Inhalt

Die Fünfziger. Die Fuffziger
Die Widersprüchlichkeit des Jahrzehnts

Modernisierungsschub

Die fünfziger Jahre erweisen sich in Westdeutschland als eine geschichtlich, vor allem auch sozial- und kulturhistorisch äußerst bedeutsame Übergangsphase, deren Auswirkungen die Gegenwart und wohl auch die Zukunft der „Berliner Republik" weiterhin mit prägen. In dieser Zeit vollzog sich ein großer gesellschaftlicher Umbruch, der freilich in seiner Bedeutung erst in den letzten Jahren voll erkannt wurde.

Lange hatte man der „Wirtschaftswunderzeit" zu wenig Aufmerksamkeit geschenkt. Die Phase des Wiederaufbaus und der Normalisierung des Alltagslebens schien viel weniger spektakulär verlaufen zu sein als die Ende der sechziger Jahre einsetzende Protestbewegung. Doch in der Zeit zwischen Währungsreform (1948) und Mauerbau (1961), um die rein kalendarische Begrenzung etwas auszuweiten, vollzogen sich im Westen höchst bedeutsame, ja atemberaubende gesellschaftspolitische und kulturelle Veränderungen, die Stadt wie Land und die individuellen wie kollektiven Lebensbedingungen betrafen. Es erfolgte eine alle Bereiche umfassende Modernisierung – eine „Modernisierung im Wiederaufbau". Es bildeten sich die materiellen Voraussetzungen und geistigen Dispositionen heraus, durch die in den darauf folgenden Jahren eine auch äußerlich sichtbar verwandelte Gesellschaft entstehen konnte.[1] Ein „neuer, tief greifender Modernisierungsschub" habe, so der Politikwissenschaftler Hans-Peter Schwarz, seit der Mitte jenes Jahrzehnts „eine Periode des großen Abräumens jener vorindustriellen Reste ..., die das Dritte Reich und den Krieg noch überlebt hatten", eingeleitet. In diesem Sinne seien die „fünfziger Jahre als Epochenzäsur zu entdecken", welche die „Welt von gestern" von der Gegenwart der Bundesrepublik als westeuropäischem Land unterscheide.[2] In den fünfziger Jahren, so der Politologe und frühere bayerische Kultusminister Hans Maier, sei nicht einfach eine neue Gesellschaft aus einer alten entstanden, wie von Ressentiments getrübte Urteile lauteten; vielmehr hätten die Deutschen unter Konrad Adenauer als Bundeskanzler endgültig und unwiderruflich Bekanntschaft mit den Formprinzipien einer modernen Gesellschaft gemacht, nachdem der Antimodernismus des Dritten Reiches zu Ende gegangen sei.[3] Der Historiker Lothar Gall sieht einen höchst faszinierenden Vorgang darin, wie eine scheinbar konservative, nach außen hin Bewahrung und Wiederherstellung proklamierende Regierung in den ersten Jahren der Bundesrepublik in Wahrheit auf Veränderung wie Wandel setzte und davon die Befestigung des Gemeinwesens und zugleich der eigenen Position erwartete.[4]

Das Projekt der Moderne, so der Historiker Axel Schildt in einer umfassenden Studie[5], bot sich nun – in Abweichung vom fatalen „deutschen Sonderweg" der vorausgehenden Jahrzehnte – als breit einladende Straße des Fortschritts an, der von höchst unterschiedlichen avantgardistischen Strömungen vorangetrieben wurde. Es wirkten sich aus: wilhelminisches Fortschrittsdenken, die urbane Weltoffenheit der Weimarer Republik, auch der von jeder Moral und Ethik gelöste „Futurismus" des Nationalsozialismus.[6] Den eigentlichen Durchbruch schufen Westbindung und Amerikanisierung, ausgelöst von der alliierten Re-education, die freiheitliche Kultur und Demokratisierung zur – zunächst allerdings aufgezwungenen – „Selbstverständlichkeit" machte. Der glückliche Umstand schließlich, dass der neue Staat, begründet auf soziale Marktwirtschaft, ökonomisch florierte (mit Vollbeschäftigung und steigendem Wohlstand), war für das Gelingen der Modernisierung von ausschlaggebender Bedeutung.

Das „andere" Deutschland, die DDR, lag dazu in exotischer Ferne. Freilich war auch

Ein Symbol für den in den fünfziger Jahren erfolgenden Modernisierungsschub ist das 1957 fertig gestellte „Atom-Ei" von Garching bei München. Diese erste nukleare Anlage in Deutschland wurde schon bald zum Wahrzeichen der Kernforschung schlechthin und zu einem weit leuchtenden Bild vom Neubeginn nach dem Zweiten Weltkrieg. Während es schon Protestbewegungen gegen die atomare Aufrüstung der Großmächte gab, fanden die Gefahren der friedlichen Nutzung der Atomenergie, die auf dem Energiesektor den Weg in eine prosperierende Zukunft zu ermöglichen schien, noch wenig Beachtung.

sie von Modernitätsvorstellungen, die allerdings ideologisch durchsetzt waren, bestimmt; sie scheiterten weitgehend. Im Westen erfolgte die über das Politische weit hinausreichende Prägung des Jahrzehnts durch den ersten Bundeskanzler Konrad Adenauer, der 1949 nach der Konstituierung der Bundesrepublik sein Amt antrat (und 1963 niederlegte). Er führte Deutschland in den Westen. Sein Gegenspieler Walter Ulbricht fungierte als Handlanger der Sowjetunion – ein stalinistischer Statthalter, der mit „Zuckerbrot und Peitsche" den „Aufbau des Sozialismus" betrieb. Die Mehrheit der Ostdeutschen wandte sich freilich von „roter Fortschrittlichkeit" ab und der farbig-westlichen zu. Sie bestaunten aus einer Distanz, die durch Kontroll- und Unterdrückungsmaßnahmen zunehmend größer wurde, das

In starkem Kontrast zum amerikanisierten Westdeutschland stand die DDR. Auch hier waren Modernitätsvorstellungen bestimmend, doch waren diese ideologisch durchsetzt. Zu den härtesten Maßnahmen, mit denen im Sinne kommunistisch-stalinistischer Ideologie der Aufbau der neuen sozialistischen Gesellschaft vorangetrieben werden sollte, gehörte die Zwangskollektivierung der Landwirtschaft in Form Landwirtschaftlicher Produktionsgenossenschaften (LPGs).

Glück eines Fortschritts, das ihnen selbst versagt blieb und das sie durch Flucht ins Private psychologisch zu kompensieren suchten. Ehe noch die wirkliche Mauer im August 1961 gebaut wurde, gab es bereits eine Zeitbarriere: auf der westlichen Seite der Anbruch von „modern times", auf der östlichen eine mit den Relikten der Vergangenheit verschönte Rückständigkeit, die sich auf allen Gebieten, vor allem im Wirtschaftsbereich, zeigte, ein Deutschland, „wie es vor der Amerikanisierung des westdeutschen Lebensstils auch in der heutigen Bundesrepublik einmal ausgesehen hat".[7] Was die zeitgenössische intellektuelle Stimmungslage betraf, so sprach bereits 1950 der linkskatholische Publizist Walter Dirks in einem Beitrag der „Frankfurter Hefte" vom „restaurativen Charakter der Epoche". Zusammen mit dem Publizisten Eugen Kogon – von 1939 bis 1945 Häftling im Konzentrationslager Buchenwald und Autor der ersten Analyse des Systems der nationalsozialistischen Konzentrationslager („Der SS-Staat") – hatte er 1946 diese einflussreiche Zeitschrift gegründet. Wirtschaftsliberalismus, patriarchalische Vorstellungen, das Traumbild einer Gesellschaft, in der die Persönlichkeiten, die Honoratioren, eine entscheidende Rolle spielten – verbunden mit einer starken Staatsbürokratie –, ebneten erneut den Weg für das Alte und Gewesene. „In dem harmlosen Wort ‚Wiederaufbau' hat sich dieser Weg bereits 1945 angekündigt. Angst, Bedürfnis nach Sicherheit und Bequemlichkeit waren stärker als Mut, Wahrheit und Opfer."[8] Zwei Jahre später bestätigte Kogon diese Diagnose: Auch wenn Einzelne und Gruppen an wirklicher Erneuerung arbeiteten – „geistig, kirchlich, erzieherisch, politisch, sozial, betrieblich" –, müsse man davon ausgehen, dass eine Periode, wie man sie jetzt durchlebe, sehr lange dauern könne. Es dominierten die überlieferten und erstarrten Werte, Mittel und Denkformen. Die Souveränität des Einzelnen tobe sich hauptsächlich in der Freiheit des wirtschaftlichen Wettbewerbs aus.[9]

Goldene Zeiten

Die gesellschaftspolitische Enttäuschung und die Melancholie, die aus diesen und vielen anderen zeitgenössischen Zeugnissen sprechen, hatten ihre Gründe; sie bezogen sich – wie zu zeigen sein wird – auf Ereignisse und Tendenzen, welche die fünfziger Jahre mit einem hässlichen Gesicht in Erscheinung treten lassen. Doch kann ein abwägendes Urteil angesichts des kulturellen Mainstreams durchaus zu dem Ergebnis kommen, dass es sich um „goldene" Zeiten gehandelt hat. Nostalgie mag da mitschwingen, Sehnsucht nach einer relativ geschlossenen, vor Abgründen weitgehend sich abkapselnden heilen Welt, wie sie „in jenen Tagen" anscheinend gegeben war. Nach den Schrecknissen der Kriegs- und Nachkriegszeit verbreitete sich ein Gefühl des Glücks und der Zufriedenheit, verbunden mit einem harmonisch-farbigen „Lebensdesign". Man kann davon ausgehen, dass die Deutschen mit ihrem Land nie so einverstanden waren wie damals. Der Schlüssel dazu: die Rundung. „Überall Kurven, Bauchiges, Schwingendes. So als sollte die böse Zackigkeit von Hakenkreuz, Hitlergruß und SS-Rune durch die Gnade von Käfer, Muschel, Niere vergeben und vergessen werden. In diesen Formen fühlten wir uns versöhnt."[10] Dem entspricht die aus emotionaler Bindung hervorgehende umgangssprachliche Bezeichnung der Epoche als „die Fuffziger".

Schon einmal hatte im zwanzigsten Jahrhundert ein Jahrzehnt das Prädikat „golden" erhalten. Das waren die „roaring twenties", die „années folles", in Deutschland die „tollen Zwanziger" – die Zeitläufte zwischen dem Ende des Ersten Weltkrieges und der nationalsozialistischen Machtübernahme. Aber gerade der Vergleich mit dieser Epoche kann die besondere Qualität der bundesrepublikanischen Fünfziger aufzeigen. Waren – um das Bild zu wechseln – die Zwanziger ein hektischer Tanz auf dem Vulkan, so die Fünfziger Heiterkeit auf dem Boden fleißig und kreativ erarbeiteter Solidität.

Beide Epochen fingen bei einem gewissen Nullpunkt an, an dem es ums bloße Überleben ging; beiden gelang in relativ kurzer Frist eine in Deutschland noch nie dagewesene Verbesserung der materiellen Lebensumstände. Nach 1918 erlebte jedoch nur eine Minderheit – Intellektuelle, Künstler, Wohlhabende und sonstige Privilegierte – eine Zeit aufgeregten Glücks. „In den sozialen fünfziger Jahren hingegen wird für die Gesamtheit der Bevölkerung ein gesicherter Wohlstand erstrebt", so der Publizist Peter Coulmas. Allerdings seien die Aufstiegs- und Wirtschaftswunderjahre der kleinräumig angelegten und kleinbürgerlich gesinnten Bundesrepublik auch gekennzeichnet gewesen „durch Biederkeit, Bravheit, Fleiß, Bemühtheit und Zuverlässigkeit. Es ging damals eigentlich nur darum, sich wieder zu

„Überall Kurven, Bauchiges, Schwingendes." Das Lebensgefühl der (westdeutschen) „Fuffziger" bekundete auch die Mode des Hula-Hoop – eingeführt von einer amerikanischen Spielzeugfirma, deren Inhaber diese Gymnastikart bei einer australischen Schulklasse kennen gelernt hatten. „Die ganze Welt tanzt heute Hula-Hoop", hieß es in einem Schlager 1958; damals dürften etwa 60 Millionen Plastikringe um Europas und Amerikas Hüften gekreist sein.

setteln und für die Restnation eine wohlanständige bürgerliche Existenz aufzubauen."[11]

Kalter Krieg und Capri-Sonne

Die geistige Grundstruktur der fünfziger Jahre ist gekennzeichnet durch Ambivalenz, „Doppelwertigkeit", aus der Zwiespältigkeit und innere Zerrissenheit resultierten. Einerseits kam in der Bundesrepublik eine längst ersehnte Modernität zum Durchbruch, die auch viel Lebenslust und vor allem den Drang nach dem Schönen einschloss; der dumpfe Provinzialismus des Dritten Reiches wurde endgültig überwunden. Andererseits zeigten sich restaurative, selbst reaktionäre Absichten, die aufklärerischen Fortschritt zu hemmen oder zu unterbinden suchten. Einer weltoffenen, dem Neuen aufgeschlossenen

Haltung stand der Rückfall auf überholte Positionen entgegen. Will man die Zerrissenheit der Epoche in wenigen Worten veranschaulichen, so bietet sich ein Buchtitel an, der die Fünfziger mit einer Schlagzeile resümiert: „Bikini – Kalter Krieg und Capri-Sonne". Der Pariser Strandmodenspezialist Louis Réard gab dem von ihm erfundenen zweiteiligen Badeanzug den Namen des Atolls Bikini, um damit das Sensationelle seiner Erfindung zu unterstreichen. Die Südseeinsel Bikini war in den fünfziger Jahren der Schauplatz zahlreicher Atombombenversuche der USA.[12]

1952 erprobten die USA die erste Wasserstoffbombe, die über eine Sprengkraft von 600 Atombomben, wie sie 1945 über Hiroshima und Nagasaki abgeworfen worden waren, verfügte. Die UdSSR, die seit 1949 Atombomben besaß, gab 1953 bekannt, dass sie auch über die Wasserstoffbombe verfüge. Allein das sich ständig steigernde atomare Waffenarsenal der sich seit Ende der vierziger Jahre in einem „kalten Krieg" gegenüberstehenden Ost-West-Mächte hätte apokalyptische Ängste aufkommen lassen müssen. Sie waren jedoch in Deutschland überlagert von einem Verdrängungskomplex, der, symbolisch gesprochen, die Erholung unter der Capri-Sonne wichtiger nahm als die atomare Bedrohung. („Heller als tausend Sonnen" hieß der Titel eines Buches von Robert Jungk, in dem er 1956 die Entwicklung der Atomwissenschaft behandelte.) Dass „die Sintflut nun herstellbar" war (Max Frisch), beeinträchtigte die bundesrepublikanische Aufbaudynamik nur wenig und störte kaum das individuelle wie kollektive, in allen Bereichen sich ausbildende Erfolgsgefühl, das der Slogan „Wir sind wieder wer!" auf den Punkt brachte.

Objektiv schien sich die Weltlage Ende der vierziger Jahre zu entspannen: Die UdSSR beendete im Mai 1949 die Großblockade, die sie im Juni 1948 über Berlin verhängt hatte, um die gesamte Stadt unter ihre Kontrolle zu bringen. Die mit höchstem logistischem Können von den Amerikanern und

Gegenüberliegende Seite: Die Insel Capri im Golf von Neapel war bis in die dreißiger Jahre des 20. Jahrhunderts vor allem Winterreiseziel der internationalen Hautevolee: Hier erholten sich die Schönen und Reichen, Politiker und Schauspieler, Künstler, Schriftsteller und Globetrotter. In den fünfziger Jahren wurde Capri, zunächst freilich mehr symbolisch, zum Traumziel des Massentourismus.

Auf der Südseeinsel Bikini explodiert am 30. Oktober 1952 die erste Wasserstoffbombe. Das Bikini-Atoll, das zu den Marshall-Inseln gehört, wurde von den USA erstmals 1946 für Atombombenversuche genutzt. (Nach diesem „Bombenerfolg" benannte Louis Réard einen sensationellen neuen zweiteiligen Badeanzug, der wegen seiner Freizügigkeit jahrelang verpönt war.) Die atomare Bedrohung wurde im Westdeutschland des Kalten Krieges weitgehend verdrängt.

Vor allem in Westberlin als „Frontstadt" und „Bollwerk gegenüber der DDR" waren die amerikanischen Truppen – hier bei einer Fahnenparade auf dem Flughafen Berlin-Tempelhof am 15. Mai 1958 – als Schutzmacht willkommen und beliebt. Mit dem Ausruf „Ich bin ein Berliner" bekräftigte dann der seit 1961 amtierende amerikanische Präsident John F. Kennedy bei einem Besuch in Westberlin 1963 diese vor allem seit der Luftbrücke 1948 bestehende Verbundenheit.

Briten durchgeführte Versorgung Berlins aus der Luft („Rosinenbomber") wurde noch einige Monate weitergeführt. Bald jedoch wurde Korea zum Schauplatz eines „heißen" Kriegsgeschehens. 1950, nach Abzug der sowjetischen und amerikanischen Besatzungstruppen aus Nord- beziehungsweise Südkorea, Folge des Krieges gegen Japan, überfielen nordkoreanische Truppen Südkorea, das in Gegenwehr von amerikanischen Truppen und einer intervenierenden UN-Truppe unterstützt wurde. 1953 kam es zu einem Waffenstillstand mit der Folge der Teilung des Landes in einen nördlichen und südlichen Teil am 38. Breitengrad.

Im November 1956 geb es in Ungarn einen Volksaufstand gegen die dominierende, von der Sowjetunion unterstützte stalinistisch-kommunistische Partei unter Ernő Gerő, der durch sowjetische Truppen niedergeschlagen wurde. „In Westeuropa verfolgte die Öffentlichkeit den Freiheitskampf der Ungarn mit der leidenschaftlichen Anteilnahme dessen, der weiß, daß seine Zukunft auf dem Spiel steht."[13] Parallel dazu führte die Absicht des ägyptischen Präsidenten Gamal Nasser, den Suezkanal zu nationalisieren, zum bewaffneten Einschreiten von Frankreich und Großbritannien, denen sich Israel in einem die eigene Lage gegenüber Ägypten konsolidierenden Präventivkrieg anschloss. Da die USA und die UdSSR gemeinsam die Forderung der UN nach Abzug der siegreichen israelischen Truppen aus dem Sinai unterstützten, konnte die Krise entschärft werden. Doch zeigte die Tatsache, dass sich die Atombomber der beiden Großmächte in ständiger „Vergeltungsbereitschaft" befanden, wie leicht sich das Pulverfass des Ost-West-Gegensatzes hätte entzünden können. In der Bundesrepublik vertraute die Bevölkerung, in weitgehender Abkapselung vom Weltgeschehen, der durch Adenauers Westbindung bewirkten Schutzfunktion der USA. Sie kümmerte sich vor allem um die eigenen Belange; dazu gehörte neben dem Streben nach materiellen Werten auch die „Auferstehung der Kultur". Der Intellektuelle, der

nach langen Jahren der erzwungenen Ferne Deutschland wiedersehe, sei zunächst von dem vorherrschenden geistigen Klima überrascht (so der Soziologe und Philosoph Theodor W. Adorno 1950, kurz nachdem er aus der US-Emigration nach Frankfurt am Main zurückgekehrt war). Man habe erwartet, dass der nackte Zwang zur Selbsterhaltung während des Krieges und der ersten Jahre danach dem Bewusstsein das Gleiche angetan habe, was den Städten durch die Bomben widerfuhr. Man habe Stumpfheit, Unbildung, zynisches Misstrauen gegen jegliches Geistige vorausgesetzt und mit dem Abbau von Kultur, dem Verschwinden der Teilnahme an dem, was über die tägliche Sorge hinausging, gerechnet. Davon könne aber keine Rede sein. Die Beziehung zu den geistigen Dingen sei stark, auch wenn man noch vielfach „Schutz beim Herkömmlichen und Gewesenen" suche.[14]

Nun kam es darauf an, welches neue kulturelle Leben erblühen würde – in einem Staat, der sich als „Bundesrepublik Deutschland" am 24. Mai 1949 konstituiert hatte. Im ehemals Falschen jedenfalls durfte das nun Richtige sich nicht begründen.

Der Alte von Rhöndorf
Die Adenauer-Ära

Keine Experimente

Als am 15. September 1949 Konrad Adenauer mit der Mehrheit von einer (seiner eigenen) Stimme zum ersten Bundeskanzler der Bundesrepublik Deutschland gewählt wurde, war er 73 Jahre alt. Als Politiker konnte er auf eine demokratische Laufbahn zurückblicken: 1906 war er der deutschen Zentrumspartei beigetreten, die im 19. Jahrhundert den Kern der oppositionellen katholischen Minderheit gegen den preußischen Staat gebildet und dann, gegen Ende des Ersten Weltkriegs, einen Verständigungsfrieden angestrebt hatte. Von 1917 bis 1933 fungierte er als Oberbürgermeister von Köln und war dann als Gegner der Nationalsozialisten von diesen aus allen Ämtern entlassen worden. In der Weimarer Republik hatte er sich von der Bildung einer westdeutschen Republik innerhalb des Deutsches Reiches eine Entschärfung des deutsch-französischen Konfliktes erhofft. Die britische Militärverwaltung hatte ihn 1945 erneut als Kölner Oberbürgermeister eingesetzt, dann aber wieder entlassen. Im Februar 1946 war er zum Vorsitzenden der Christlich-Demokratischen Union (CDU) in der britischen Zone gewählt worden, einer Partei, die sich als breite bürgerliche Sammlungsbewegung (in Überwindung konfessioneller Spannungen) und als Hauptkonkurrent zu den sich neu formierenden Linksparteien verstand – vor allem als Gegengewicht zur Sozialdemokratischen Partei Deutschlands (SPD) unter Kurt Schumacher. Die CDU war in allen Besatzungszonen, auch in der sowjetischen Besatzungszone (SBZ), in Bayern als Christlich-Soziale Union (CSU) entstanden. Aus unterschiedlichen weltanschaulichen und regionalen Parteitraditionen hervorgegangen, war sie bestimmt durch stark gegenläufige Tendenzen. Eine französische Zeitung fasste dies dahingehend zusammen, dass die Partei in Berlin sozialistisch und radikal, in Köln klerikal und konservativ, in Hamburg kapitalistisch und reaktionär und in München gegenrevolutionär und partikularistisch sei.[15]

Im Parlamentarischen Rat, der ab September 1948 das „Grundgesetz" (die Verfassung) des westdeutschen Staates vorbereitete und dieses im Mai des darauf folgenden Jahres verabschiedete, stand Adenauer an der Spitze der von den elf deutschen Landtagen gewählten 27 Abgeordneten der CDU/CSU; er war zudem Präsident des Rates, der aus insgesamt 65 von den elf Landtagen gewählten Abgeordneten bestand (darunter 27 der SPD). Der Zusammenschluss aller Landesverbände der CDU (ohne Bayern) erfolgte erst im Oktober 1950, also nach den Wahlen zum ersten Deutschen Bundestag im August 1949, bei denen CDU/CSU 31 Prozent, die SPD 29,2 Prozent, die Freie Demokratische Partei (FDP, 1948 aus dem Zusammenschluss national-liberaler und links-liberaler Gruppen entstanden) 11,9 Prozent der Stimmen erhielt. Adenauer bildete sein erstes Kabinett als Koalitionsregierung mit Ministern von CDU/CSU, FDP und der Deutschen Partei (DP), die bei den Wahlen vier Prozent erhalten hatte.

Die fünfziger Jahre sind politisch, wirtschaftlich und gesellschaftlich geprägt durch die starke Persönlichkeit des CDU-Politikers sowie durch die von ihm hervorgerufenen Gegensätze und Gegenströmungen. An die Spitze des Staates war ein Patriarch getreten. Auch der Altersdurchschnitt der Gründungsmitglieder der CDU war relativ hoch; er lag zwischen 50 und 60 Jahren. Die meisten hatten politische Erfahrungen in der Weimarer Republik und im Dritten Reich, häufig als Angehörige der inneren Emigration oder des Widerstandes, gesammelt. Bei kritischer Aufarbeitung führte dies zu überaus fortschrittlichen Positionen, von denen aus zum Beispiel das Konzept der sozialen Marktwirtschaft entwickelt wurde. Das von der CDU in der britischen Zone im Februar 1947 verabschiedete Aalener Programm –

Keine Experimente!
Konrad Adenauer
CSU

„Keine Experimente" – der Slogan (hier ein Plakat von 1957) stand für die Politik Adenauers und der CDU/CSU von 1949 bis 1963. Er war gewissermaßen das beruhigende Schutzschild, hinter dem sich eine teilweise revolutionäre Modernisierung vollzog. Allein schon das Konzept der sozialen Marktwirtschaft und die entschieden vorangetriebene Westbindung (einschließlich der Versöhnung mit Frankreich) bedeuteten eine klare Absage an überkommene wirtschaftliche und politische Vorstellungen.

eine Mischung aus katholischem Solidarismus, liberaler Marktwirtschaft und sozialistischen Elementen – war von Adenauer angesichts der im Ruhrgebiet nach dem ersten Hungerwinter gegebenen desolaten Situation zunächst zwar mitgetragen, bald aber abgeschwächt und in wichtigen, an marxistischem Denken orientierten Punkten aufgegeben worden; doch blieb die Überzeugung maßgebend, dass man den Neubeginn des demokratischen Staatswesens mit dem Ziel sozialer Gerechtigkeit verbinden müsse. In seiner ersten Regierungserklärung betonte Adenauer, dass sich das deutsche Volk im Wahlkampf mit großer Mehrheit gegen die Planwirtschaft ausgesprochen habe. Die Erfolge des nach der Währungsreform einsetzenden wirtschaftlichen Aufschwungs verstärkten dann noch diese Einschätzung der Mehrheit der Wähler. 1950 zum Vorsitzenden der CDU gewählt, erhielt Adenauer mit den von ihm repräsentierten Parteien der CDU/CSU 1953 bei der Wahl zum zweiten Bundestag 45,2 Prozent der Stimmen, bei der Wahl zum dritten Bundestag 1957 die absolute Mehrheit von 50,2 Prozent. Den Wahlkampf 1957 führte Adenauer vor allem unter dem Motto: „Keine Experimente!" Die SPD als politische Opposition und die vielfach links orientierten Intellektuellen sahen darin eine Bestätigung ihrer Ansicht vom weiteren Um-sich-Greifen der Restauration. Der geistferne Adenauer erweise sich als Leitfigur für die Masse der Bevölkerung, da diese nur am Materialismus, aber nicht an kultureller Vielfalt interessiert sei. Man kreidete ihm, der sich vor allem bei klassischer Musik entspannte und gerne Gedichte von Schiller und Heine las, zudem an, dass er eine anrüchige Vorliebe für Arno Breker, den führenden Bildhauer im Dritten Reich, hege. In keiner seiner vier Regierungserklärungen fand sich ein Appell an die Vertreter des Geistes, seine Regierung zu unterstützen oder wenigstens kritisch zu begleiten. In einer „Spiegel"-Rezension von Adenauers erstem Erinnerungsband (1945–1953) nannte Heinrich Böll, als Kölner gleichsam der

literarische Antipode seines früheren Oberbürgermeisters, Adenauer einen „völlig unpoetischen Bundeskanzler"; „seine ganz und gar vertrocknete armselige Prosa" müsse manchen Deutschlehrer zögern lassen, ob er bei solcher Ausdrucksarmut noch eine Fünf plus vergeben könne.[16] In der Tat war Adenauers Diktion, die schriftliche wie mündliche, äußerst knapp; sein Wortschatz bescheiden, die Redeweise einfach. Viele unterschätzten ihn deswegen, vor allem diejenigen, die an eine blumenreiche, durch rhetorischen Stuck geschmückte Sprache gewöhnt waren und den Wert einer Sprache ohne Floskeln und Pathos verkannten. Adenauers Reden und schriftlichen Äußerungen fehlten zwar „phantasievolle Beweglichkeit und literarischer Glanz"; überall herrschte die kunstlose Genauigkeit, der nüchterne Geschäftsstil des Juristen. „Doch hing dieser stilistische Grundzug, was oft übersehen wurde, aufs genaueste mit dem Charakter und der Arbeitsweise des Politikers Adenauer zusammen. Adenauer verfügte über eine reduzierende Intelligenz. Er schälte an jedem politischen Problem das Zufällige ab, bis der Kern bloßgelegt war. Dann entwarf er Technik und Taktik der Problemlösung. Von seiner Person sah er dabei ganz ab."[17] Allerdings verfiel er bei seinen Attacken auf den politischen Gegner oft in einen primitiven Ton, der Menschenverachtung bekundete; etwa wenn er in Wahlkampfreden Anspielungen auf die uneheliche Geburt von Willy Brandt machte. Auch die Art und Weise, wie er sich im Kalten Krieg als Kämpfer für die westliche Freiheit artikulierte, empfanden seine Gegner als primitiv. Aus Antibolschewismus und Bruttosozialprodukt habe er, so der Journalist Peter Koch in seiner ansonsten wohlwollenden Biographie, jenen Schaumteppich zusammengerührt, mit dem jede Diskussion über gesellschaftliche Reformen im Keim erstickt werden sollte.[18] Vom Sozialismus grenzte sich Adenauer entschieden und meist polemisch ab, wobei ihm jede Geschichtsklitterung recht war. Aller-

Alle Wege des Marxismus führen nach Moskau!

Darum CDU

Adenauers Beweglichkeit war blockiert, wenn es um den Osten ging. Allerdings waren Wahlplakate wie dieses von 1953 vor allem gegen die SPD gerichtet, die auf diese Weise in die Nachbarschaft der kommunistischen Diktatur gerückt werden sollte. Die Diffamierung der demokratischen Linken gehörte zum Grundbestand der CDU/CSU-Wahlpropaganda.

dings fand er als grober Keil im Oppositionsführer Kurt Schumacher einen groben Klotz vor. Dieser nannte Adenauer eine „plumpe Siegesfeier der alliierten klerikalen Koalition über das deutsche Volk"; wegen seiner Westorientierung denunzierte er ihn als einen „Kanzler der Alliierten".

Provinziell und wagemutig

In Bonn als provisorischer Hauptstadt sahen die Gegner Adenauers dessen Politik restaurativer Engstirnigkeit lokalisiert – ohne Ausstrahlung, aber den „zweideutigen Trost der Geborgenheit im Provinziellen" spendend. In seinen Erinnerungen deutet Adenauer den Streit, der unter den Mitgliedern des Parlamentarischen Rates (vornehmlich zwischen CDU/CSU und SPD) ausgebrochen war, ob Bonn oder Frankfurt am Main Bundes-

hauptstadt werden solle, politisch. Frankfurt lag im sozialdemokratisch regierten Hessen; von dort habe sich die SPD eine entsprechende Ausstrahlung auf das gesamte Bundesgebiet versprochen. Für Bonn sprach, dass die Engländer sich bereit erklärt hatten, das Bonner Gebiet aus der Militärverwaltung auszugliedern. Für Frankfurt konnten die Amerikaner dies nicht ermöglichen, da die Stadt eine große Anzahl amerikanischer Organisationen und sehr wichtiger Verwaltungsstellen beherbergte, für die in einer anderen Stadt nur schwer hätte Raum geschaffen werden können.[19] Tiefenpsychologisch gesehen ging es jedoch um etwas anderes: Dem ehemaligen Kölner Oberbürgermeister und Bürger des in der Nähe von Bonn gelegenen Rhöndorf, der im Garten gerne seine Rosen pflegte – Tantau, die weltbekannte Firma für Rosenzucht,

Der Rosenliebhaber Konrad Adenauer war auch bei seinen regelmäßigen Urlauben in der Villa Collina, auf dem Hügel über Cadenabbia am Comer See, von Rosen-stöcken umgeben. Haus und Garten dort empfand er deshalb als „zweite Heimat".

Dass Adenauer in Rhöndorf bei Bonn seinen Wohnsitz hatte, beeinflusste die Wahl Bonns zur Bundeshauptstadt entscheidend. „Indem er die rheinische Heimat, in der er sich am sichersten fühlte, nun in die Mitte rückte, stellte er zugleich sich selber als die maßgebende Zentralfigur dar" (Hermann Proebst). Sein Rhöndorfer Wohnhaus spiegelt den konservativen Wohnstil des gehobenen Bürgertums.

taufte 1954 eine Sorte auf seinen Namen –, erschien es zu gefährlich, einen Staat, den er nach seinem Bilde zu formen gedachte, einem schwer zu kontrollierenden Spiel der Kräfte auf dem so geschichtsträchtigen Boden Frankfurts zu überlassen, dessen Art ihm zudem sehr fremd war. „Mit dem Beschluß, den Bundessitz in Bonn zu errichten, war für ihn die Hauptschlacht schon gewonnen. Von da an bewegten sich alle Lebensströme in dem gedeihenden, allmählich auch zu politischem Bewußtsein wieder erwachenden Lande auf ihn zu. Indem er die rheinische Heimat, in der er sich am sichersten fühlte, nun in die Mitte rückte, stellte er zugleich sich selber als die maßgebende Zentralfigur dar."[20] „Die Luft staute sich über dem Strom und seinen Ufern", heißt es in Wolfgang Koeppens Bonn-Roman „Das Treibhaus" (1953): „Villen standen am Wasser, Rosen wurden gezüchtet, die Wohlhabenheit schritt mit der Heckenschere durch den Park, knirschenden Kies unter dem leichten Altersschuh … Deutschland war ein großes öffentliches Treibhaus."[21]

Trotz der Entscheidung für Bonn zeigte sich jedoch, dass Adenauer, der Konstrukteur einer breit und tief gesicherten Machtfestung, ein skeptisch-sensibler, weltgewandter und wagemutiger Politiker war.[22] Sein visionäres, mit großer Zähigkeit verwirklichtes Konzept bestand darin, die Bundesrepublik nach dem verlorenen Krieg und dem Verlust jedes moralischen Ansehens Schritt um Schritt der Gemeinschaft der westlichen Demokratien zuzuführen. Die Wahl des „Bundesdorfes" Bonn bekundete, dass man der Idee, am deutschen Wesen könne die Welt genesen, abgeschworen hatte. Die Provinz, fern vom früheren Berliner Pomp und Prunk, bot einen guten Ausgangspunkt für eine der deutschen Situation angemessene zurückhaltend-bescheidene Politik. Der „Wundergreis", der einerseits mit seiner Person für die Deutschen eine der rüstigen Vater- beziehungsweise Großvaterfiguren darstellte, an denen sie so sehr hingen (der „alte Kaiser", der „alte Bismarck", der „alte

Hindenburg")[23], erwies sich andererseits innenpolitisch mit der sozialen Marktwirtschaft und außenpolitisch mit dem Weg nach Westen als waghalsiger Avantgardist: Er befreite die „verspätete Nation", die in ihrer Geschichte bislang keinen Anschluss an die Ideen der Demokratie (liberté, fraternité, egalité) gefunden hatte, aus ihrer weitgehend selbst verschuldeten Isolierung. In enger Zusammenarbeit mit dem französischen Außenminister Robert Schuman (dem Architekten des „neuen Europa")[24] betrieb Adenauer die Aussöhnung mit dem „Erbfeind Frankreich", die später in der Freundschaft mit dem französischen Staatspräsidenten Charles de Gaulle gipfelte. Dass die Verständigung mit Frankreich sehr tragfähig war, zeigte sich 1956, als im „Luxemburger Saarvertrag" auf der Basis einer Volksabstimmung die Eingliederung des Saarlandes

„Das Treibhaus" – Blick in den Plenarsaal des Bonner Bundeshauses, in einer Aufnahme aus dem Jahr 1949. Der Architekt Hans Schwippert schuf durch die Erweiterung der 1930 erbauten Pädagogischen Akademie, in der von 1948 bis 1949 der Parlamentarische Rat getagt hatte, ein Parlamentsgebäude, das später als das erste moderne der Welt gepriesen wurde.

in die Bundesrepublik in zwei Etappen beschlossen wurde (1959 beendet). Das „Wunder an der Saar" – die Franzosen hatten 1945 das Saarland praktisch annektiert – brachte die dauerhafte Lösung eines Konflikts, der die deutsch-französischen Beziehungen seit dem Ersten Weltkrieg belastet hatte.

In einem besonders engen Verhältnis stand Adenauer zu John Foster Dulles, dem amerikanischen Außenminister (1953–1959). Zusammen wollten beide Deutschland zu einem Bollwerk gegenüber dem Kommunismus ausbauen, was dann in der Tat zu einer Eindämmung der stalinistisch-bolschewistischen Weltmachtbestrebungen führte. Adenauers tiefe, religiös wie politisch begründete Abneigung gegenüber der Sowjetunion stand jedoch seinem Pragmatismus nicht im Wege. 1955 flog er nach

Moskau; mit der „knöchernen Bedachtsamkeit des Juristen und dem Charme eines Weltmannes" führte er dort Verhandlungen, die zu einem seiner größten Erfolge wurden. Rund 10 000 deutsche Kriegsgefangene und 20 000 Zivilinternierte konnten aus russischer Gefangenschaft in die Heimat zurückkehren. Das Grenzdurchgangslager Friedland, von Kriegsende bis 1955 erste Anlaufstelle für über 1,8 Millionen Menschen, wurde zu einem Symbol für Adenauers Hartnäckigkeit.

Die Bewährungshelfer vom Petersberg

Rückschläge bei der Politik der Westbindung blieben nicht aus. So lehnte die französische Nationalversammlung im August 1954 den Vertrag über die Bildung einer Europäischen Verteidigungsgemeinschaft (EVG) unter Einschluss der Bundesrepublik mehrheitlich ab, was Adenauer als „einen schwarzen Tag für Europa" bezeichnete. Doch wurden dadurch auch die deutsch-amerikanischen Beziehungen gestärkt, da Dulles, über Frankreich verärgert, zusammen mit dem englischen Außenminister Sir Anthony Eden in Paris die Aufnahme der Bundesrepublik in die Westeuropäische Union (WEU) und in die North Atlantic Treaty Organisation (NATO) sowie die Beendigung des Besatzungsregimes in Westdeutschland durchsetzte.

Das Besatzungsstatut war im April 1949 in Kraft gesetzt worden und etablierte anstelle der bisherigen Militärregierungen eine zivile westalliierte Oberaufsicht, die auf dem Petersberg im Siebengebirge residierte – hoch über Bonn und damit symbolisch über dem Sitz der neu gebildeten Bundesregierung. Der alliierten Hohen Kommission blieben militärische Sicherheitsfragen, auswärtige Angelegenheiten, die Genehmigung von Grundgesetzänderungen, die Kontrolle der Gesetzgebung, der Verwaltung, der Wirtschaft und der Außenhandelsbeziehungen vorbehalten. Nach einer Generalklausel konnten die Besatzungsmächte alle gewährten Rechte ganz oder teilweise wieder an

Gegenüberliegende Seite: Der politische Pragmatiker Adenauer flog am 8. September 1955 zu Gesprächen mit Nicolaj Bulganin (Ministerpräsident), Nikita Chruschtschow (Erster Sekretär des Zentralkomitees der KPdSU) und Wjatscheslaw Molotow (Außenminister) nach Moskau. Bei aller Skepsis hatte Adenauer „das Gefühl, mit den Männern im Kreml vielleicht doch eines Tages eine Lösung unserer Probleme finden zu können" (Adenauer, „Erinnerungen").

Die enge persönliche Freundschaft Adenauers mit dem von 1952 bis 1959 amtierenden US-Außenminister John Foster Dulles gründete politisch in der Überzeugung, dass es, wie es Dulles formulierte, keine größere Illusion gäbe als die, dass die sowjetischen Absichten durch Überzeugungskraft verändert werden könnten. Macht sei der Schlüssel zum Erfolg, wenn man es mit der sowjetischen Führung zu tun habe.

John J. McCloy, Jurist, Bankier und Politiker, beriet Adenauer auch nach der Beendigung seiner Tätigkeit als Hoher Kommissar. 1953 besuchte ihn der Bundeskanzler während seiner triumphalen, wahlkampfwirksamen Reise durch die USA.

„Wir wurden in einen Raum geführt, in dem uns die drei Hohen Kommissare auf einem Teppich stehend empfingen. François-Poncet hatte an dem betreffenden Tage den Vorsitz inne. Er trat, während ich vor dem Teppich halt machte, einen Schritt nach vorn, um mich zu begrüßen. Ich machte mir diese Gelegenheit zunutze, ging ihm entgegen und stand somit gleichfalls auf dem Teppich. Keiner der Hohen Kommissare wendete sich dagegen" (Adenauer, „Erinnerungen").

sich ziehen, sofern sie es für geboten hielten. Trotz häufiger harter Auseinandersetzungen verstand es Adenauer, vor allem mit der ersten Riege der Hohen Kommissare (Sir Brian Robertson, Großbritannien, André François-Poncet, Frankreich, und John J. McCloy, USA) ein gutes Einvernehmen herzustellen, was dazu führte, dass er immer mehr als Partner akzeptiert wurde. Bei der offiziellen Zeremonie am 21. September 1949, bei der Adenauer den Hohen Kommissaren sein Kabinett vorstellte, erwarteten diese, dass der Kanzler vor dem Teppich Halt machen würde, auf dem sie standen. Er trat indessen rasch selbst auf den Teppich und stellte so die Gleichheit in der Begegnung her.

Während François-Poncet das hohe Ross der Sieger besonders würdevoll zu reiten verstand, hatte McCloy, was die Verbindung zu den USA zusätzlich positiv beeinflusste, nach anfänglichen Vorbehalten ein besonders enges Verhältnis zum deutschen Bundeskanzler gewonnen. Er habe, so die amerikanische Zeitschrift „Time" 1952, mehr als jeder andere dazu beigetragen, die Bonner Republik vom Status eines besiegten Feindes in die Rolle eines benötigten Freundes überzuleiten.[25] Nach der Rückkehr McCloys in die Vereinigten Staaten – es gab von 1949 bis 1955 insgesamt sieben westliche Hohe Kommissare – schrieb Adenauer in einem wehmütigen Rückblick an McCloy, dass er gerne an die gemeinsame schwere Arbeit in den vergangenen Jahren denke. „Gar oft habe ich in letzter Zeit die Aussprache mit Ihnen, Ihr gutes Urteil über Menschen und Dinge und nicht zuletzt Ihre tatkräftige Haltung vermisst."[26]

Als am 5. Mai 1955 aufgrund der Verträge von Paris – dort waren im Oktober 1954 die Beziehungen zwischen den Staaten der westlichen Gemeinschaft und damit auch zu Deutschland neu geregelt worden – das Besatzungsstatut aufgehoben wurde, war die Zeit der „Bewährungshelfer vom Petersberg" zu Ende gegangen.

Gegen- und Mitspieler

Die Ära Adenauer war gerade deshalb so erfolgreich, weil sie nicht nur durch den „Alten von Rhöndorf", sondern auch durch dessen eigenwillige Mit- und Gegenspieler geprägt war. Diese Dialektik der fünfziger Jahre hat in ihrer Synthese zum Fortschritt Westdeutschlands in Richtung Modernität wesentlich beigetragen. In Theodor Heuss, dem ersten Bundespräsidenten (1949–1959), fand der Patriarch Adenauer einen zwar sanften, aber überaus einflussreichen Kontrahenten. Als geistreichem „Homme de lettres" gelang es Heuss, vor allem mit Hilfe seiner vielen, deutsche Kernfragen behandelnden Reden, dem Bild vom politisch-wirtschaftlichen Aufschwung dasjenige der kulturellen Wiedergeburt Deutschlands zur Seite zu stellen und es – milde, aber bestimmt, verbindlich, aber stringent – dem eigenen Volk wie dem Ausland zu vermitteln. Bei seinem Tod am 12. Dezember 1963 schrieb die „New York Times": „Er war das passende Symbol des neuen Deutschland und er war der Hauptarchitekt der demokratischen Formen dieses Staates."²⁷ Die Liebe und Verehrung, die ihm entgegengebracht wurden, waren gespeist von dem Wärmestrom, der von ihm ausging. Im Gegensatz zu Adenauer, dem Realpolitiker – der amerikanische Journalist und Publizist William S. Schlamm bescheinigte ihm eine steif-autoritäre, konservative, irgendwie sogar arrogante, ruhige Männlichkeit (was er in der Wirkung auf die „nervenzerrütteten Deutschen" als positiv verstand) –, verkörperte Heuss die Wünsche und Sehnsüchte, die man im eigenen Haus wie im Gehäuse des Staates erfüllt beziehungsweise befriedigt sehen wollte: Gemüthaftigkeit und Gemütlichkeit, lebensnahe Geistigkeit und integre Lebensführung, repräsentative Würde und großväterliche Leutseligkeit.

Heuss, 1884 geboren, war in dem christlich und sozial geprägten Liberalismus sowie in den altdemokratischen Traditionen Württembergs verwurzelt. Er hatte zusammen mit dem schon in der Weimarer Republik (als württembergischer Wirtschaftsminister) politisch tätigen Reinhold Maier und anderen im September 1945 die Demokratische Volkspartei (DVP) gegründet; sie wollte Mitglieder und Wähler der beiden liberalen Parteien in der Weimarer Republik, der Deutschen Volkspartei und der Deutschen Demokratischen Partei, aber auch der konservativen Deutsch-Nationalen Volkspartei, in sich vereinen. In den übrigen Ländern der Besatzungszonen entstanden gleichermaßen liberale Parteien unter verschiedenen Namen, die sich im Dezember 1948 als Freie Demokratische Partei (FDP) zusammenschlossen. Heuss, der 1945/46 das Amt des Kultusministers von Württemberg-Baden ausgeübt hatte, wurde ihr erster Bundesvorsitzender. Seine Berufung zum Bundespräsidenten erfolgte am 12. September 1949 mit 416

Stimmen im zweiten Wahlgang. Nicht die Haltung der SPD, die Kurt Schumacher nominiert hatte (er erhielt 312 Stimmen), hatte die Besetzung des Amtes schwierig gemacht, sondern die heftige Ablehnung, die Heuss als FDP-Vorsitzender in weiten Kreisen der Union hervorrief. Seine politischen Auffassungen erschienen der CDU/CSU als zu liberal. Zudem wurde sein distanziertes Verhältnis zum Christentum (gemeint war da wohl mehr zur katholischen Kirche) moniert. Bei seiner Wiederwahl 1954 fielen dann von 987 abgegebenen Stimmen 871 auf ihn. „Wenn ich für unsere Generation oder für unsere Richtung eine pädagogische Aufgabe sehe, so ist es die, den Menschen die Nüchternheit zur Pflicht zu machen", schrieb er einmal an den späteren FDP-Vorsitzenden Thomas Dehler, dessen politische Leidenschaft er kritisierte; man solle nicht mit dem

Bundespräsident Theodor Heuss (rechts) bei einem Treffen mit Bundeskanzler Adenauer in Buergenstock in der Schweiz, Juli 1950. Heuss gelang es, dem Bild vom wirtschaftlichen Aufschwung dasjenige der kulturellen Wiedergeburt Deutschlands zur Seite zu stellen.

Hammer politisieren.[28] Ein solcher Gegensatz bezog sich freilich mehr aufs Temperament als auf grundlegende Fragen. Beide waren in ihrer Gesinnung republikanische Liberale, damit jedoch keineswegs repräsentativ für ihre Partei. Weil diese 1955 in Niedersachsen den Verleger rechtsradikaler Schriften, Leonhard Schlüter, zum Kultusminister gemacht hatte, wollte Heuss sogar aus der Partei austreten. Proteste aus der Öffentlichkeit bewirkten dann Schlüters baldigen Rücktritt. Aber auch Erich Mende, seit 1946 Landesgeschäftsführer der FPD in Nordrhein-Westfalen und ab 1949 im Bundesvorstand der FDP (1960 bis 1968 ihr Bundesvorsitzender), hatte hinsichtlich seiner Auffassung von politischer Kultur mit Heuss kaum eine Gemeinsamkeit. Der Ritterkreuzträger hätte wohl besser an die Spitze eines Kriegervereins gepasst.[29]

Der FDP-Politiker Erich Mende, aktiver Offizier, dreimal verwundet, unter anderem mit dem Ritterkreuz ausgezeichnet, schmückte sich demonstrativ mit seinen Orden, um sich so zum „Mythos des sauberen Waffenrocks", wie ihn die „alten Kameraden" pflegten, zu bekennen. Die Ehrenzeichen durften getragen werden, doch musste das Hakenkreuz entfernt sein.

Als Mitglied des Reichstags hatte Heuss 1933 dem nationalsozialistischen Ermächtigungsgesetz zugestimmt, das Hitler weitreichende autoritäre Vollmachten einräumte. Da er dieses Fehlverhalten nicht verdrängte, sondern persönlich wie als Historiker und Politiker aufarbeitete, fand er die Kraft und den Mut, im Parlamentarischen Rat kurz vor seiner Wahl zum Bundespräsidenten das auszusprechen, was der damaligen deutschen Stimmungslage völlig entgegengesetzt war (und erst wieder 1985 von dem dann amtierenden Bundespräsidenten Richard von Weizsäcker, diesmal mit großer Resonanz, formuliert wurde): dass nämlich der 8. Mai 1945 für die Deutschen eine Befreiung bedeutet habe. Dieses Datum „bleibe die tragischste und fragwürdigste Paradoxie der Geschichte für jeden von uns. Warum denn? Weil wir erlöst und vernichtet in einem gewesen sind."[30] Aus gleicher Überzeugung heraus machte er einer breiten Öffentlichkeit deutlich, dass Hochverrat in einem totalitären Staat ehrenvoll sei, wodurch er den deutschen Widerstand rehabilitierte; „Dank und Bekenntnis" hieß die Rede, die er zur zehnjährigen Wiederkehr des 20. Juli 1944 in Berlin hielt.

Heuss' kulturelles Wirken kann man mit dem Begriff „aufheben" in seiner dreifachen Bedeutung beschreiben: Er wollte das deutsche geistige Erbe bewahren, kritisch überwinden und zugleich erhöhen. In seiner Antrittsrede als Bundespräsident erinnerte er an Goethe und Beethoven, zwei Männer aus Deutschland, die „Weltwerte" geworden seien, „vor denen wir selber stolz und bescheiden stehen. Sie mögen uns in der Zerschlagenheit der Zeit Festigkeit und Trost bedeuten."[31] 1949 rief Heuss die „Notgemeinschaft der Kunst" ins Leben. Sie umfasste eine Liste jener Künstler, die im Dritten Reich verfemt waren. Ihr folgte die „Deutsche Künstlerhilfe", eine Stiftung, die Künstlern und Dichter eine Altershilfe geben sollte. 1952 setzte er die Friedensklasse des Ordens „Pour le Mérite", die Hitler verboten hatte, neu ein. Zu den ersten Trägern des

Ordens gehörten Wilhelm Furtwängler, Paul Hindemith, Albert Schweitzer, Carl Jacob Burckhardt, Hermann Hesse und andere. Angekreidet wurde Heuss allerdings, einen Aufruf zur Remigration unterlassen zu haben. „Dass auch Heinrich Mann, Remarque, Brecht, Beckmann, Piscator oder Einstein Deutschland seien, hat Bonn nicht einmal zu Zeiten seines Gründungspräsidenten gewusst", wetterte Rolf Hochhuth noch Jahre danach.[32]

„Zwischen Theodor Heuss, dem Pendant der Villa Hammerschmidt, und Kanzler Adenauer entwickelte sich in den gemeinsamen zehn Jahren ihrer Amtszeit eine Art unfreiwillige Arbeitsteilung: Der zynische Kanzler war für die Niederungen der Politik und der ohnehin belesenere Schwabe für die Würdigung der schönen Künste zuständig. Eine Aufteilung, die der erste Bundespräsident als nicht sehr glücklich empfand, weil er darin das Amt in eine unpolitische Rolle und die Künste ‚unter ferner liefen' abgedrängt sah."[33]

Der Glanz des Ludwig Erhard

Mit Ludwig Erhard, von 1949 bis 1963 Wirtschaftsminister und ab 1957 Vizekanzler in den Regierungen Adenauer (nach dessen Rücktritt 1963 sein Nachfolger als Bundeskanzler, dann freilich mit wenig Fortune), „verbindet sich für mich", so der Politologe und Soziologe Ralf Dahrendorf, der in vielen Büchern die Entwicklung der Bundesrepublik kritisch begleitete, „die radikalste Veränderung der deutschen Gesellschaft in diesem Jahrhundert, radikaler als alles, was vorher erfolgt ist – wenn man an die Gesellschaft denkt und nicht etwa nur an politische Strukturen."[34] Ganz der Politik verhaftet, aber keineswegs den Künsten abhold, auch wenn er auf die Kritik von Intellektuellen allergisch reagierte, war der dynamische Franke Erhard (1897 in Fürth geboren) seit der Währungsreform Symbolfigur des deutschen wirtschaftlichen Aufschwungs; er selbst verwahrte sich freilich

stets gegen die Bezeichnung „Vater des Wirtschaftswunders". Mit seinem Regierungschef stand er stets, von der Öffentlichkeit kaum bemerkt, in heftiger Zwietracht. Der Historiker Daniel Koerfer spricht sogar von einer „fast existentiell zu nennenden Auseinandersetzung".[35] Die Aufwärtsentwicklung der Bundesrepublik wurde jedoch dadurch nicht gestört.

Erhard, der 1945 von der Besatzungsbehörde in Bayern als Minister für Handel und Gewerbe eingesetzt worden war, gehörte zusammen mit Franz Böhm, Walter Eucken, Alfred Müller-Armack, Wilhelm Röpke und Alexander Rüstow zu einer Gruppe von deutschen Nationalökonomen, die sich, teilweise in der Emigration lebend, seit Anfang der vierziger Jahre Gedanken über eine neue Wirtschaftsordnung nach dem aus ihrer Sicht unvermeidlichen Zusammenbruch der NS-Diktatur gemacht hatten. Den ökonomischen Kräften sollte nicht allein das Feld überlassen werden. Der Staat dürfe keine Nachtwächterrolle spielen. Seine Aufgabe sei es, die sozialen Hindernisse, die Ungleichheit bewirkten, zu beseitigen. Die Freiheit des Einzelnen könne sich nur in den Grenzen entfalten, die die Freiheit aller anderen setze.

Inmitten des „Maskenfests der Ideologien" wollte vor allem Wilhelm Röpke (1933 in die Türkei geflohen, von 1937 bis 1966 Professor für Nationalökonomie in Genf) das „Wesen eines unvergänglichen Liberalismus" wieder für die Politik fruchtbar machen. Dieser sei humanistisch, das heißt, er gehe von der zum Guten fähigen und erst in der Gemeinschaft sich erfüllenden Natur des Menschen aus, von seiner über seine materielle Existenz hinausweisenden Bestimmung und von der Achtung, die man jedem als Menschen in seiner Einmaligkeit schuldig sei und die es verbiete, ihn zum bloßen Mittel zu erniedrigen. Freie Initiative sollte sich mit einem gerade durch die marktwirtschaftliche Leistung zu sichernden sozialen Fortschritt verbinden. Dergestalt definierte Müller-Armack in seinem Buch „Wirt-

schaftslenkung und Marktwirtschaft" 1946 zum ersten Mal den Begriff „soziale Marktwirtschaft". Dieser war zunächst ein theoretisches Konstrukt, erwies sich aber dann als die nachhaltigste Leitvokabel für die politische Praxis eines Staates, der das „größtmögliche Glück für die größtmögliche Zahl" auf dem „dritten Weg" zwischen ungezügeltem Kapitalismus und doktrinärer Planwirtschaft erreichen wollte und teilweise auch erreichte.

Die erste erfolgreiche Etappe auf diesem Weg begann mit dem 20. Juni 1948, dem Tag der Währungsreform, der Ludwig Erhard dadurch zum Gelingen verhalf, dass er, den Willen der Besatzungsbehörden negierend, das Ende der Zwangswirtschaft verkündete. Als Direktor der Verwaltung für Wirtschaft des Vereinigten Wirtschaftsgebietes (oberstes Organ der aus der englischen und amerikanischen Besatzungszone bestehenden Bizone) und in dieser Funktion maßgeblich an den Vorbereitungen zur Währungsreform beteiligt, behielt er Recht mit der Auffassung, dass die Sanierung der Währung mit Hilfe der Deutschen Mark und die Etablierung der sozialen Marktwirtschaft untrennbar zusammenhingen und dass das eine nicht ohne das andere gelingen könne. Das „Wunder" geschah: Die Menschen vertrauten dem neuen Geld. Lange zurückgehaltene Güter wurden plötzlich zum Kauf angeboten. In den Schaufenstern wurde von einem Tag auf den anderen ein Warenangebot präsentiert, das zuvor niemand für möglich gehalten hatte. Deutlich wurde dadurch freilich auch, dass die Wirtschaft schamlos große Warenmengen gehortet hatte. Mit „weichem" Geld produziert und nun in „harter" Währung verkauft, brachten sie bald große Gewinne ein. Ausgelöst durch die Währungsreform, aber auch wesentlich gefördert durch den Marshallplan, führte der Weg des wirtschaftlichen Aufstiegs der Bundesrepublik über den Beitritt zur Organization for European Economic Cooperation (OEEC), 1949, welche die Aufgabe hatte, die Marshallplan-

gelder zu verteilen und das gemeinsame Wiederaufbauprogramm zu koordinieren, zur Europäischen Wirtschaftsgemeinschaft (EWG), zu der sich im März 1957 Frankreich, Italien, Luxemburg, Belgien, die Niederlande und die Bundesrepublik Deutschland mit dem Ziel wirtschaftlicher Integration zusammenschlossen. Die erstrebten „Vereinigten Staaten von Europa" blieben allerdings in zunächst unerreichbarer Ferne; sie hätten das Wirtschaftswunder eher gebremst als gefördert – hatte doch die Bundesrepublik mit ihrem Sozialprodukt die anderen Staaten bald überflügelt. Das bundesdeutsche Sozialprodukt stieg auf der Basis der jeweils gültigen Preise zwischen 1950 und 1960 um das Dreifache. Der

Gegenüberliegende Seite: Ludwig Erhard, von 1949 bis 1963 Bundeswirtschaftsminister und danach Bundeskanzler, wurde zum Symbol des westdeutschen Wirtschaftswunders.

Das nach dem amerikanischen Außenminister George C. Marshall benannte amerikanische Hilfsprogramm für Europa (European Recovery Program; ERP) wurde im April 1948 vom amerikanischen Kongress verabschiedet. Es blieb wegen der Ablehnung der Mitarbeit durch die Ostblockländer auf die politischen Partner der USA, einschließlich der Bundesrepublik, beschränkt. Es umfasste Sachlieferungen, darunter Lebensmittel und Rohstoffe, sowie Kredite.

Umzug aus dem Souterrain in die Beletage glückte innerhalb weniger Jahre. Aus Kellerkindern wurden Wunderkinder. In dem kabarettistischen Film „Wir Wunderkinder" (Regie Kurt Hoffmann, 1958) ist eine der Hauptfiguren ein – im Kontrast zu seinem redlichen, aber erfolglosen Freund – schon in den zwanziger Jahren erfolgreicher Geschäftemacher (und Republikaner) namens Bruno Tiches, der sich im Dritten Reich als nationalsozialistischer Karrierist und in der Trümmerzeit als reüssierender Schwarzmarkthändler erweist. Nach der Währungsreform erreicht das Stehaufmännchen den Gipfel seiner Laufbahn. Dann jedoch fällt Tiches in den Fahrstuhlschacht

eines Verlagsgebäudes; dort hatte er sich bei einem Journalisten, der seinen Opportunismus entlarvt hatte, beschweren wollen und dabei eine Tür verwechselt. In der Wirklichkeit fallierten solche Typen meist nicht.

Aus der Ahnengalerie des Wirtschaftswunders

Allenthalben war im „Erhard-Klima" der fünfziger Jahre wirtschaftliches Gelingen angesagt. Da war etwa Hans Thierfelder, der 1946 aus der SBZ mit einem einzigen Koffer über die „grüne Grenze" geflohen war und in der BRD zum Strumpf-Produzenten aufstieg. 1951 veranstaltete er einen „Wettkampf um die Krone einer Beinkönigin". Hunderttausende von Frauen und Mädchen maßen Länge und Umfang ihrer Schenkel, Waden, Fesseln; eine Holsteinerin gewann. Thierfelders Messaktion war die größte bis dahin durchgeführte Marktanalyse. Er verarbeitete die Antworten mit Hilfe von Hollerithmaschinen und „erhielt so das vollendete Marktbild ‚eines Drittels des Frauenkörpers', den er als erster mit in Deutschland erzeugten Nylon- und Perlonfeinstrümpfen bekleidete".[36] Anfang der fünfziger Jahre kosteten Perlonstrümpfe noch knapp 20 Mark, während fast die Hälfte aller Lohn- und Gehaltsempfänger nur etwa 250 DM netto nach Hause brachte. Laufmaschen waren daher genauso gefürchtet wie Verfärbungen oder Elastizitätsverlust (ab 1955 gab es Perlon-Stretch-Strümpfe). Dass man kein Strumpfband beziehungsweise keinen Straps mehr tragen musste, machte den „Strumpfhosenmythos" aus. „Eine Frau, die sich über eine Laufmasche ärgert, regt sich nicht nur über das verlorene Geld auf, sie fühlt sich ertappt. Außerdem wird durch den Riß, den ein Mißgeschick hervorrief, die fantastische Erotik, die sich um das real existierende Nichts rankt, mit einem Schlag zerstört."[37]

Max Grundig begann 1947 mit der Produktion von Radios in Form von Baukästen, aus denen man die Apparate selbst basteln

Was Neckermann alles möglich machte, zeigten die jeweiligen Versandkataloge, die einen schier unbegrenzten Produkthorizont suggerierten. Die an dem großen amerikanischen Versandhaus Sears, Roebuck & Co in Chicago orientierte „Verkaufsphilosophie" zielte auf die Demokratisierung des Konsums. Bei ihm hätten, meinte Neckermann rückblickend, vage sozialrevolutionäre Ideen Pate gestanden. „Warum sollte die Millionärsgattin eigentlich besser gekleidet sein als die kleine Sekretärin?"

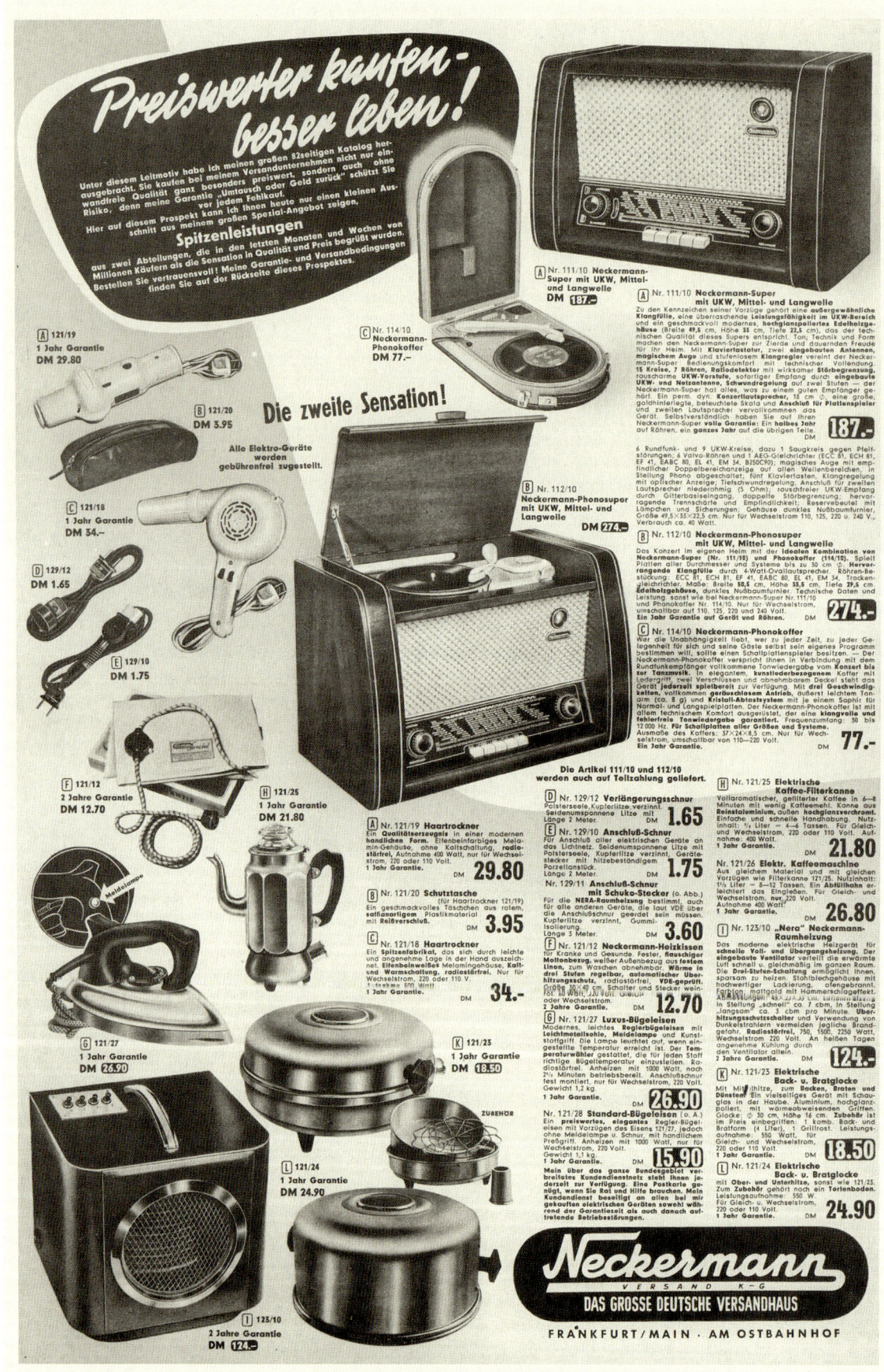

konnte. Bis zur Währungsreform hatte er
100 000 dieser „Heinzelmanns" verkauft
und über 20 Millionen Reichsmark verdient.
In den fünfziger Jahren galt er als Preisvor-
kämpfer: 1955 bot er erstmals ein Tonband-
gerät unter 500 DM an; 1956 folgte der
erste Fernsehempfänger für weniger als
1000 DM. 1957 beschäftigte er 20 000
Menschen; produziert wurde das fünfmil-
lionste Radio.[38]
Friedrich Jahn, österreichischer Oberkellner
in einem Schwabinger Lokal, eröffnete 1955
mit 8000 DM Startkapital das „Linzer Stüberl" in München, wo er billige „Brat-
hendln" in Wiener Atmosphäre anbot. Sieben Jahre danach verfügte er über weit mehr
als hundert „Wienerwald"-Gaststätten, vor
allem in der Bundesrepublik und in Österreich.[39]
Der 1912 geborene Geschäftsmann Josef
Neckermann (1938 Erwerb eines jüdischen
Versandhauses; im Krieg stellvertretender
„Reichsbeauftragter für Kleidung und ver-
wandte Gebiete"; 1945 verhaftet) wurde mit
seinem Versandhaus zur Adresse für ein
Kaufpublikum, das zwar die Mark umdreh-
te, bevor es sie ausgab, aber dennoch an
einem hochwertigen Warenangebot interessiert war: „Neckermann macht's möglich!"
Es hieß, dass er sich in der Aufbauzeit nach
dem Krieg jede Nacht nur vier Stunden
Schlaf geleistet habe. Morgens nach absol-
viertem Reittraining – als Dressurreiter
errang er große sportliche Erfolge – war er
einer der Ersten, abends meist der Letzte in
der Firma. Ludwig Erhard bezeichnete er als
Geistesverwandten. Luxusgüter wollte er zu
Gebrauchsgütern machen: „Ich bin für den
Abbau von Klassenunterschieden." Dem
dienten auch die Neckermann-Reisen, die
den bundesrepublikanischen Massentourismus entscheidend beförderten.[40] Der
Neckermann-Katalog – so der Schriftsteller
Hans Magnus Enzensberger – sei mehr als
das Resultat einer normalen kaufmänni
schen Kalkulation; er sei das Resultat eines
unsichtbaren Plebiszits. Offensichtlich habe
sich die Mehrheit der bundesrepublikani-

schen Bevölkerung geschmacklich für eine
kleinbürgerliche Hölle entschieden, aus der
kein Entrinnen mehr möglich sei. So gebe es
„moderne Möbel im nordischen Stil", vor
deren dumpfer Mediokrität jedes altdeut-
sche Herrenzimmer erblassen würde. Die
Sprache des Katalogwerkes erweise sich als
so barbarisch wie das, was sie beschreibe.
„Die Ware wird ‚schnell alle Herzen
erobern'", „durch dankbare Tragfähigkeit
erfreuen", „der Liebe aller Frauen sicher
sein". Sie ist „mit Gütepass" und „Hochver-
edelung ausgerüstet". Die Kleider heißen alt-
deutsch „Kunigunde" und „Gudula", folk-
loristisch „Grindelwald" und „Edelweiß",
touristisch „Festival" und „Ibiza". „Fawsia"
und „Soraya" sorgen für den Duft der großen Welt im Mief der Mittelmäßigkeit.[41]
Es zeigte sich: „Gott erhält die Mächtigen."
In seinem gleichnamigen Buch, einem

Bauhausstil und Nieren-
tisch-Ambiente spiegelten
in der Zeit des Wirt-
schaftswunders keines-
wegs den vorherrschen-
den Geschmack. Im
„Jahrbuch der öffent-
lichen Meinung", Allens-
bach 1957, wird festge-
stellt, dass in modernen
Räumen 1955 nur drei
und 1956 nur zwei Pro-
zent wohnen wollten. Ein
Zimmer wie etwa das
abgebildete, in dem nur
ein spärliches Bücherre-
gal an den Funktiona-
lismus erinnert, sprach
dagegen 56 Prozent
beziehungsweise 51 Pro-
zent der Befragten an.

„Rückblick und Rundblick auf den deutschen Wohlstand", blickte der Wirtschaftspublizist Kurt Pritzkoleit – seine Bücher erschienen seit 1955 in rascher Folge – hinter die Kulissen „derer da oben" und entdeckte damit eine wichtige Marktlücke. Die Leserschaft wollte auch erfahren, wie man „nach oben" kommen und was man sich für den eigenen Aufstieg eventuell als Handlungsformen von den Reichen abgucken könne.

Der Autor bot mit seinem Werk ein Vademekum durch die deutsche Wirtschaft an, die durch Männer, Mächte und Monopole charakterisiert war[42] und in der, nach amerikanischem Vorbild, innerhalb der Gruppe der Führungskräfte ein neuer Typ, der Manager, in Erscheinung trat.[43]

Unter „Managerkrankheit" wiederum verstand man die in den fünfziger Jahren sich häufenden Todesfälle bei besonders belasteten „verantwortlichen Persönlichkeiten" im Alter von 40 bis 60 Jahren. Meist handelte es sich dabei um Charaktere, „die ihr ganzes Leben lang ein geradezu zwangsartiges Streben und einen Drang haben, durch angestrengte Arbeit voranzukommen ... Sie geben oft an, daß sie sich geradezu nicht wohl fühlten, wenn sie nicht auf ein bestimmtes Ziel hin (Vorankommen im Geschäft, Geld- oder Machtgewinn) arbeiteten, und machen den Eindruck eines fast ununterbrochenen Getriebenseins."[44]

Doch lebte man nicht nur, um zu arbeiten. Vielen „ging es bereits gold" aufgrund eines rasch angesammelten Vermögens, das aus verschiedenen, auch dunklen Quellen gespeist war. Ehe noch „La dolce vita", ein Film von Federico Fellini, der den Leerlauf der römischen High Society mit sexuellen Ausschweifungen, Rauschgiftschmuggel und Verbrechen schilderte, Anfang der sechziger Jahre die deutsche Öffentlichkeit erregte, hatte das „süße Leben" längst in der Bundesrepublik Einzug gehalten. Im Besonderen hatte die Ermordung der Edelprostituierten Rosemarie Nitribitt in Frankfurt am Main deutlich gemacht, dass sich manche der „oberen Zehntausend" in Lebensstil und Unmoral offensichtlich wie Kriminelle verhielten. Der Kundenkreis der Nitribitt bestand vorwiegend aus vermögenden und einflussreichen Männern. Der Mordfall konnte nicht aufgeklärt werden. Eine Flut von Protesten löste 1958 der Film „Das Mädchen Rosemarie" (Regie Rolf Thiele, mit Nadja Tiller) aus, weil er die Nitribitt zur Symbolfigur des neudeutschen Wirtschaftswunders machte.

In dem 1958 erschienenen Roman „Schlußball" von Gerd Gaiser (der 1908 geborene Schriftsteller lebte seit 1949 als Lehrer in Reutlingen) ist über Neu-Spuhl, eine mittlere Industriestadt, das Wirtschaftswunder gekommen. Die Wunden des Krieges sind vernarbt, das Menetekel war umsonst: Die Menschen sind gleich oberflächlich, gleich egoistisch, gleich brutal geblieben. „In Neu-

Rosemarie Nitribitt. – „Die reichen Männer ... sahen ... angesichts dieser schamlosen und radikalen Person im offenen Wagen eine Art körperlicher Vereinigung in Permanenz zwischen einem blonden Mädchen und einem schwarzen Auto, ausgeführt auf offener Straße, mitten in Frankfurt, und wenn sie sich dessen auch nicht bewußt waren, so gerieten sie doch spontan in einen Zustand, in dem sie gierig wurden, die Rolle des Wagens zu übernehmen, und glaubten plötzlich ebenfalls über 105 PS zu verfügen, oder vielmehr: über 105 Männerstärken" (Erich Kuby, „Rosemarie. Des deutschen Wunders liebstes Kind", 1958).

Spuhl sprach man unaufhörlich davon, was die Sachen kosten." Aber nur noch wenige wissen um den Wert menschlicher Beziehungen.[45]

Über Martin Walsers 1957 erschienenen ersten Roman „Ehen in Philippsburg" – der Dichter erhielt dafür den Hermann-Hesse-Preis – schrieb Werner Helwig in einer Besprechung der „Süddeutschen Zeitung", dass hier die tiefe Verlogenheit, die heute alle menschlichen Dinge zersetze und spürbar in der Welt des Westens, besonders in der Bundesrepublik, grassiere, deutlich werde. In diesem „Reigen" von Eheschicksalen und Managerbildnissen zeige sich die Unfähigkeit, das wundervolle Gut der persönlichen Freiheit im Tun und Lassen fruchtbar zu machen.[46]

Die Ausschweifungen im bundesrepublikanischen Sündenbabel lagen Ludwig Erhard fern. Der „gute Mensch vom Tegernsee", wie ihn der „Spiegel"-Reporter Hermann Schreiber nannte (da er seine freien Tage nicht so gern im „Treibhaus Bonn", sondern lieber im südbayerischen Voralpenland verbrachte)[47], stand für die Solidität und Stabilität des deutschen Aufbaus, der im Wechselspiel von Freiheit und Bindung sich entfalten sollte. In seinem weit verbreiteten Buch „Wohlstand für alle" (1957) sprach Erhard davon, dass die wirtschaftspolitische Wendung von der Zwangswirtschaft hin zur Marktwirtschaft viel mehr als im engeren Sinne ökonomische Maßnahmen beinhalte. „Wir haben unser gesellschaftliches, wirtschaftliches und soziales Leben auf eine normale Grundlage und vor einen neuen Anfang gestellt. Wir mußten abschwören der Intoleranz, die über die geistige Unfreiheit zur Tyrannei und zum Totalitarismus führt. Wir mußten hin zu einer Ordnung, die durch freiwillige Einordnung, durch Verantwortungsbewußtsein in einer sinnvoll organischen Weise zum Ganzen strebt."[48]

Durch das von Erhard forcierte Lastenausgleichsgesetz vom August 1952 sollten im Rahmen volkswirtschaftlicher Möglichkeiten Schäden und Verluste reguliert werden,

die durch Zerstörungen und Vertreibungen in der Kriegs- und Nachkriegszeit entstanden waren. Nichtgeschädigte mit nennenswertem Vermögen mussten jährlich Vermögens-, Hypothekengewinn- oder Kreditgewinnabgaben an den Ausgleichsfonds abführen, den das Bundesausgleichsamt in Bad Homburg als Sondervermögen des Bundes verwaltete. Damit sollten die finanziellen Folgen des verlorenen Krieges auf die Gesamtbevölkerung umverteilt werden. Ausgleichsleistungen mit Rechtsanspruch waren konsumtive Hilfen: Hauptentschädigung (gestaffelt nach der Höhe des erlittenen Verlustes), Kriegsschadenrente (Unterhaltshilfe für den Lebensunterhalt und die Altersversorgung; Entschädigungsrente nach der Höhe des Verlustes und nach Familieneinkommen), Hausratsentschädigung, Entschädigung für Sparguthaben. Ohne Rechtsan-

„Mit der wirtschaftspolitischen Wendung von der Zwangswirtschaft hin zur Marktwirtschaft haben wir mehr getan als nur im engeren Sinne wirtschaftliche Maßnahmen getroffen. ... Wir mußten abschwören der Intoleranz, die über die geistige Unfreiheit zur Tyrannei und zum Totalitarismus führt. Wir mußten hin zu einer Ordnung, die durch freiwillige Einordnung, durch Verantwortungsbewußtsein in einer sinnvoll organischen Weise zum Ganzen strebt" (Ludwig Erhard, „Wohlstand für alle", 1957).

spruch wurden gewährt: Eingliederungs- und Aufbaudarlehen, Wohnraumhilfen, Härtefondsleistungen, Ausbildungshilfen und anderes. [49]

Mit dieser in der deutschen Demokratie- wie Parlamentsgeschichte einmaligen gesetzgeberischen Maßnahme, zugleich ein herausragendes Beispiel antizipatorischer Vernunft, wurde auf Jahrzehnte hinaus der Zerfall der Gesellschaft in Arm und Reich verhindert und die Integration von Millionen Menschen, die im Besonderen zu den Opfern des Krieges gehörten (darunter die starke Gruppe der Vertriebenen) eingeleitet.

Die Überwindung der Not und die Gewerkschaften

1951 wurden rund 400 000 Flüchtlinge und Vertriebene als Fürsorgeempfänger registriert, rund 500 000 waren arbeitslos. In Schleswig-Holstein etwa stellten 1952 die Vertriebenen noch 51 Prozent der Arbeitslosen, insgesamt 74 000 Menschen, in Niedersachsen 40 Prozent oder 105 000. Deren Eingliederung wäre allein durch politische und administrative Maßnahmen nicht geglückt. Der wirtschaftliche Aufschwung half die schier unlösbare Aufgabe genauso zu bewältigen wie die bemerkenswerte Eigeninitiative der Vertriebenen.[50]

Die soziale Not anderer Gruppen wurde durch eine Erklärung der Bundesregierung vom 20. Oktober 1953 überdeutlich: Jeder dritte Einwohner der Bundesrepublik bezog Unterstützung von einer Sozial- oder Fürsorgeversicherung. Von zehn jungen Menschen hatte einer den Vater oder die Mutter oder beide Elternteile verloren. Dazu kam die Massenflucht aus der DDR, die bis zum Bau der Mauer 1961 anhielt und die Arbeitslosigkeit verschlimmerte. Infektionskrankheiten waren weit verbreitet. Die neu entwickelten Antibiotika aus den USA kamen freilich zunehmend zur Anwendung (die erste Massenimpfung mit dem neuen Salk-Serum gegen Kinderlähmung wurde erstmals 1957, und zwar in Oberhausen, durchgeführt). Zu

den schlimmsten Kriegsfolgen gehörte das Schicksal der Schwerkriegsbeschädigten, der Kriegerwitwen, der Angehörigen der 3,5 Millionen Vermissten, die in den meisten Fällen allerdings immer noch auf ein Wunder, nämlich die glückliche Rückkehr des Sohnes, Bruders, Verwandten oder Bekannten, hofften.

Für all diese vielen Geschädigten und Benachteiligten waren die „goldenen" Fünfziger harte und bittere Jahre. Es waren aber auch Jahre – und insofern kann man sie doch wiederum „golden" nennen –, die mit viel Hoffnung ausgestattet und von der Zuversicht getragen waren, dass es auf allen Gebieten Schritt um Schritt besser und eines Tages gut werden würde. Die Illustrierte „Quick" brachte am 1. Januar 1950 (sie kostete damals 40 Pfennig) ein Titelbild, das diese Grundstimmung der fünfziger Jahre dokumentiert: Eine junge Mutter, adrett gekleidet, hebt ihren nackten Säugling hoch; hinter ihr, mit gepflegtem Haarschnitt und freilich etwas salopp gebundener Krawatte, ihr Mann; links und rechts Großmutter und Großvater (er noch mit „Vatermörder"). Mit dem Sektglas in der Hand blicken alle, glücklich und strahlend lächelnd, auf das Kind, das allerdings sein Gesicht zum Weinen verzieht. „Prost den zweiten 50! Du sollst das Jahr 2000 erleben!"

Die unübersehbaren materiellen Verbesserungen illustriert ein Kaufkraftvergleich nach Arbeitszeit: „Anfang 1950 musste ein Industriearbeiter noch 22 Stunden und 37 Minuten arbeiten, um sich für seinen Lohn ein Kilogramm Bohnenkaffee kaufen zu können. Für ein Kilo Kotelett rackerte er vier Stunden und 35 Minuten, für ein Kilo Butter vier Stunden 13 Minuten, für ein Kilo Margarine zwei Stunden, für ein Kilo Zucker fast eine Stunde und für ein Kilo Mischbrot 23 Minuten. Auch andere Konsumgüter des täglichen Bedarfs waren, in Arbeitszeit ausgedrückt, recht teuer. Ein Herrenoberhemd zum Beispiel kostete mehr als einen Tageslohn, für ein Paar Schuhe musste der Durchschnittsverdiener den

Arbeitslohn von zwei Tagen aufwenden, für ein Rundfunkgerät sogar 15 Tagewerke zu je acht Stunden. Ein Leichtmotorrad war für den Lohn von 56,5 Arbeitstagen fast unerschwinglich. Als das bewegte Jahrzehnt zu Ende ging, hatte sich inzwischen die Kaufkraft des Arbeitsentgeltes durch kräftige Lohnerhöhungen und eine maßvolle Preispolitik so verbessert, dass der durchschnittliche Industriearbeiter schon nach 6,25 Stunden ein Kilo Kaffee verdient hatte. Das Kilo Kotelett war ihm nach zwei Stunden und 25 Minuten Arbeit sicher, das Kilo Butter nach zwei Stunden und 19 Minuten, das Kilo Margarine nach 47 Minuten, das Kilo Zucker nach 26 und das Kilo Mischbrot nach 18 Minuten. Ein Herrenoberhemd kostete ihn 1959 nur noch fünf Stunden und 14 Minuten Arbeitszeit, ein Paar Schuhe noch zehn Stunden und 42 Minuten, ein Rundfunkgerät vom Typ Super 13,5 Tage und ein Leichtmotorrad gut 21 Tage harter Arbeit. Für einen Volkswagen hätte er 1950 den Lohn für 493 Tage hergeben müssen. 1960 bekam er den ‚Käfer' für das Arbeitsentgelt von 174 Tagen. Im Durchschnitt konnte der Industriearbeiter Ende der fünfziger Jahre für seine Arbeitsleistung doppelt so viel Konsumgüter kaufen wie zu Beginn des Jahrzehnts."[51]

Die für alle, freilich in unterschiedlichem Ausmaß sich abzeichnende Möglichkeit von Wohlstand führte zu einer sich langsam „nach oben nivellierenden Mittelstandsgesellschaft" (Helmut Schelsky). Das veränderte besonders das Sozialbewusstsein der Arbeiter; das Ausmaß klassenspezifischer Identität ging zurück; Begriffe wie „Proletarier, Proletariat und Prolet" starben aus.[52] Obwohl die kapitalistischen Strukturen, die das Dritte Reich, den Zweiten Weltkrieg und die Trümmerzeit (trotz Demontagen) verhältnismäßig gut überstanden hatten und nun wieder eine Stärkung erfuhren – auch die alliierten Entflechtungsmaßnahmen des Bankwesens wie der Kohle- und Stahlkonzerne wurden schrittweise zurückgenommen –, war die Arbeiterschaft von der Forderung

nach einem radikalen gesellschaftlichen Neubau, wie sie Kurt Schumacher seit 1945 vertrat, abgerückt; man begnügte sich mit dem verbesserten Lebensstandard. Hatte das monatliche Durchschnittseinkommen der Arbeitnehmer 1950 noch 243 DM betragen, was etwa dem Realeinkommen der Vorkriegszeit entsprach, so belief es sich 1960 auf 512 DM. Das war ein nominaler Anstieg um 111 Prozent beziehungsweise ein realer Anstieg, nach Berücksichtigung der gestiegenen Lebenshaltungskosten, um 76 Prozent. „Das wirtschaftliche Wachstum schlug sich nieder in besserer Ernährung, besserer Kleidung und besseren Wohnungen, in den Anfängen einer Motorisierungswelle und einer Reisewelle, im Wiederaufbau und Neubau der Städte."[53] Die soziale Marktwirt-

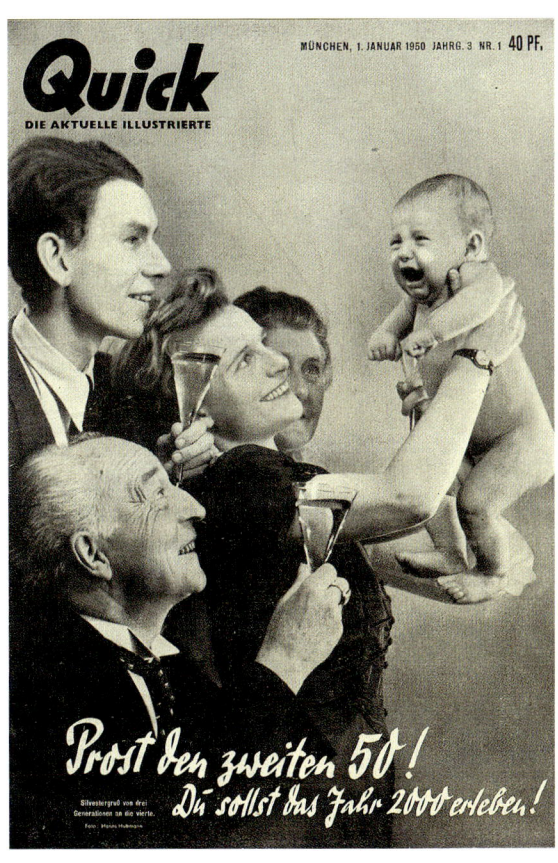

Das Titelbild der Illustrierten „Quick" vom 1. Januar 1950 spiegelt die Grundstimmung der fünfziger Jahre, dass es auf allen Gebieten Schritt um Schritt besser und eines Tages gut werden würde.

schaft erfuhr auf Seiten der Arbeitnehmer breite Zustimmung.

Zunächst hatten die beiden großen Parteien in den Jahren 1945 bis 1948 einen antikapitalistischen Kurs gesteuert und die Gewerkschaften mit eindeutigen Streikdrohungen auf wirtschaftliche Mitbestimmung gedrungen. 1949 gehörten zum Deutschen Gewerkschaftsbund (DGB) – von Hans Böckler, Vorsitzender 1949 bis 1951, aufgebaut – 7,5 Millionen Mitglieder in 16 Industriegewerkschaften. Vor allem das „Gesetz über die Mitbestimmung der Arbeitnehmer in der Montanindustrie" (Eisen, Stahl, Bergbau) von 1951 wurde überschwänglich als großer Sieg der Arbeiterschaft gefeiert; es habe das Tor zu einer neuen Sozialordnung aufgestoßen und die Arbeiter aus den Fesseln kapita-

listischer Herrschaft befreit. Bei dem Kampf um die Sozialisierung der Grundstoffindustrien und um das allgemeine Mitbestimmungsrecht ging jedoch der Elan verloren. Bald sprach man von den Gewerkschaften als einer „blinden Macht".[54] Der einflussreiche linke Cheftheoretiker des DGB Viktor Agartz (1946 bis 1947 Leiter des Zentralamtes für Wirtschaft der britischen Zone, kurze Zeit auch Vorgänger von Ludwig Erhard im Direktorium für Wirtschaft der Bizone, dann Mitgeschäftsführer des Wirtschaftswissenschaftlichen Instituts des DGB) wurde 1955 entlassen und damit kaltgestellt.

Nach dem Sieg der CDU/CSU bei den Bundestagswahlen 1953 gewann der starke christlich-demokratische Gewerkschaftsflügel an Einfluss (wobei die Forderung nach „Überparteilichkeit" mit der Drohung einer Spaltung des DGB verbunden war). Die christliche Soziallehre, die „sozialen Frieden" im Sinne der Gleichberechtigung von Kapital und Arbeit vertrat – maßgebend beeinflusst von dem Jesuiten Oswald von Nell-Breuning, Professor der Theologie –, trat in den Vordergrund. Zwar meinte der Publizist Walter Dirks nach einem Streik der Metallarbeiter in Schleswig-Holstein 1957, dass das Klassenbewusstsein der Arbeiter in der konsumorientierten Massengesellschaft mit ihren genormten Kleinbürgeridealen sich noch erhalten habe.[55] Insgesamt schwenkten jedoch die Gewerkschaften in den fünfziger Jahren allmählich auf eine Partizipation am kapitalistischen Wirtschaftswachstum ein. An die Stelle der alten Klassengesellschaft trat als Leitbild die Mittelstands- beziehungsweise Konsumgesellschaft, die man nun für alle glaubte verwirklichen zu können.[56] Da man nicht mehr „drunten in der Tiefe" vegetieren musste, ließ man die „da droben" zunehmend schalten und walten. Solcher proletarischer Bewusstseinsverlust wurde auch durch das weitere Anwachsen und den Aufstieg der Angestelltenschaft gefördert, mit der Teile der Arbeiterschaft verschmolzen; 1953 kamen vier Millionen Angestellte auf zwölf Millionen Arbeiter.

Im Kampf um die Montan-Mitbestimmung 1951 konnten die Chefs der Ruhrkonzerne und der Bundesverband der Deutschen Industrie nur durch Streikdrohung – hier ein Bild von der Urabstimmung im Bergbau – zum Einlenken gebracht werden (auf Vermittlung Adenauers, der seine Innen- und Außenpolitik gefährdet sah). 1953 waren von den 1020 Personen, die 1942 Vorstands- oder Aufsichtsratsposten bei den 50 bedeutendsten großdeutschen Industrieunternehmen innegehabt hatten, 39 Prozent wieder in Amt und Würden.

Die SPD auf dem Weg nach Godesberg

Die Nachkriegsphase der SPD war durch den kämpferischen, in seinen Ansichten jedoch wenig flexiblen Parteivorsitzenden Kurt Schumacher, den Gegenspieler Adenauers, geprägt gewesen.[57] 1895 geboren, im Ersten Weltkrieg schwer verwundet (er verlor den rechten Arm), Abgeordneter des Deutschen Reichstags in der Weimarer Republik, während des Dritten Reiches fast ständig in Gefängnissen und Konzentrationslagern inhaftiert, hatte Schumacher noch vor der deutschen Kapitulation vom 8. Mai 1945 in Hannover mit dem Aufbau der SPD begonnen. Er widersetzte sich von Anfang an mit äußerster Härte jedem Zusammengehen mit der KPD, so wie er auch als der wohl leidenschaftlichste Politiker der Nachkriegszeit in allen anderen politischen Fragen unbeirrbar zu seiner Überzeugung stand. Ohne seinen Kampf im Parlamentarischen Rat wäre wohl kein Bundesstaat, sondern ein Staatenbund entstanden. Sein Engagement für ein wieder vereinigtes Deutschland als politisches Nahziel konnte sich freilich angesichts der von Adenauer forcierten Westbindung nicht durchsetzen. Doch hat er gerade in dieser so wichtigen Schicksalsfrage das gesamtdeutsche Gewissen verkörpert, freilich verbunden mit „nationaler Arroganz". Wilhelm Kaisen (Bürgermeister und Senatspräsident von Bremen) warnte Schumacher 1949 vor dem verhängnisvollen Bestreben, den Patriotismus für die SPD zu monopolisieren, verkannte dabei freilich, dass dieser von der historisch begründeten Angst bewegt war, die Deutschen könnten wieder einmal, wie nach 1918, die SPD der Vaterlandslosigkeit bezichtigen.

Mit großer Leidensfähigkeit – in Nachwirkung der Verfolgungen im Dritten Reich musste ihm im September 1949 das linke Bein amputiert werden – erlebte Schumacher die neue Republik als ein physisch geschwächter, aber geistig ungebrochener Kämpfer, der eine neue politische Kultur und Moral forderte. „Wir bejahen die Demokratie als große tragende Idee unserer Vergangenheit und der Zukunft. Wir sind demokratische Sozialisten, das heißt wir kämpfen für den Sozialismus mit den Mitteln der Demokratie."[58] Kurt Schumachers geschichtliche Erscheinung stehe im Schatten menschlicher Tragik und wirke doch zugleich als großartiges Beispiel, wie der Geist und die moralische Kraft die Hinfälligkeit des Körpers niederzwingen können, meinte Theodor Heuss bei dessen frühem Tod im August 1952.[59]

Wie hoch man aber auch die Persönlichkeit Schumachers und seinen Einsatz für die Partei bewerten mag, er hat – so der Politologe und Historiker Kurt Sontheimer, der selbst der SPD angehörte – ihre notwendige Ent-

Kurt Schumacher, 1951. „Ein Akademiker, kein Arbeiterfunktionär, ein Mann großer Konzepte, nicht kleiner Kompromisse, mit der Gabe, scharf zu formulieren und erstaunlicher Energie. ... Selbstbewusst sicherte er sich die Führung und schob andere resolut beiseite" (Heinz Abosch).

wicklung zu einer demokratischen linken Volkspartei eher aufgehalten als gefördert. Er hat das Interesse der Wähler falsch eingeschätzt, die an handgreiflichen Verbesserungen ihrer Lebenssituation mehr interessiert waren als an der Verteidigung eines forsch vorgetragenen nationalen Interesses. Auch wirtschaftspolitisch fehlte der SPD angesichts der positiven Entfaltung der sozialen Marktwirtschaft eine überzeugende Alternative.[60]

Unter Schumachers Nachfolger Erich Ollenhauer (von 1952 bis 1963 Partei- und Fraktionsvorsitzender) driftete die SPD in eine gewisse politische Beschaulichkeit ab. Adenauer, bis ins hohe Alter von agiler wie alerter Sensibilität, auch von verschlagen-taktischer Raffinesse, hatte es gegenüber diesem Gegner und Gegentyp, einem „Biedermann und Patrioten", vor allem aber Funktionär,

der ganz in Organisationstreue, Organisationsdisziplin und Parteisolidarität aufging, ziemlich leicht. „Ollenhauer statt Adenauer" blieb da ein frommer Wunsch.

Bei der Bundestagswahl 1949 erhielten die Sozialdemokraten 29,2 Prozent der Stimmen, 1953 waren es 28,8 Prozent. Die Stagnation führte in der SPD zu einer weit verbreiteten Unruhe. Intensive parteiinterne Diskussionen forderten die Verwandlung der Funktionärs- in eine Volkspartei und beschäftigten sich mit der Person des Parteivorsitzenden, dessen mangelnde Ausstrahlungskraft als Kanzlerkandidat für die Wahlniederlage verantwortlich gemacht wurde. „Die Blockierung der Möglichkeit, für die Wählermassen attraktivere Persönlichkeiten als Regierungschef und Regierungsmannschaft herauszustellen, wurde dem ‚Apparat', das heißt dem ‚Büro' der besoldeten

Erich Ollenhauer war seit 1952 Parteivorsitzender der SPD. Die auf diesem Wahlplakat von 1953 ausgegebene Devise „Ollenhauer statt Adenauer" erfüllte sich nicht.

Herbert Wehner war 1927 der KPD beigetreten, für die er nach ihrem Verbot 1933 im Untergrund arbeitete. Er schloss sich 1946, nach seiner Rückkehr aus der Emigration, der SPD an und gehörte bald zum engsten Kreis um Kurt Schumacher.

Parteivorstandsmitglieder in der Parteizentrale, zur Last gelegt. Es ging also bei der von einflußreichen Persönlichkeiten und den hinter ihnen stehenden Parteiorganisationen erstrebten Reform darum, den ‚Apparat‘ zu entmachten, die Parteispitze umzustrukturieren und personell neu zu besetzen. Das gelang auf dem Parteitag in Stuttgart im Mai 1958. Dort wurde zwar Erich Ollenhauer als Vorsitzender wiedergewählt, es wurden ihm jedoch zwei Stellvertreter, Waldemar von Knoeringen und Herbert Wehner, beigegeben, eine Kombination, die die Breite des sozialdemokratischen Spektrums zum Ausdruck bringen sollte: Wehner galt damals als der prominenteste Exponent des linken Flügels, Knoeringen war ein insbesondere in Bayern sehr populärer Politiker."[61]

Herbert Wehner (von 1935 bis 1944 in die Sowjetunion, dann nach Schweden emigriert, ab 1949 Mitglied des Bundestages, von 1958 bis 1973 stellvertretender Vorsitzender der SPD) löste sich nicht nur selbst mit äußerster Rigorosität von seiner Vergangenheit; er wirkte auch maßgebend (nach Meinung linker Kritiker „übermäßig") an der Öffnung seiner Partei mit.[62] Die SPD sollte aus dem Getto der Opposition herausgeführt werden. Da es in den zwanziger Jahren nicht gelungen sei, die Arbeiterklasse mit dem Staat zu versöhnen und breite Schichten zu gewinnen, sei die Weimarer Republik schließlich gescheitert.

Gegenüber den Orthodox-Linken und den Traditionalisten drängten die Reformer, die keine homogene Gruppe bildeten, nach vorn: schnell vorpreschende, vorübergehende Rückzüge in Kauf nehmende Politiker wie Fritz Erler, Helmut Schmidt, Karl Schiller und eine vorsichtigere Gangart bevorzu-

Zu den SPD-Mitgliedern nach 1945, die bald eine führende Rolle spielten, gehörten Carlo Schmid (links) und Willy Brandt (rechts). Der Jurist Schmid war eine frankophile, den Lebensgenüssen zugetane Persönlichkeit mit großer literarischer und rhetorischer Begabung. Brandt war nach Kriegsende als Korrespondent skandinavischer Zeitungen wieder nach Deutschland gekommen. Von Adenauer trennte ihn, so formulierte er es in seinen „Erinnerungen", allein schon die Abstammung: „... von ganz unten kommend, in die Arbeiterbewegung hineingewachsen ... durch den lutherischen Protestantismus vielfach beeinflußt."

gende, um einen schonenden Interessenausgleich mit den anderen Parteiströmungen bemühte Politiker wie Willy Brandt, Carlo Schmid und Wehner. Gemeinsam war ihnen die Überzeugung, dass eine große linke Volkspartei sich zu vier Freiheiten unverbrüchlich bekennen müsse: Freiheit des Glaubens – Freiheit der Meinung – Freiheit von Not – Freiheit von Furcht. Das könne man aber nicht mit Hilfe eines dogmatischen Marxismus erreichen; dieser habe bislang etwa zu überflüssigen Reibungsflächen mit der Kirche geführt.

Als „Troika" versuchten Wehner, Erler und Schmid – zusammen mit Willi Eichler, dem Vorsitzenden der Programmkommission, und anderen, darunter Adolf Arndt, Heinrich Deist, Benedikt Kautsky – den Entwurf des neuen Parteiprogramms so zu gestalten, dass er eine Chance hatte, auf einem Parteitag mit breiter Mehrheit angenommen zu werden: als Ausdruck des neuen Selbstbewusstseins der Partei, „einer Partei, die den Menschen in das Zentrum ihres Verständnisses von Staat und Gesellschaft stellt und darum entschlossen ist, die Lebensordnung unseres Volkes so einzurichten, daß künftig Freiheit und Gleichheit – miteinander durch Brüderlichkeit verbunden – nicht mehr nur Forderungen oder gar Träume zu bleiben brauchen, sondern auch unter den Bedingungen dieser harten Zeiten Staat und Gesellschaft zu gelebter Wirklichkeit werden können".[63]

Das neue Programm wurde schließlich im November 1959 auf dem Parteitag in Bad Godesberg bei Bonn mit überwältigender Mehrheit verabschiedet. In seinen Erinnerungen stellt Carlo Schmid fest, dass dieser Durchbruch zu einer modernen SPD bei der Bevölkerung neues Vertrauen in die Ziele der Partei geweckt und viele für ihre Ziele gewonnen habe. „So ist der Godesberger Parteitag nicht ein Stück Parteigeschichte, sondern der Auftakt einer neuen Phase der Geschichte des deutschen Volkes geworden, jenes Teils der Volkes, das die Möglichkeit hat, sich frei für die Inhalte und Formen sei-

nes politischen Lebens zu entscheiden."[64]

Nun begann auch der Aufstieg des Mannes, der zur bedeutendsten Führungsfigur der SPD in der Bundesrepublik werden sollte: Willy Brandt. Der 1913 als Herbert Ernst Karl Frahm in Lübeck geborene, 1933 nach Norwegen emigrierte, 1940 nach Schweden geflohene Journalist, seit 1947 unter seinem Schriftstellernamen Brandt wieder in Deutschland eingebürgert, gehörte von 1949 bis 1957 dem Bundestag an. Als „Ernst Reuters junger Mann" – der aus der Emigration zurückgekehrte Reuter war von 1948 bis 1953 Westberlins hoch angesehenes Stadtoberhaupt – gewann er 1957 die Wahl zum Regierenden Bürgermeister; in der „Frontstadt des Kalten Krieges" erwarb er sich bald aufgrund seiner bedächtig-mutigen Haltung große Anerkennung. In Allianz mit Wehner, der kurz zuvor in einer Grundsatzrede vor dem Bundestag einen außenpolitischen Kurswechsel der SPD eingeleitet hatte – die Partei bekannte sich nun zum europäisch-atlantischen Bündnis- wie Verteidigungssystem –, wurde Brandt im November 1960 auf dem SPD-Parteitag in Hannover zum Kanzlerkandidaten für die Wahl zum vierten Bundestag 1961 gewählt; bei dieser verlor die CDU/CSU die absolute Mehrheit, die SPD überschritt die 35-Prozent-Marke; 1964 übernahm Brandt auch den Parteivorsitz.

Der durch das Godesberger Programm ausgelöste Modernitätsschub verwandelte die SPD in eine Volkspartei, bei der Klassenlage und politische Überzeugung nicht mehr in einem Kausalverhältnis standen. Vielmehr wurde nun versucht, die politischen, wirtschaftlichen und gesellschaftlichen Interessen verschiedener sozialer Schichten zu vereinen. „Der Bart ist ab", meinten Karikaturisten unter Bezug auf die Physiognomie von Karl Marx, als die SPD ihre dogmatische Starrheit ablegte und ihren Frieden mit der sozialen Marktwirtschaft machte. (Das letzte Rundschreiben des Parteivorstandes vor Godesberg war mit „sozialistischem Gruß", das erste nach Godesberg mit „freundlichen Grüßen" unterzeichnet.)

SPD-Plakat von 1959, das den Godesberger Parteitag thematisiert

Die Konsumdemokratie
Besser und schöner leben

Anschaffungskultur

Die fünfziger Jahre sind – im Zeichen Ludwig Erhards, des Wirtschaftswunders und der sozialen Marktwirtschaft – das erste Jahrzehnt einer Konsumdemokratie, welche entscheidend die deutsche Befangenheit in autoritären beziehungsweise nationalsozialistischen Denkstrukturen zu überwinden (auch zu verdrängen) und die Einwurzelung in freiheitliche Lebensformen zu befördern half.
Bereits 1943 entwarf der 1938 vor den Nationalsozialisten in die USA geflohene ehemalige Anzeigenleiter der „Frankfurter

Zeitung", Eric Woldemar Stoetzner, wenige Wochen nach der Schlacht um Stalingrad und mitten in die in Amerika vorherrschende antideutsche Stimmung hinein, vor einem Zirkel renommierter amerikanischer Werbeprofis seine Vision einer auf Konsum basierenden deutschen Nachkriegsordnung. „Die Amerikaner müssen lernen, mit den Deutschen nach dem Kriege zu leben." Mitten im Waffengang sah er die kommende ideologische Auseinandersetzung zwischen den Systemen von West und Ost voraus. Und er riet: „Sie haben als Experten der Werbung die einmalige Chance, nicht nur Produkte zu verkaufen, sondern Ideen, die zu einem besseren Leben führen können, in Europa und möglicherweise auf der ganzen Welt." Ab sofort müsse das mentale Terrain vorbereitet und mit Methoden der Public Relations dafür gesorgt werden, dass sich Amerika nach dem Sieg nicht wie ehedem nur um seine eigenen Probleme kümmere. Der europäische Boden sei reif für den amerikanischen Pflug.[65]
Solche und ähnliche Ideen der Befürworter einer Politik der nachsichtigen Umgewöhnung und Umerziehung der Deutschen konnten sich letztlich gegenüber den Verfechtern einer Politik der harten Bestrafung durchsetzen. Der amerikanische Präsident Franklin D. Roosevelt schwankte zunächst, verwarf aber dann das Konzept seines Finanzministers Henry Morgenthau – einen eigentlichen „Morgenthau-Plan" hat es nicht gegeben –, der drakonische Maßnahmen zur Niederhaltung Deutschlands, nämlich seine Festlegung auf eine im Wesentlichen landwirtschaftliche Struktur, empfohlen hatte.
Wenige Jahre nach Kriegsende ging es in der Bundesrepublik bereits nicht mehr nur um die Anschaffung des Notwendigen, sondern um üppigen Konsum. Gerade die „Anschaffungskultur" – eine sich ständig erweiternde und vervollständigende Warendecke – trug wesentlich dazu bei, dass sich das Gefühl gesellschaftlicher Stabilität einstellte und verfestigte. „Wir haben es erlebt", meinte

Gegenüberliegende Seite: Die Sorge um das tägliche Brot, welche die Deutschen in der Kriegs- und Trümmerzeit bedrängt hatte, wich einer „neuen Üppigkeit": Elektrische Eisschränke, Fernsehgeräte und Stereoanlagen hielten Einzug in die deutschen Haushalte.

Vorbereitungen zur Rationalisierungsausstellung 1953, die unter dem Motto „Besser leben" stand. In diesem Jahr verfügte die bundesdeutsche Zentralbank bereits über Devisenreserven im Werte von 6,5 Milliarden Deutscher Mark, die innerhalb der drei folgenden Jahre auf 15 Milliarden anschwollen (darunter 4,3 Milliarden in Gold). Bis 1957 entwickelte sich die Bundesrepublik zur damals viertgrößten Wirtschaftsmacht, deren hochwertige Exportgüter in aller Welt gefragt waren.

Ludwig Erhard in der ihm gelegentlich eigenen „volksnahen" Denk- und Sprechweise, „als Persil und die anderen Henkel-Fabrikate wieder in den Verkehr gelangten", dass das Vertrauen wuchs, dass nun wieder Frieden eingekehrt sei.[66]

„Besser und schöner leben!" wurde zum vielfältig variierten Slogan. So stand zum Beispiel die große Rationalisierungs-Ausstellung im Sommer 1953 in Düsseldorf unter dem Motto: „Alle sollen besser leben!" Im Ausstellungskatalog inserierte die Firma Becker-Gebrauchtwagen mit: „Besser leben heißt ein Auto haben!" Der Hausgerätehersteller Juno meinte: „Besser leben heißt für die Frau, alle Arbeit in ihrem Haushalt erleichtern." Und eine Wohnungseinrichtungsfirma warb mit: „Alle sollen besser leben mit Correcta schaumgepolsterten Sitz- und Liegemöbeln."[67]

Bei den beliebten Partys – hier ein „Modellfoto", bei dem nicht nur die passende hübsche und gepflegte Kleidung, sondern auch das dafür ideale Ambiente aufgezeigt wird – entwickelten die Deutschen eine besondere Vorliebe für Knabbereien (Salzletten, Salzbrezeln, gesalzene Erdnüsse, Kartoffelchips), die zudem fester Bestandteil des abendlichen Fernsehgenusses wurden.

Ludwig Erhards programmatische politische Verheißung „Wohlstand für alle!" schloss nicht nur ein besser, sondern vor allem schöner leben ein: schöner wohnen, schöner sich kleiden, schöner essen, schöner reisen; schöner sich vergnügen, schöner (das hieß vornehmer) sich benehmen. Eine Welle warenästhetischer Sublimierung („Veredelung") erfasste die Menschen und überwölbte den schwitzenden Eifer, mit dem man im materiellen Unterbau den Prozess der Zivilisation vorantrieb.

Die erfolgreichen Macher waren zugleich Freunde der schönen Künste. Das zeigte auch die hohe Auflage der seit Oktober 1955 erscheinenden Zeitschrift „Das Schönste", gewissermaßen eine moderne Form der „Gartenlaube" (der betulich-liberalen Familienzeitschrift des späten 19. Jahrhunderts). „Die Monatsschrift für alle Freunde der schönen Künste" (Theater, Film, Fernsehen, Tanzmusik, Dichtung, Malerei, Plastik, Baukunst, Wohnkultur) appellierte an alle Menschen, die nach „echten Werten" suchten. Das Schöpferische und Unvergängliche aufzuspüren, über die künstlerischen Ereignisse und ihre Repräsentanten in Bild und Wort zu berichten, also eine Kulturchronik der Zeit zu bieten, sei das Anliegen – übrigens bis in den Anzeigenteil hinein, denn es handelte sich dort um die „Ankündigung von Unternehmen, die sich mit ihren Erzeugnissen zum Qualitätsbegriff bekennen".

Das Hässliche, das sich nach Meinung nicht nur der damaligen Produktionsphilosophie schlecht verkaufen ließ („Hässlichkeit verkauft sich schlecht" hieß der Titel eines Buches des amerikanischen Formgestalters Raymond Loewy, der zum geflügelten Wort wurde[68]), sollte aus dem Leben einer konsumdemokratisch orientierten Gesellschaft ausgeschlossen werden. Dafür sorgten smarte Werbemanager, die aus den USA herüberkamen, wie zum Beispiel Ernest Dichter, ein Pionier der psychologischen Marktforschung, bei seiner Deutschlandtournee im Jahr 1958. Eine Flut von Sachbüchern[69] (häufig Übersetzungen aus dem Amerikanischen) arbeiteten das Thema „Werbung und Reklame" unterhaltsam auf.[70] Die erotische „Verpackung" von Waren wurde empfohlen: „Verkaufen sie an Frauen nicht Schuhe, verkaufen Sie hübsche Füße!" (E. Dichter). Die Werbemanager, „Sendlinge eines neuen, unblutigen Umsturzes, die Armee einer friedlichen Durchdringung des Lebensraumes mit den Versprechungen der Zivilisation"[71], halfen mit ihren urbanen Attitüden über den langweiligen Provinzialismus hinweg, wie er durchaus noch das „Land der großen Mitte" mit seinem Neo- beziehungsweise Neonbiedermeier durchzog. Die Trivialmythen der Reklame prägten auch die Heiratsanzeigen (stets aufschlussreich für vorherrschende Mentalitäten). Die Schnittfläche von Außen- und Innenwelt erwies sich als eine Mischung von Feten, Flirts, Wassersport, Tanz und Zärtlichkeiten; der Charaktercode war ein sportlich eingefärbter Spätidealismus. Der gute Ton, so Jürgen Habermas in der „Süddeutschen Zeitung" im November 1956, verlange, dass man für „alles Schöne und Edle" schwärme, dass man „Ideale" habe, „Natur und Musik" liebe, „vielseitig interessiert" sei; dass man Sport treibe, möglichst „Tennis und Reiten", oder „Wasser- und Motorsport".[72]

Zum Schönheitskult gehörte die „Institution" der Schönheitskönigin, die auf die Idee eines Amerikaners von 1854 zurückgeht. Zum einen verkörperte die jeweils Auserwählte exemplarisch das deodorante Frischwärts der Warenästhetik (weshalb Verkaufsstrategien sich gerne mit Schönheitswettbewerben verbanden). Zum anderen repräsentierte und präsentierte die Schönheitskönigin auf nationaler Ebene – es gab sie auch in der DDR – stellvertretend das deutsche „Fräuleinwunder" und damit neudeutsche Erotik. 1956 wurde Margit Nünke, die „Miss Germany" von 1955, „Miss Europa". Die Praxis öffentlicher Schönheitskonkurrenzen, meinte 1955 der damals sehr bekannte, dem konservativen Lager angehörende Publizist Hans Egon Holthusen, scheine auf den ersten Blick eine reichlich vulgäre Abart der

ewigen Huldigung des Menschengeschlechts an die Hoheit Helenas zu sein; „in Wahrheit ist sie eine Verkehrung ihres Sinns in reinen Widersinn; denn wie sich die Leidenschaft einer Frau von Art hinter ihrer Scham verbirgt und ihre soziale Macht hinter den Vorhängen ihres Privatlebens, so gehört es zum Wesen einer integren Gesellschaft, daß ihre Königinnen ungekrönt bleiben. Erst wo sich Gesellschaft desintegriert und in eine schiere, ungegliederte Menschenmasse verwandelt, erst wo alle Instinkte für Rang, Ordnung und Diskretion unscharf geworden oder verlorengegangen sind, da kann man auf den Gedanken kommen, einer Anzahl von weiblichen Individuen vor den Augen einer frigid-lüsternen Jury mit dem Zentimetermaß zu Leibe zu gehen, um den Umfang ihrer Waden, Taillen und Brustkörper festzustellen, sie in Abendkleidern und Bikinis

„Miss Germany 1955": Die Kölnerin Margit Nünke, damals 24 Jahre alt – zusammen mit der Zweitschönsten Beate Krüger aus Mainz, 18-jährig, und der Drittplatzierten Erika Proft aus Augsburg, 19 Jahre alt

Folgende Doppelseite: Präsentation der zur Auswahl anstehenden „Schönen" bei einem der frühen Schönheitswettbewerbe (1949) im Berliner Strandbad Wannsee

über einen Laufsteg marschieren zu lassen und dann die ‚Schönste' zur ‚Miss Berlin', ‚Bayern', ‚Germany', ‚Europa' und schließlich zur ‚Miss Universum' zu erklären und ihr eine entsprechende Schärpe umzuhängen."[73]

Hans Egon Holthusens Polemik gegen die Praxis der öffentlichen Schönheitskonkurrenzen war Teil einer Kulturkritik, die für die „Würde der Frau" und gegen ihre „Entweihung" durch Vergnügungs- und Werbeindustrie eintrat. Ein hoch geputschter Sexus zerstöre den Eros. Die primitive Sexualität des Mannes von heute, so der Neurologe Joachim Bodamer, habe die Frau gezwungen, sich gleichsam zu prostituieren, in einen Konkurrenzkampf einzutreten, bei dem die seelischen Werte nicht zählten, sondern nur die Bereitschaft zur körperlichen Hingabe honoriert werde. Ihr Habitus habe sich an die modernen Konsum- und Verhaltensweisen angeglichen.[74]

Zwischen Wohnmaschine und Bungalow

Kurz vor der Währungsreform erschien ein Gedicht von Karl Schnog mit dem Titel „Wann wird Frieden sein?" im „Ulenspiegel". (Diese Zeitschrift „für Literatur, Kunst und Satire" war von Herbert Sandberg, der im Zuchthaus und Konzentrationslager geplant hatte, nach dem Ende des Dritten Reiches so etwas wie den „Simplicissimus" neu zu machen, zusammen mit Paul Rilla, Horst Lommer und Günther Weisenborn gegründet worden.) Im Text werden all die Hoffnungen aufgezählt, die aus dem durch den Krieg hervorgerufenen Notzustand erwuchsen:

Wenn die Mütter froh die Kinder schwenken,
Wenn die Onkels Neffen Uhren schenken,
Wenn man Wohnung wechselt ohne Schein;
Wenn, wer's Auto kauft, auch selber steuert,
Wenn man Hausrat, der nicht paßt, erneuert,
Wenn man Fleisch hat und lädt Freunde ein.
Aber, Enkelchen, wann wird das sein?

Das Hochhaus gehörte, in doppeltem Wortsinne, zu den „aussichtsreichen" Möglichkeiten eines besseren und schöneren Wohnens; hier ein Gebäude in München von den Architekten Franz Ruf und G. A. Roemmich, um 1955. Die Probleme, die sich vor allem in Trabantenstädten durch massiertes Wohnen mit seiner Anonymität und Kommunikationslosigkeit ergaben, wurden weitgehend verkannt.

Angespielt wird unter anderem auf die Wohnungszwangsbewirtschaftung und auf nicht mehr geeigneten Hausrat (was freilich ein geringeres Problem darstellte als die Tatsache, dass Wohnungseinrichtungen im Bombenkrieg häufig komplett verloren gegangen waren). Mehr als 20 Prozent allen Wohnraums hatte der Krieg zerstört; dazu kam der anhaltende Zustrom von Vertriebenen und Flüchtlingen, der die Bevölkerungszahl Westdeutschlands gegenüber dem Vorkriegsstand um ein Fünftel, auf etwa 51 Millionen ansteigen ließ; 1950 mussten sich so, statistisch gesehen, jeweils drei Haushalte zwei Wohnungen teilen, und nur etwa die Hälfte der Haushalte verfügte über eine Kochstelle zur alleinigen Benutzung. Viele Frauen träumten davon, eines Tages wieder eine eigene Küche zu haben. „Die bedrückende Enge des durch die jeweiligen Ämter zugeteilten Wohnraums und der Zwang zur Gemeinschaft mit fremden Menschen ließen die Wiedererlangung und Sicherung privater Häuslichkeit zum zentralen Ziel der Westdeutschen werden."[75] Auch wenn im Bundesgebiet noch 1960 ein Sechstel aller Wohnungen mit mehr als einem Haushalt belegt war, so hatte sich doch in den fünfziger Jahren großer Optimismus breit gemacht. Man sah, dass es mit dem Wohnungsbau voranging; innerhalb eines Jahrzehnts wurden mehr als fünf Millionen Wohnungen geschaffen, davon circa 60 Prozent als staatlich subventionierte Sozialbauten. Deren Ausstattung durfte zwar bestimmte Standards nicht überschreiten, doch ermöglichten sie breiten Schichten der Bevölkerung, die über geringere Einkommen verfügten, eine einigermaßen zufrieden stellende Bleibe. Als der 1910 in Bayern geborene, in Amerika lebende Journalist Norbert Muhlen 1953 zu einem längeren Aufenthalt nach Deutschland kam, stellte er überrascht fest, dass man hier eigentlich nicht richtig ausschlafen könne. Denn man werde überall durch Hämmern, Klopfen und anderen Lärm geweckt: von nebenan, wo ein Haus fertig gestellt, von gegenüber, wo eine Ruine ausgebaut werde.[76]

Die Städte wurden von den Ruinen befreit und nahmen wieder Gestalt an, freilich oft genug eine solche, die von einem denkmalpflegerischen Standpunkt aus kritisiert wurde. Die Rückkehr der funktionalistischen Architektur und Stadtplanung der zwanziger Jahre, deren herausragende Vertreter in die USA emigriert waren, führte – vor allem bei epigonaler Aneignung ihrer Prinzipien – zu einer unpersönlichen Sterilität und Kälte; Alexander Mitscherlich sprach später von der „Unwirtlichkeit der Städte". Der Bau von Trabantenstädten mit ihren „Wohnmaschinen" (ein Begriff, der von dem Städteplaner Le Corbusier positiv gemeint war) brachte zwar eine Massenproduktion von Wohnungen. Sie bewirkte aber auch, wegen der damit einhergehenden Anonymität und „Heimatlosigkeit", ein Unbehagen, das bis hin zu psychosomatischen Störungen führen

konnte. Die Modernisten, die ihre stadtplanerischen Vorstellungen in der Trümmerzeit meist durchsetzen konnten, werteten die historische Stadt ab, da sie aus ihrer Sicht mit Beengung, Immobilität und dem Mangel an Hygiene identisch war. Der Mensch brauche für seine Entfaltung Raum, Licht und Luft. Vor allem der Automobilverkehr sollte, bei entsprechender großzügiger Planung, urbane Beweglichkeit ermöglichen.

Als sich nach Beendigung der Enttrümmerungsarbeiten herausstellte, dass die Kriegszerstörung doch nicht ganz die Tabula rasa hinterlassen hatte, wie sie „fortschrittsorientierte" Planer als Voraussetzung für die Konstruktion der Zukunftsstadt erhofft hatten, wurden in „gründlicher Arbeit" bis tief in die fünfziger Jahre hinein die Spuren der historischen Städte weiter getilgt. „In Berlin wurde – keineswegs als Einzelfall – ein ganzes Stadtviertel aus dem 19. Jahrhundert, das zwar ausgebombt war, aber im Stadtgrundriß noch existierte, Stück um Stück ausradiert. Es war das Hansa-Viertel, und an seine Stelle sollte mit Hilfe der Internationalen Bauausstellung in Berlin (‚Interbau', 1957) das heroische Emblem des Wiederaufbaus entstehen."[77] Die internationale Architekturelite wirkte mit, darunter Alvar Aalto, Walter Gropius, Arne Jacobsen, Le Corbusier, Oscar Niemeyer. Die als „Musterbuch der Formen" bezeichnete Ausstellung konnte nicht darüber hinwegtäuschen, dass solche Wohnquartiere ihre Bewohner letztlich der „technischen Diktatur" unterwarfen. Ein zeitgenössischer Architekturkritiker schrieb: „Wer eine Formel für das moderne Lebensgefühl sucht, das sich in unserer Architektur auswirkt, mag sie in der Dreiheit von Gefängnis, Komfort und Illusion finden."[78]

Beton, einförmig und phantasielos, aber immer profitmaximierend verwendet, galt seit den fünfziger Jahren als Wundermittel für den Auf- und Ausbau der gedeihenden Stadt[79], bis 1971 auf der 16. Hauptversammlung des Deutschen Städtetags dieser mit dem Notruf „Rettet unsere Städte" die

Gegenläufig zu den „Betonburgen" wurde Eigentumsbildung in Form „bodenständiger" Ein- und Zweifamilienhäuser „im Grünen" gefördert. Zunächst wurden diese wegen des hohen Bedarfs und aus Kostengründen meist schlichter gebaut, als es noch vor dem Krieg üblich gewesen war. Die Fördervorschriften verlangten unter anderem das Vorhandensein einer Arbeitsküche mit belüfteter Speisekammer, ein WC und eine Waschgelegenheit sowie Heizungsmöglichkeit für den Wohnraum und mindestens eines der Schlafzimmer.

stadtplanerische Wende einleitete. Gegenläufig zu den „Betonburgen" wurde, vor allem durch das zweite Wohnungsbaugesetz vom 27. Juni 1956, die Eigentumsbildung in Form von Ein- und Zweifamilienhäusern gefördert. Unter „bodenständigem Bauen" verstand man aufgelockerte, durchgrünte Wohnsiedlungen aus freistehenden Häuschen und Reihenhäusern mit Satteldach. Anknüpfend an die Gartenstadt-Bewegung seit Ende des 19. Jahrhunderts, konnte damit auch der weit verbreiteten Sehnsucht nach einem Garten oder Gärtchen Genüge getan werden.

Das „Traumhaus" war, freilich nur für die Betuchten zu verwirklichen, der Bungalow – in vielen Illustrierten, zum Beispiel in der Zeitschrift „Das Schönste", immer wieder vorgestellt. Bei ihm könne sich die Kunst des Architekten im „Einfangen des wärmenden, heilenden und beglückenden Lichtes" besonders gut entfalten. In solcher Heimstatt „voll lichter Großzügigkeit" fühle man sich schon „fast wie in Italien".[80]

Der geradlinige und der schräge Geschmack

Was die Interieurs betraf, so fand der Einrichtungsstil, wie er schon seit dem späten 19. Jahrhundert im Bürgertum verbreitet war – verschnörkelt, repräsentativ, mit imitierten Stilmöbeln aus dunklem, hochglänzendem und oft auffallend gemasertem Holz – seine Fortsetzung.[81] Doch formierte sich auch erfolgreich eine Gegenbewegung. Sie knüpfte an die Tradition des Deutschen Werkbundes an, der 1911 zur Förderung von moderner Architektur und modernem Design gegründet worden war, die „gute" und „ehrliche" Form einforderte und maßgebend auch die „Philosophie" des 1919 von Walter Gropius in Weimar eingerichteten, seit 1925 in Dessau ansässigen Bauhauses beeinflusste. Nach dem Zusammenbruch des Dritten Reiches erhoben die Protagonisten moderner Gestaltung, nun „arm, aber ehrlich", die Forderung, „neues Wohnen nach den Gesichtspunkten formvollendeter

Klarheit und eindringlicher Schlichtheit zu gestalten". Im Katalog der Werkbund-Ausstellung „Neues Wohnen" im April 1949 hieß es: „Geläutert und geprüft durch die Not, muß jedes Ding sich darauf beschränken, zu sein, was es soll: Ein Bett, ein Tisch, ein Topf."[82]

Auch die Ulmer Hochschule für Gestaltung, die ab 1949 von dem Architekten Otl Aicher zusammen mit dem Schweizer Bauhausschüler, Architekten und Bildhauer Max Bill aufgebaut worden war, begriff sich als eine Weiterentwicklung des Bauhauses. Sie setzte sich das Ziel, so Bill, eine mit unserem technischen Zeitalter übereinstimmende Lebensauffassung schaffen zu helfen.[83] Aicher war von früher Jugend an den Geschwistern Scholl und ihrem Kreis eng verbunden gewesen und hatte dem Nationalsozialismus ablehnend gegenübergestanden. Die 1950

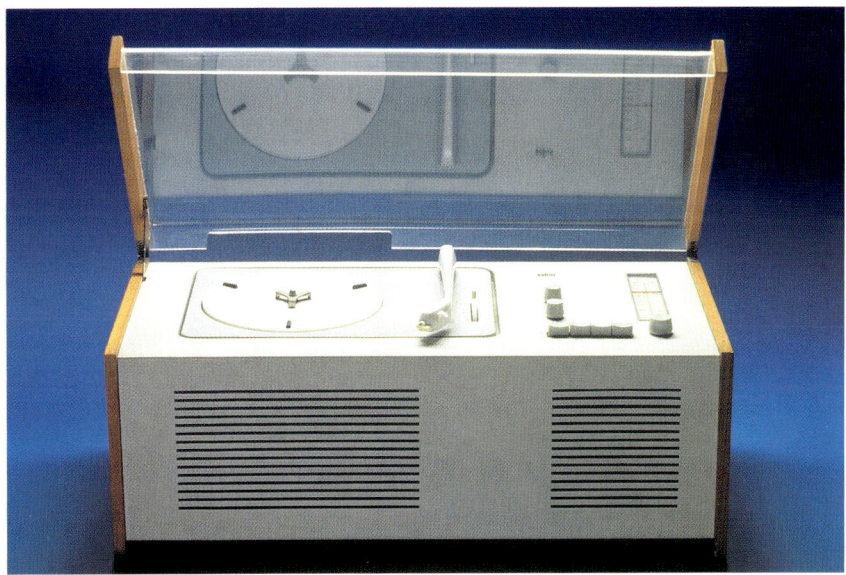

Radio-Phono-Kombination „SK4", entworfen von Hans Gugelot und Dieter Rams für die Firma Braun, 1956. „Wenn das Brauchen Sinn und Zweck hat, und wenn das Gestalten und Herstellen Sinn und Zweck vollkommen erfüllt, dann gelangen die Dinge nicht nur zu ihrer eigenen Form, sondern sie gewinnen auch diese überindividuelle gemeinsame Haltung, die wir Stil nennen", schrieb Wend Fischer rückblickend in dem Katalog „Form – nicht konform – 20 Jahre Braun-Design" (1976).

von Otl Aichers Frau Inge Scholl gegründete Geschwister-Scholl-Stiftung warb für die Ulmer Hochschule und bemühte sich um Geldgeber.

Eine Reihe von Firmen bekannte sich bei der Gestaltung ihrer Produkte zu den Ulmer Prinzipien; herausragend dabei die Braun AG, Frankfurt am Main. Aicher selbst, Hans Gugelot und Herbert Hirche, „das Dreigestirn des deutschen Design-Gewissens", waren maßgebend an der Entwicklung des Braun-Stils (Phono- und Elektrogeräte, darunter auch elektrische Trockenrasierapparate) beteiligt.

Neben einem „Institut für neue technische Form" wurde auf Beschluss des Bundestags 1951 der „Rat für Formgebung" als gemeinnützige Stiftung geschaffen und in Darmstadt, in Verbindung mit dem Deutschen Werkbund, etabliert. Die Stiftung, die den „Bundespreis Gute Form" alljährlich verlieh, hatte den Auftrag, „bei Industrie, Handwerk, Handel und Verbraucherschaft aufklärend und fördernd zu wirken, Behörden, insbesondere die Bundesregierung und die Regierungen der Länder, zu beraten, auf eine vorbildliche Deckung des öffentlichen Bedarfs hinzuwirken, sich an der Vorbereitung von Ausstellungen, Ausschreibungen und Wettbewerben fördernd und beratend zu beteiligen, Institute und freischaffende Gestalter bei ihrer Tätigkeit zu fördern und zu beraten und Einfluß auf die Berufsausbildung zu nehmen".[84]

Der geometrischen Strenge des Funktionalismus wurde der Mangel an menschlicher Wärme vorgeworfen. In Reaktion darauf erfuhren das Bizarre, Kapriziöse, Asymmetrische sowie grelle und überschäumendbunte Farben eine Aufwertung. Die Vorurteile gegenüber moderner Kunst, Ergebnis nationalsozialistischer Indoktrination, schwelten zwar weiter. Wenn jedoch die abstrakten Formenspiele der Maler Piet Mondrian, Paul Klee, Wassily Kandinsky und Joan Miró in den Dekor von Gebrauchsgegenständen übernommen wurden, erfreuten sie sich großer Beliebtheit. Als

1952 die Weberei Pausa AG einen Wettbewerb für Dekorationsstoffe veranstaltete, waren von den 9000 eingereichten Vorlagen 70 Prozent in abstrakten Dessins gehalten. An weiteren Materialien waren beliebt: Holz gebogen, rund, oval gepresst und verleimt; Glas, Drahtglas „progressiv" geschnitten und geschliffen; Metall gestanzt, gelocht, gebogen, gefärbt; Möbelstoff mit konkaven Noppen und plastischen Wollrippen; Teppiche, Vorhänge und Kissen mit ornamentalasymmetrischen Mustern; Vasen im Picasso-Stil. Die Sessel, keineswegs immer bequem, zeigten als Kunststoffschalen und tuchbespannte Stahlrohrschleifen eine „bestechende" Form. Die Möbel waren meist schrägbeinig; Diagonalen und Keil-Formen signalisierten Spannung. Rundungen, ei- und palettenförmige Schwünge priesen sich als „organoid" an. An den Decken hingen gebogene Metall-Leuchten oder Tütenlampen mit Ölpapier-Schirmchen.[85] Im Besonderen stand der Nierentisch für die Ding gewordene Bereitschaft zu Eleganz und Extravaganz. Insgesamt signalisierte der „schräge Geschmack" der fünfziger Jahre die entschiedene Abkehr vom kleinbürgerlichschwerfälligen, mit aufgenordetem Plüsch auf Pseudogemütlichkeit getrimmten „Brauhaus"-Stil des Nationalsozialismus.

Sowohl das strenge als auch das verspielte Design brachte für Deutschland den Anschluss an das gestalterische Weltniveau, das man vor allem in Skandinavien und in Italien vertreten fand. Zu den Hits der Internationalen Bauausstellung 1957 zählten die von den Skandinaviern eingerichteten Wohnungen: „Das kleine Volk der Dänen hat es fertiggebracht, dass von New Delhi bis New York eine bestimmte Schicht sich dänisch möbliert."[86] Die in Mailand stattfindenden Design-Triennalen wurden in den fünfziger Jahren als „Wallfahrtsorte des guten Geschmacks" angesehen. Es hieß, in allen Bereichen – vom Eierbecher bis zum gedeckten Tisch, von der Tapete bis zum eingerichteten Wohnraum, vom Küchenporzellan bis zum wissenschaftlichen Gerät – befände

In den fünfziger Jahren kam es zu einem verantwortungsvollen Zusammenwirken einzelner Erzeuger mit namhaften Gestaltern. Max Bill, der Gründer der Ulmer Hochschule für Gestaltung, entwarf diese Küchenuhr mit Kurzzeitmesser.

Gegenüberliegende Seite: Heinz Löffelhardt führte die Geschirre der Porzellanfabriken Arzberg und Schönwald zu immer strengeren Formen.

Blickte der Kunstkenner Ende der fünfziger Jahre auf Tapeten oder Dekorationsstoffe, so fühlte er sich an Bilder der abstrakten Kunst, etwa von Willi Baumeister, Wassily Kandinsky, Piet Mondrian, Paul Klee erinnert. Die Designer der Gebrauchskunst fanden in ihnen ein reichhaltiges, sich zunehmender Beliebtheit erfreuendes Repertoire für ihre Entwürfe vor, bestimmt von der Absicht, die Trennung zwischen Kunst und Alltag zu überwinden. Manche Künstler, wie Baumeister und Fritz Winter, entwarfen selbst Dessins für Vorhangstoffe, Decken und Teppiche. Die abgebildete Auswahl von „Künstler-Tapeten" der Firma „rasch" zeigt eine Studie von Margret Hildebrand, „Maja" von Jean de Botton, „New York" von Letizia Cerio und ein Kleinmuster von Arnold Bode.

„Der dreibeinige Nieren-tisch setzt sich erst Ende der fünfziger Jahre allge-mein durch; noch 1954 bevorzugen die meisten einen runden Couchtisch mit kurvigen Dackelbei-nen und Zeitungsablage. Jedoch ist er zum Symbol der Zeit geworden, da er wie kein anderes Möbel in seiner Gestalt den his-torischen, nur einmal möglichen Moment bin-det und ihm daher – wie jedes Design zu gleichen Teilen von ästhetischer Erfindung wie von gesell-schaftlicher Moral geprägt – Aussagekraft über Zeitgeschmack und Lebensgefühl zuzumessen ist: Seine organoide Form ist in ihrer auf die zwei-dimensionale Optik reduzierten Plattheit eine Synthese aus Anpassung (nur nicht anecken), dynamischem Elan (outriertem Optimismus) und scheinbarer Offen-heit (Form und abge-spreizte Beine geben dem Besucher den Blick auf den – sauberen – Boden frei: ,Wir haben nichts zu verbergen')" (Christian de Nuys-Henkelmann).

Die Überzeugung, dass
Hässlichkeit sich schlecht
verkaufe, empfanden vie-
le Firmen als wirtschaft-
lichen Unterbau für die
von ihnen produzierten
„erlesenen" Gegenstän-
de, die auch immer wie-
der in Zeitschriften wie
„Das Schönste", „Mag-
num", „Kristall" als Bei-
spiele für „guten
Geschmack" vorgestellt
und propagiert wurden.
– Hier Keramik der Fir-
ma van Daalen; eine
Stehlampe aus Messing,
Kunststoff und resopal-
beschichtetem Holz; ein
Blumenbeistelltisch in
Nierenform; Salzstreuer
und Pfeffermühle, gestal-
tet von Wilhelm Wagen-
feld für die Firma WMF

Gegenüberliegende Seite:
Das Werbefoto annon-
ciert, wie man funktional
gut und ästhetisch schön
auf „modernen" Stühlen
zu sitzen vermag. Doch
auch die grazile Stehhal-
tung der chic gekleideten
und frisch ondulierten,
Modeschmuck tragenden
Sekretärin, am Telefon
stets freundlich, ver-
mittelt die erfreuliche
Botschaft vom deodoran-
ten Frischwärts in eine
schöne neue Welt.

man sich dort „im Märchenwald der modernen Form".[87]

Wichtigstes Material, aus dem die „Träume nach vorwärts" fabriziert wurden, war der Kunststoff (Diolen, Krepp, Nylon, Perlon, PVC, Resopal, Trevira). In den fünfziger Jahren nahm die Kunststoffindustrie auf der Basis der von Hermann Staudinger in den zwanziger Jahren begründeten makromolekularen Chemie sprunghaft zu.[88] Die neue Vielformig- und Vielfarbigkeit der „plastic world" zeigte erstmals 1952 eine Ausstellung in Düsseldorf. Der moderne Mensch konnte sich von der Morgentoilette bis zum Gute-Nacht-Drink in einer pflegeleichten, auch keimfreien, vor allem aber ästhetisch ansprechenden Umgebung bewegen.

Dernier cri. Etikette neu

Wann wird endlich Frieden sein? „Wenn man Hüte ablegt, deren Band verblichen ..." Die scheinbar belanglose Verszeile aus dem Gedicht von Karl Schnog im „Ulenspiegel" kann als Einstieg in die Modegeschichte der Nachkriegszeit verstanden werden. Als das Dritte Reich und mit ihm der totalitäre Überwachungsstaat zusammengebrochen waren, man mit den Uniformen der Partei- und Wehrmachtsorganisationen auch die dazugehörenden Kopfbedeckungen ablegte, zeigte sich, dass in den Kleiderschränken, soweit diese nicht dem Krieg zum Opfer gefallen waren, noch viele Hüte überlebt hatten. Bei den Nationalsozialisten waren sie als Zeichen des Zivilen verpönt, nun setzte man sie wieder auf – und trug auch sonst gerne übrig gebliebene gute, bald altmodisch gewordene Klamotten. Solche Äußerlichkeiten bewahrten den Rest bürgerlicher Identität. Neue Hüte gab es nicht zu kaufen, aber verblichene Hutbänder konnte man immerhin erneuern. In den fünfziger Jahren gab es dann neue Hüte für beide Geschlechter zu kaufen: seriöse für den Mann als Statussymbol, prächtig-üppige für die Frau, die sich zur Dame wandelte. Nun war eben endlich Frieden. Der zuneh-

mende Wohlstand ließ die Lust an der Mode steigen. 1950 verwendete der durchschnittliche Haushalt 13,5 Prozent, 1953 bereits 14,7 Prozent seines Einkommens für Kleidung. Schönheitsköniginnen und die Covergirls der vielen neu entstandenen Illustrierten setzten Maßstäbe. Das galt besonders für die Angehörigen der jungen Generation, die nun Teenager und Twens hießen. Galt Make-up um 1950 noch als leicht anrüchig – als Auswirkung des nationalsozialistischen Gebots „Eine deutsche Frau schminkt sich nicht!" –, so war es bald üblich, täglich Lippenstift zu benutzen; auch Dauerwellen, Haartönung, Nagellack und Parfum wurden nun Teil des modernen Outfit; die Kosmetikindustrie erlebte einen steilen Anstieg.

Der sehr geschätzten Haute Coiffure entsprach die Haute Couture. Alles was in New York, Paris, Rom tonangebend war, erfreute sich großer Beliebtheit. Nicht nur Jungmädchenträume, sondern auch die Kleiderwünsche vollschlanker Hausfrauen, denen die Fresswelle zu schaffen machte, kreisten um Petticoats – Unterkleider aus volantartig gerafftem Perlontüll, der in mehreren Lagen übereinander verarbeitet war und dafür sorgte, dass der Rock abstand und wippte.[89] Christian Dior, seit 1943 Modezeichner in Paris, entwarf 1947 den „New Look". Er kreierte die „neue Frau" mit Wespentaille, Stöckelschuhen, romantischen Volants – zart, anlehnungsbedürftig, exklusiv, zerbrechlich. An die Stelle militärischer Plumpheit (die Frauen waren im Krieg häufig dienstverpflichtet gewesen) trat urbane Eleganz. Der „New Look" setzte sich, wie der „Spiegel" 1958 schrieb, „sogar in jenen ausgedörrten Gegenden Europas durch, in denen die Frauen mit dem Enttrümmern von zerbombten Grundstücken beschäftigt waren und ihre Kleider aus den gewürfelten Einheitsstoffen ehemaliger Luftschutzkellerbetten zusammennähten".[90] Weitere „New Looks" folgten rasch, entworfen unter anderem von Yves Saint Laurent, Coco Chanel und in Deutschland von Heinz Oestergaard: 1951 Oval-Linie (auf die Betonung von

So sehr sich auch die Damenwelt am jeweils „letzten Schrei" der Modemacher in Paris und anderen Weltstädten erfreute, die zunächst noch knappen Einkommen der Durchschnittsfamilien ließen Extravaganzen nicht zu. „Ordentlich und praktisch" hieß die Devise. Dass „Mode von der Stange", für breite Käuferschichten erschwinglich, durchaus elegant aussah, bestaunt hier ein „Haushaltsvorstand" (oder Vertreter) auf einem Werbefoto von Hanns Hubmann, der vor allem für die Illustrierte „Quick" fotografierte.

Die Abbildungen zeigen verschiedenen „Linien" der Damenmode zwischen 1952 und 1956. Zu sehen sind von links nach rechts: ein Modell von Christian Dior aus dem Frühjahr 1952, von Gehring & Glupp circa 1952, ein Kostüm mit Bolero circa 1953, ein Modell in Berlin 1954 sowie je ein Modell von Staebe-Seger aus dem Jahr 1955 und vom Frühjahr/Sommer 1956.

Die Textilindustrie entdeckt die Teens und Twens als neue Konsumentengruppe; für sie werden eigene Geschäfte beziehungsweise eigene Abteilungen in den Konfektionshäusern eröffnet. Die Modeschöpfer stellen sich auf die Bedürfnisse jugendlicher Käufer ein oder rufen solche hervor. Farbenfrohe Röcke und Kleider sind besonders beliebte Kleidungsstücke der jungen Damen (hier Sommermode um 1955) – weit schwingend mit Hilfe des Petticoats, der vor allem durch amerikanische Filme populär gemacht wurde (wie überhaupt das jugendliche Lebensgefühl dieser Zeit vielfach den „American way of life" nachahmte).

Büste, Taille und Hüfte wird verzichtet); 1952 Pfeillinie (die Röcke schwingen glockig weit); 1953 Tulpenlinie (die Taille schiebt sich nach oben, die Röcke sind eng); 1954 H-Linie (Büste flach, bleistiftenger Rock); 1955 A-Linie (die Jacken tief über die Hüften, die Röcke weit oder plissiert); 1956 Bogenlinie (herabfallende Schultern, lose geschnittene Kleider). 1955 wurde das bald tonangebende „Mode-Institut München" gegründet; 1959 entstand die „Mode-Woche München", die sich zu einer großen Messe entwickelte. Die Modefotografie erlebte in den fünfziger Jahren einen Durchbruch, mit „Film und Frau" als bevorzugtem Publikationsorgan. Bei der Umsetzung der in den vielen Modenschauen gezeigten Kreationen in tragbare Kleidung spielten Illustrierte wie „Constanze" oder „Praline" eine große Rolle. Sie informierten nicht nur über die neuesten Modetrends, sondern stellten auch Schnittmuster zum Selbermachen oder als

Anleitung für die Hausschneiderin zur Verfügung.

Die Herren der fünfziger Jahre waren konventioneller gekleidet; die Anzüge wurden gerne mit Weste getragen. Man bevorzugte weiße Hemden, die oft aus Perlon oder Nylon waren und auf Reisen rasch gewaschen und getrocknet werden konnten; bügeln war nicht notwendig. Der korrekt angezogene Herr trug auf der Straße einen Hut, der bei der Begegnung mit Bekannten höflich gelüftet wurde und beim Betreten geschlossener Räume sofort abzunehmen war. In der Freizeit gab man sich leger – gekleidet in Clubjacken, Lumberjacks, Pullover und Cordhosen.

Die nun schöner Gekleideten verspürten den Drang nach besserem Benehmen. Unter dem Stichwort „Umgangsformen" nannte für die Jahre 1951 bis 1960 die Deutsche Bibliographie 151 neu erschienene oder wieder aufgelegte Titel; vom „Einmaleins des guten Tons" (1955) wurden in vier Jahren 24 Auflagen mit 765 000 Exemplaren gedruckt. „Nachdem das Kriegs- und Nachkriegselend zunächst alle geltenden Normen in Frage stellt und durcheinandergebracht hatte, wollte nun eine allmählich saturiert werdende Gesellschaft auch im Benehmen dokumentieren, dass sich die Zeiten geändert hatten und Normalität und bescheidener Wohlstand nicht nur aufgesetzt waren. Darüber hinaus wurde die wichtige Funktion guter Manieren für den beruflichen Aufstieg betont."[91] Freilich begnügten sich die Benimmbücher meist damit, Äußerlichkeiten zu ritualisieren. Damit verfehlten sie den aufklärerisch-bürgerlichen, jetzt staatsbürgerlichen Kern von gutem Benehmen. Zur maßgebenden Institution in allen Fragen des guten Geschmacks wurde Erica Pappritz, die als Beamtin des Bonner Protokolls tätig war. 1956 veröffentlichte sie zusammen mit Karlheinz Graudenz das Buch „Etikette neu", das als „Standardwerk des gesellschaftlichen Lebens" gedacht war. Besinnlich und Goethe zitierend stand „die Pappritz" zum Beispiel mit ihren Leserinnen vor dem Kleider-

Auch wenn Modefotos nicht die Wirklichkeit spiegeln – die Erscheinung des gut gekleideten Herrn, gepflegt vom Scheitel bis zur Sohle, stand generell für die Solidität einer Gesellschaft, welche die Uniform abgelegt und sich zivilisiert hatte.

Im Lokal, so hieß es im „Einmaleins des guten Tons", erhalte der Herr die Speisekarte und schlage der Dame einige Gerichte vor, unter denen sie dann wählen könne. Nicht der Ober, sondern ihr Begleiter helfe der Dame in den Mantel; er lege übrigens zuerst ab und ziehe sich auch zuerst an, bevor er seiner Begleiterin behilflich sei. Selbst derartige Äußerlichkeiten gehörten zur hoch gelobten Tugend der „Ritterlichkeit" im Verhalten der Männer gegenüber Frauen.

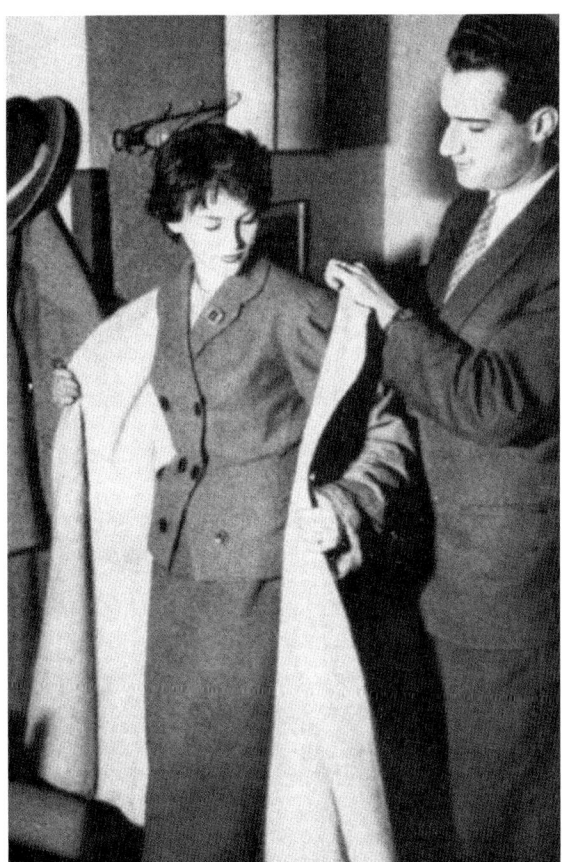

Folgende Doppelseite: Die Tanzstunde, in der man vorwiegend die „gesitteten" traditionellen Tänze lernte, war auch der Ort, an dem der Benimm-Kodex der Erwachsenen eingeübt wurde.

schrank: „Frauen sollten durchaus mannig-
faltig gekleidet gehen, jede nach eigener Art
und Weise, damit eine jede fühlen lerne, was
ihr eigentlich gut stehe und wohl zieme."[92]
Natürlich gab sie auch genaue Auskunft,
wie man speiste und seine Dame zu Tische
führte. Sie informierte über deutsche und
internationale Tischordnung, über Tischkar-
ten, Platzteller, Brotteller, Fingerschalen,
über den Umgang mit Bestecken und wie mit
Hummergabel und Schneckenzange zu spei-
sen war. Schrittweise musste eben der deutsche Konsumverein vom Brot zum Toast
und von der Hausmannskost zu Delikates-
sen geführt werden. Der deutsche Gour-
mand (Vielesser) war zum Gourmet (Feinschmecker) heranzubilden. „Es geht auf-
wärts" – das schloss ein, dass man auswärts
aß. Nach der Trümmerzeit-Kargheit mit
„Not-Rezepten" auf „Ersatz"-Basis begann
mit der Währungsreform ein neues Kapitel
der Kochkunst – mit dem „gehobenen"
Restaurant als Maßstab des feinen
Geschmacks. Hier war der Ort, wo schöne
Frauen mit zuvorkommenden Männern, elegant gekleidet, gepflegt speisten und höflich
parlierten. „Sie hatte sich extra die Haare
frisch ondulieren lassen und ihr festliches
Piqué-Kleid angezogen, denn zum ersten
Mal hatte er sie eingeladen, abends mit ihm
auszugehen. Gern hatte sie ihm zugesagt,
war er doch ein Mann, der es so kurz nach
der Währungsreform schon zu etwas
gebracht hatte und bei dem sie sicher sein
konnte, daß er es ernst meinte."[93]
Friedrich Sieburg, der Grandseigneur des
gehobenen Journalismus (die „Frankfurter
Zeitung" hatte ihn 1926 als Korresponden-
ten nach Frankreich geschickt, das er seitdem als Land des Esprits und der Cuisine
bewunderte), im Dritten Reich von fragwür-
diger Anpassungsfähigkeit, nach 1945 Star-
kritiker bei der „Frankfurter Allgemeinen
Zeitung" – dieser „Herr und geschliffene
Stilist" meinte, dass die vielen Leute, die nun
über den erforderlichen „Benimm" Bescheid
zu wissen glaubten, dennoch keine „gehobe-
ne" Gesellschaft bildeten; sie seien völlig

außerstande, eine wirklich höhere Lebens-
form zur Allgemeingeltung zu bringen. Die
Prominenz werde heute von den Werbeabtei-
lungen geschaffen, die nur für falschen
Glanz sorgten.[94]

Automobilität

Als die kostbarste Zeit des Jahres erschien
den meisten Normalbürgern der fünfziger
Jahre der Urlaub. Man arbeitete hart und
wollte, indem man dem Fernweh folgte, seine „Batterien aufladen", um sich dann nur
um so mehr, mit erneuerter Kraft, dem Fort-
und Vorwärtskommen widmen zu können.
Das Neue im westdeutschen Tourismus der
fünfziger Jahre bestand darin, dass immer
breitere Schichten die Möglichkeit erhielten,
länger oder mehrfach Urlaub machen zu
können. Während noch eine Umfrage aus
dem Jahr 1952 zeigte, dass nur ein Viertel
der erwachsenen Bevölkerung in den letzten
Jahren eine Urlaubsreise unternommen hatte, gab 1955 schon die Hälfte an, seit der
Währungsreform einmal oder sogar mehr-
mals in den Urlaub gefahren zu sein. Zwischen 1953 und 1956 ging jährlich ein
knappes Drittel der Bevölkerung auf
Reisen.[95]
Gewaltig sei die Kraft, welche heute überall
auf der Welt die Massen an den Strand ihres
kleinen Urlaubsglückes werfe, so Hans Magnus Enzensberger (geboren 1929), der seit
Ende der fünfziger Jahre als Lyriker („Verteidigung der Wölfe", 1957) und Kulturkritiker („Theorie des Tourismus", 1958) zu
den aufstrebenden Talenten der literarischen
Szene gehörte. Die Flut des Tourismus
bedeute eine einzige Fluchtbewegung aus der
Wirklichkeit, in der wir leben.[96]
Die schönste Form des Reisens stellte die
Fahrt mit dem eigenen Auto dar, zunächst
mit Kleinst- oder Kleinautos – gewissermaßen Motorräder mit drei oder vier Rädern.
Vom „Fend-Flitzer", einem Kabinenroller,
wurden zwischen 1953 und 1962 etwa
700 000 Stück abgesetzt. Zu den populärs-
ten Kleinstfahrzeugen der fünfziger Jahre

Das Motorrad – für
Familien mit Beiwagen –
erlebte in diesen Jahren
eine Blütezeit, und wer
sich's als Junggeselle leisten kann, kauft sich die
elegante Vespa.

gehörte die „Isetta 300", ab 1955 von BMW produziert, als verbesserter Nachbau eines Kabinenrollers der Mailänder Iso-Werke. Das „Goggomobil", 1955 bis 1967 von der Hans Glas GmbH im niederbayerischen Dingolfing hergestellt, war der erfolgreichste deutsche Kleinwagen nach dem Krieg; es wurden insgesamt 245 000 Stück hergestellt. Der Preis der verschiedenen Ausfertigungen lag bei rund 3000 DM. 75 Prozent aller „Goggos" wurden mit 250-ccm-Motor geliefert, so dass man mit dem alten Führerschein IV fahren konnte. Die Höchstgeschwindigkeit lag zwischen 90 und 100 Stundenkilometern; der Kraftstofftank fasste 25 Liter.

Was die „normalen" Personenkraftwagen betraf, so war der Vorkriegsbestand von 802 129 (berechnet für das Gebiet der späteren Bundesrepublik ohne Berlin und Saarland) 1946 auf 192 438 zurückgegangen, erreichte jedoch 1953 wieder die Millionengrenze. In den folgenden acht Jahren verfünffachte er sich. Der Traum vom Jedermann-Auto, vom Volks-Wagen, war auf dem Weg zu seiner Verwirklichung. Die Klassengesellschaft war insofern noch vorhanden, als es für das Sozialprestige wichtig war, welchen Wagen man fuhr. Die Marke, die man kaufte, zeigte den anderen, wer man war oder was man darstellen wollte. Mercedes Benz („mit dem Stern") stand als Statussymbol ganz oben.

Auf einer Werbeanzeige der fünfziger Jahre – das Beispiel steht für viele andere – sieht man einen „Ford Taunus" des neuesten Modells mit aufgeklapptem Kofferraum am Straßenrand stehen. Der Familienvater im weißen Nylon-Hemd mit Krawatte deponiert gerade das letzte Gepäckstück; neben

Da Ende der fünfziger Jahre angesichts des gestiegenen Wohlstandes die Kleinautos nicht mehr so gefragt waren, pries zum Beispiel die Firma Glas das „Goggomobil" als Zweitwagen für die „Frau des Hauses".

Immer mehr Menschen „hatten es geschafft": Der größere und mehr Sozialprestige verheißende Wagen stand vor der Tür, wie etwa der neueste „Ford Taunus" (rechts in einer typischen Werbeanzeige der fünfziger Jahre).

Vor einem von den Regensburger Messerschmitt-Werken entwickelten Kabinenroller („KR 200") posiert zu Werbezwecken die Schauspielerin Nadja Tiller; die Firma, die im Krieg vor allem durch ihre Flugzeugkonstruktionen bekannt geworden war, verkaufte zwischen 1953 und 1962 etwa 70 000 Stück dieses Modells.

Zu den wichtigsten Wochenendbeschäftigungen gehörte – hier ein Foto aus Solingen 1959 – die Wäsche und Pflege des eigenen Autos, das gewissermaßen wie ein Familienmitglied geschätzt wurde. Im Bild sind es ein „Ford Taunus" und ein Volkswagen („Käfer").

„Isetta 300". – „Tante Barbara hatte eine Isetta gekauft. Papa behauptete, sie wäre nichts anderes als eine Vespa mit Regenschutz. ... Tante Barbara stieg in den Straßenfloh wie in die Pilotenkanzel eines Flugzeugs, startete, und ich lief die Straße entlang nebenher. Mir kam sie wie eine Schildkröte auf Rädern vor. Ich malte mir aus, wie Fred sie samt der Isetta in den Kofferraum seiner Isabella packen könnte. Er stand neben der geöffneten Wagentür, ließ sein Autoradio laufen, sie brachten Connys Schlager ‚Pack die Badehose ein'" (Angelika Mechtel, „Wir sind arm, wir sind reich").

ihm die Ehefrau, im Pepita-Kostüm, mit weißen Handschuhen und Dauerwelle, den
Sohn an der Hand, der ein schwarzes Samt-
schleifchen trägt. Dahinter ein vierstöckiges
Haus, schmuckloser Neubau; aus den Fens-
tern recken sich die Wohnungsinhaber. „Wir
haben es geschafft: Das neue Auto steht vor
der Tür. Alle Nachbarn liegen im Fenster
und können sehen, wie wir auf eine kleine
Wochenendfahrt rüsten. Jawohl, wir leisten
uns etwas, wollen etwas haben vom Leben;
dafür arbeiten wir schließlich alle beide.
Mein Mann im Werk und ich als Sekretärin
wieder in meiner alten Firma." Eine Szene,
die, wie Wolfgang Sachs kommentiert, die
gesellschaftliche Dynamik der anhebenden
Wirtschaftswunderzeit trefflich veranschau-
licht. Ein Auto verschafft Freiheit. „Die Dinge jedoch sind knapp, denn an ihnen hängt
ein Preisschild, so daß man sie sich ‚leisten
können‘ muß. Aber dafür arbeiten unsere
glücklichen Besitzer auch beide, er ‚im Werk‘
und sie in der ‚alten Firma‘, um die Kaufkraft anzusparen. Weil damit das gute Leben
sich auf Kaufkraft reduziert, haben die mit
den schmalen Brieftaschen das Nachsehen;
ihnen bleibt nur, ‚im Fenster zu liegen‘ und
neidische Blicke zu werfen, in denen die
Besitzer sich wiederum sonnen können.
Geldgier, demonstrativer Konsum und Neid,
in diesem Dreierakt wandelte sich – Schicht
um Schicht, Ware um Ware – langsam das
deutsche Volk in eine Konsumgesellschaft.
Das Auto hatte dafür eine Leitfunktion
übernommen."[97]
Das Volkswagenwerk in Wolfsburg gehörte
zu den ersten Fabriken, die nach dem Krieg
die Produktion wieder aufgenommen hatten.
Es war zwar im Krieg zu 85 Prozent zerstört
worden, aber dennoch die einzige Anlage,
die noch eine gewisse Funktionsfähigkeit
aufwies. In dem zunächst von den Amerikanern besetzten, dann an die Engländer über-
gebenen Werk wurden bis Ende 1945 1793
Fahrzeuge, darunter 539 Kübelwagen, mon-
tiert; das entsprach der gesamten Pkw-Pro-
duktion der Westzonen. Am 2. Januar 1948
legten die Engländer die Verantwortung für

das Werk in deutsche Hände; das ehemalige
Opel-Vorstandsmitglied Heinrich Nordhoff
wurde Leiter. Mit knapp 9000 hergestellten
Personenwagen war das Volkswagenwerk
1947 die größte Autofabrik auf deutschem
Boden. Daimler-Benz hatte 1946, Opel
1947, Ford 1948, Borgward (ein Neuling)
1949, die im Westen neu gegründete Auto-
Union 1950, BMW in München 1952 die
Produktion wieder aufgenommen. In den
meisten Fällen stellte man Vorkriegsmodelle
her. Die erste deutsche Personenwagen-Neu-
konstruktion nach dem Krieg brachte Borgward mit seinem „Hansa 1500" heraus. Ihm
folgte das Modell „Isabella".
Obwohl er von den Nationalsozialisten initi-
iert worden war, verknüpften sich mit dem
relativ billigen Volkswagen bald zivile, vor
allem familienfreundliche Erfahrungen. Mit
Brezelfenster, ausklappenden Winkern und

Zelten in Oberitalien. –
„Kann man es den Men-
schen verdenken, daß sie,
die seit elf Jahren nur auf
diesen Augenblick
gewartet haben, daß sie
an einem herrlichen
Frühjahrsmorgen ihr
Fahrzeug aus der Garage
holen, es bepacken und
dann mit Vollgas abbrau-
sen können? Mit wie viel
Sehnsucht und Fernweh
hat man in den abgelau-
fenen elf Jahren an die-
sen Augenblick gedacht.
In diesen elf Jahren, die
man uns so grausam
gestohlen hat. Elf Jahre,
da wir am wirklichen
Leben vorbeigelebt
haben – als Soldat oder
als bombenbedrohter
Zuhausegebliebener"
(Das Auto, Heft 9/1950).

Blumenvase im Beifahrerblick: Der „Käfer" erwies sich als mobile Heimstatt, die sowohl die Familienbande fester knüpfte als auch ein Entrinnen in Eigenständigkeit ermöglichte. Er war Arbeitsgerät, vor allem aber Freizeitglück – Vehikel zur sonntäglichen Naherholung oder Erfüllung der Sehnsucht nach Ferne.[98]

Neben Österreich war Italien das Hauptziel der Blechmassen, die sich besonders zur sommerlichen Urlaubszeit in langen Kolonnen nach Süden wälzten. Um sich die Sonne auf den Bauch und ins Herz scheinen zu lassen, fuhren Millionen an die Mittelmeerstrände – im engen und vollgestopften Wagen, Koffer und Taschen auf dem Gepäckträger verstaut (auch Zelte fürs immer populärer werdende Campen), quengelige Kinder auf dem Rücksitz, Vater am Steuer, Mutter daneben, die Straßenkarte auf dem Schoß. „Hinfahren, aussteigen, schön finden, einsteigen, weiterfahren" – so lässt sich mit Jürgen von Mangers Herrn Tegtmeier die Reisewirklichkeit seit den fünfziger Jahren kurz und bündig zusammenfassen.[99] Touristikwerbung, Filme und Schlager („Laß uns träumen am Lago Maggiore", „Die Rose vom Wörthersee") verstärkten das Fernweh.

Schlager als Tagträume

Der Schlager der fünfziger Jahre, heute mit Nostalgie erinnert, begleitete als „Stimmungsmusik" höchst eindrucksvoll den Aufbruch der fünfziger Jahre in die Modernität, deren Widersprüche und dunkle Seiten er überspielte. Mit einschmeichelnden Melodien ließen die „Schnulzen" (so wurden nunmehr im Fachjargon die Schlager genannt) das Bild einer Republik erstehen, in der man bald mit explosiver Kraft, bald hinschmelzend „in den Morgen hineintanzte". Jitterbug und Boogie-Woogie aus den USA, Samba, Mambo, Cha-Cha-Cha und Calypso aus Südamerika machten Furore. Ob blödsinnig („Hab'n Sie nicht 'ne Braut für mich") oder rührselig („Übers Jahr,

wenn die Kornblumen blühen") – ein breites Publikum ließ sich nach langen Jahren der Entbehrung ins Wunderland der Träume entführen, nach dem Motto: „Ein bisschen Freude braucht der Mensch zum leben." Korrespondierend mit den neuen Urlaubszielen machte man Station „im Hafen von Adano" und auf „Blue Hawaii", erfreute sich an „Tulpen aus Amsterdam" („tausend rote, tausend gelbe …") und „roten Rosen, roten Lippen, rotem [italienischem] Wein"; man wollte Rom wiedersehen („Arrivederci Roma"), ließ sich vom Kapitän auf die Reise mitnehmen („… in die weite weite Welt") und war mit den Toreros gebannt von den „Beinen der Dolores". Der größte Hit des Auf- und Ausbruchs ins Exotische war das Lied von den „Capri-Fischern". Das bereits 1943 von Ralph Maria Siegel senior getextete und von Gerhard Winkler komponierte Lied deutscher Italiensehnsucht wurde vor allem von Rudi Schuricke, dem „Troubadour der Liebe", für Radio und Schallplatte kongenial interpretiert. Die „Capri-Fischer" bildeten den Auftakt zu einer Serie von Titeln, die in die Ferne „entführten": „O mia bella Napoli" – „Florentinische Nächte" (beide durch Schuricke zum Erfolg gebracht) – „Komm mit mir nach Tahiti" – „Nächte in Shanghai" – „Maria aus Bahia" – „Barbara, Barbara komm mit mir nach Afrika".

Den ungemein großen Erfolg ihrer Hafenhymne „Cindy, oh Cindy" – 700 000 Singles wurden in den fünfziger Jahren verkauft – hat Margot Eskens rückblickend damit erklärt, dass vor allem die „Muttis" damals ihre Platte gekauft hätten – „Frauen, die zuhause rumgesessen haben. Sie haben auf ihren Mann gewartet, bis der von der Arbeit zurückgekommen ist, nach Hause, wo Mutti tagsüber nicht allein den Haushalt besorgt, sondern auch geträumt hat, sie sei Cindy, die nicht weinen dürfe"[100] („… dein Herz muss traurig sein / der Mann, den du geliebt / ließ dich allein"). In der Tat wurden damals Schlagerplatten zu 80 Prozent von Frauen gekauft; von 1948 bis 1958 stieg der Umsatz

Schallplattencover der fünfziger und frühen sechziger Jahre mit Hits von Caterina Valente, Freddy Quinn, Fred Bertelmann, Peter Alexander, Margot Eskens und Udo Jürgens

Folgende Doppelseite: Der größere Teil der Jugend akzeptierte und genoss, was die Eltern an Wohlstand geschaffen hatten oder noch zu schaffen trachteten. Man traf sich an bestimmten Plätzen der Stadt, „in den Milchbars, wo wir Milch-Shakes, Cola oder Sinalco tranken bis abends 19 Uhr, dann mußten die meisten von uns sowieso nach Hause. … Eine Musikbox gab es da auch, manchmal wurde sogar nachmittags getanzt. Und dann machte das erste Espresso auf, das war natürlich todschick" (so die 1941 geborene Ingrid Schmidt-Harzbach über die „Szene" in Hanau).

Vico Torriani, ein
Schweizer Kellner und
Skilehrer, der bei einem
Gesangswettbewerb in
Zürich entdeckt wurde,
mit Marina Orschel, der
„Miss Germany 1956",
in dem Film „Träume
von der Südsee". Bis
1969 wurden vom Star
vieler Fernsehsendungen
und Filme zwölf Millio-
nen Schallplatten ver-
kauft.

von fünf Millionen auf 58 Millionen, wobei es sich vorwiegend um Unterhaltungsmusik handelte.

Doch auch die heimatliche Nähe bot Freuden (für die weniger Betuchten); „wie der Wind" ging es mit dem Rad durch den Grunewald hin zum Wannsee („Hei, wir tummeln uns im Wasser, / wie die Fischlein, das ist fein!"). Mit der Marschpolka „Pack die Badehose ein" machte der Kinderstar Cornelia Froboess Karriere. Seinen ersten Auftritt hatte das damals siebenjährige Mädchen im Berliner Titania-Palast 1950. „Die unbeschwerten, vergnügsamen Kinder repräsentierten den unschuldigen Neubeginn, dessen ökonomische Grundlagen die schuldig gewordene, nun auf Dankbarkeit hoffende Elterngeneration geschaffen hatte und weiterhin schaffen sollte."[101]

Neben der Schallplatte, dem Radio und dem Fernsehen, etwa mit den Shows von Vico Torriani und Chris Howland – der Engländer wurde auch als erster Discjockey bekannt –, waren es vor allem die Musikfilme, welche die „Fuffziger" zum Singen und Tanzen brachten. Die Tradition der nationalsozialistischen Tonfilmrevuen erfuhr eine Fortsetzung; dazu kam der Einfluss des amerikanischen Musicals. Film- und Schlagergeschäft waren eng miteinander verknüpft. In der Saison 1958/59 zum Beispiel bestand die Hälfte der erfolgreichen Filme aus Schlagerfilmen; häufig waren Schlagertitel identisch mit Filmtiteln und umgekehrt. Ein Jahr später wurden von 32 Musikfilmen ausschließlich von Schallplattenstars getragen: vier von Peter Kraus, je drei von Freddy Quinn (mit „Heimweh" 1956 als erstem großem Erfolg), Cornelia Froboess und Fred Bertelmann, je zwei von Peter Alexander und Caterina Valente (die 1958 das Bundesverdienstkreuz als „Botschafterin des deutschen Show-Business" erhielt), einer von Zarah Leander. Ferner wurden zu Publikumslieblingen: Evelyn Künneke, Lys Assia (mit „O mein Papa" aus der musikalischen Komödie „Das Feuerwerk") und Udo Jürgens. 1960, im Rückblick auf die Schlagerseligkeit

des vergangenen Jahrzehnts, sprach Hermann Schreiber von der „Lebenslüge nach Noten", die übrigens auch den Schlager der DDR kennzeichne. Die Reduzierung der Themen und der Sprache auf eine Handvoll ausgeleierter Schablonen, zusammen mit einschmeichelnder Musik führe zu einem dreisten, verlogenen Optimismus, einem Trugbild genormten Glücks und oberflächlicher Harmonie. Das Resultat sei ein vulgarisiertes, grell in den Modefarben geschminktes Zerrbild der Wirklichkeit.[102] Demgegenüber meinte Günter Hegele, Redakteur der von der Evangelischen Akademie Tutzing herausgegebenen Zeitschrift „Der Plattenteller": „Der Schlager spricht tiefere Schichten im Menschen an, die Einsamkeit, die Sehnsucht nach Liebe und Ferne, nach Heimat, Freude und Gefühl, nach Geheimnis, Trost und irrationalen Inhalten. Es ist deshalb nur allzu billig, von einem hohen Niveau herab die angebliche Oberflächlichkeit und Plattheit des Schlagers pauschal zu verurteilen. Die meisten Schlager treffen formal und inhaltlich erstaunlich genau die Aufnahmebereitschaft und Aufnahmefähigkeit ihrer Hörer und füllen eine Leere aus, die viele Gebildete und Fromme meist nur erhaben oder lakonisch konstatieren können."[103]

Trautes Heim

Die Beziehungen zwischen Mann und Frau, die der Schlager harmonisierte und romantisierte, wurde in den fünfziger Jahren durch die Politik neu geordnet: Am 1. Juli 1958 trat das ein Jahr vorher beschlossene Gesetz über die Gleichberechtigung der Geschlechter auf dem Gebiet des bürgerlichen Rechts in Kraft. Auch das Grundgesetz hatte bereits Normen abgeschafft, die dem Prinzip der Gleichberechtigung widersprachen. Die gesellschaftliche Realität war jedoch noch weit von solcher Errungenschaft entfernt. Nach einer Phase der Emanzipation in den Trümmerjahren als Folge der Tatsache, dass viele Männer sich noch in Kriegsgefangenschaft befanden, waren die Frauen wieder

auf ihren Hausfrauenstatus (Kinder, Küche, Kirche) zurückgedrängt worden. In dem 1956 vom Verlag für Standesamtswesen herausgegebenen „Hausbuch für die deutsche Familie" hieß es: „Was verlangt man von einer guten Hausfrau? Für viele ist diese Frage schnell beantwortet: Sie muß gut kochen können. Wer aber ein wenig nachdenkt, der merkt, daß zu einer guten Hausfrau sehr viel mehr gehört. Sie muß alle Zweige des Haushalts verstehen: Kochen, Putzarbeiten, Waschen, Flicken, Bügeln, Nähen, Einkaufen und noch vieles andere. Auch die Pflege und Erziehung der Kinder liegt zum größten Teil in ihrer Hand."[104] Immerhin brachte die zunehmende Modernisierung des Haushalts (Waschmaschine, Eisschrank, Einbauküche) eine gewisse Entlastung mit sich, was aber die der Frau zugewiesene Rolle nicht wesentlich veränderte. Weniger ihre Kinder hinderten die Frauen daran, ihr eigenes Leben zu führen, als das Streben nach einem Familienglück, das vor allem der Bequemlichkeit der Männer diente.

Ausgeprägte patriarchalische Entscheidungsstrukturen beobachtete Gerhard Wurzbacher in seiner Studie „Leitbilder gegenwärtigen deutschen Familienlebens" (1951); allerdings gebe es auch eine Tendenz zu partnerschaftlicher Ehebeziehung. Ein Drittel der Befragten lebe für sich zurückgezogen, wolle mit Nachbarn, der Öffentlichkeit, der Politik, mit den „Leuten" nichts zu tun haben. „Trautes Heim – Glück allein", sei der Wahlspruch. In den fünfziger Jahren, so resümiert die Politologin Angela Vogel, ging es zunehmend wieder um die Befestigung traditioneller Werthaltungen: Die Hausfrau, die liebende, pflegende, heilende Hüterin des Hauses, sollte unentgeltlich die Hauswirtschaft führen, Nachwuchs gebären, die Kinder im Sinne der herrschenden Moral erziehen und den Mann „entlasten". Dem Mann als Haushaltsvorstand oblag es, im Erwerbsleben für die notwendigen Ressourcen zu sorgen. „Damit waren für lange Zeit die ideologischen und strukturellen Familienweichen gestellt worden. Die Chancen wur-

den vertan, Form und Struktur intimen Zusammenlebens von Erwachsenen und Kindern als Frage des Freiheitsanspruchs und der Selbstverwirklichung zu diskutieren."[105]

Solcher Rückwärtsentwicklung fiel übrigens auch weitgehend der so genannte Frauenfunk zum Opfer. Im Zeichen der Re-education und dementsprechend unterstützt von den britischen und amerikanischen Rundfunk-Offizieren hatte er unmittelbar nach 1945 einen Schwerpunkt im Programm der Sendeanstalten dargestellt. Nun galt er als unmodernes Überbleibsel einer vergangenen Epoche. Vom „Kästchen Frauenfunk" war da die Rede, das es schleunigst abzuschaffen galt, um der wirklichen Gleichberechtigung nicht mehr im Wege zu stehen. Der neue Intendant des Nordwestdeutschen Rundfunks (NWDR) Walter Geerdes habe, so

Gegenüberliegende Seite: Moderne Geräte wie Mixer, Toaster, Tischgrills, vor allem aber Staubsauger, Waschmaschinen (über die 1953 erst 3,5 Prozent der Haushalte verfügten) und Eisschränke (1958 in 21 Prozent der Haushalte) erleichterten das Dasein der Hausfrau; sie gingen meist auf amerikanische Erfindungen zurück. – Plakatentwurf von 1951, der für einen modernen Elektroherd wirbt

In der idealen Küche (häufig „Schwedenküche" genannt) waren die wichtigsten Einzelelemente möglichst auf einer Seite oder L-förmig angeordnet; sie standen auf Sockeln, nicht Beinen, was das Aufwischen erleichterte. Die Oberflächen bestanden aus pflegeleichtem Resopal, die Spülen aus glänzendem Edelstahl. Der Elektroherd machte das Kochen auch in Gegenden ohne Gasanschluss bequem.

erinnert sich eine damalige Mitarbeiterin, nichts Eiligeres zu tun gehabt, als zu sagen: „Na wunderbar, dann machen wir diesen Frauenfunk zu, den in Bremen habe ich gerade erst zugemacht, was brauchen wir den ihm Zeitalter der Gleichberechtigungen – wir haben ja auch keinen Männerfunk, was soll das –, der wird einkassiert, der wird zugemacht."[106]

Das war aber nicht unbedingt Bösartigkeit gegenüber den Frauen, sondern die vor allem bei Sozialdemokraten vorherrschende Überzeugung, dass man nun die in der deutschen Geschichte so lange dominierenden patriarchalischen Familienstrukturen überwunden habe. Im Gegensatz zur DDR, in deren Verfassungsrecht das Gebot der Förderung der Frau besonders bei der beruflichen Qualifizierung als eine gesellschaftliche und staatliche Aufgabe anerkannt wurde, ging das Ehe- und Familienrecht der Bundesrepublik von der freien Entscheidung der Ehepartner hinsichtlich der Ausgestaltung der Aufgabenverteilung und des Rollenverständnisses aus. Dazu kam, dass Ende der vierziger Jahre viele Frauen ihren Arbeitsplatz verloren hatten, da die Kriegsheimkehrer bei Einstellungen bevorzugt wurden. 1951 waren 57 Prozent der Erwerbslosen Frauen (im Vergleich zu knapp 43 Prozent Männern). Damit wurden die Frauen wieder vom Einkommen des Mannes abhängig. „Als mein Mann wieder den Haushaltsvorstand übernahm, kam ich mir richtig überflüssig vor. Er hat es mich auch irgendwie spüren lassen, daß er meinte, ich hätte das auch alles nicht so gut hingekriegt ohne ihn."[107]

In der zweiten Hälfte der fünfziger Jahre konsolidierten sich die wirtschaftlichen Verhältnisse. Die Konjunktur ermöglichte eine Zunahme der Zahl erwerbstätiger Frauen, was für diese freilich meist eine Doppelbelastung (Beruf und Familie) mit sich brachte. 1957 gab es dann rund eine Million Familien, in denen die Frau hauptberuflich außerhalb des Hauses tätig war. Die Bundesregierung befürchtete, dass dadurch die Geburtenfreudigkeit abnehme. Das „generative" Verhalten war in der Tat bis 1953 rückläufig, freilich auch dadurch bestimmt, dass es nach Kriegsende einen Überschuss von sechs bis sieben Millionen Frauen im heiratsfähigen Alter gegeben hatte. Die Geburtenrate begann erst 1954 wieder zu steigen; die Zahl der Lebendgeborenen erreichte 1957 den höchsten Stand seit dem Kriege (außer 1949) und führte ab 1962 zu einem ausgesprochenen „Baby-Boom". (Im Vergleich zu anderen europäischen Ländern war übrigens in der Bundesrepublik die Müttersterblichkeit überdurchschnittlich hoch.)

Die Frauen, in der Zwickmühle von Beruf und Familie, gingen vor allem deshalb einer Tätigkeit nach – zu einem hohen Prozentsatz als ungelernte Arbeiterinnen und Verkäuferinnen –, weil sie angesichts der großen

Frauen in einer Textilfabrik in Fürth, Juli 1958. In der zweiten Hälfte der fünfziger Jahre stieg die Zahl der erwerbstätigen Frauen stark an.

Konsumverlockungen ihrer Familie ein paar Bissen mehr vom allgemeinen Wohlstandskuchen verschaffen wollten. Dazu kam, dass Berufstätigkeit das Sozialprestige aufwertete; trotz der vorherrschenden „Familienideologie", vor allem der konservativen Parteien, genoss die Hausfrau in einer Gesellschaft, die den Wert und das Ansehen des Einzelnen weitgehend nach dem bemaß, was er in der Lohntüte nach Hause trug, ein wesentlich geringeres Ansehen.

Auf der Suche nach dem Vater

Sowohl sozial- wie tiefenpsychologisch herrschte angesichts der zunehmend technisierten Konsumgesellschaft Unsicherheit über die Rolle von Vater und Mutter innerhalb der Familie. Dabei ergab sich die paradoxe Situation, dass zwar der Mann innerhalb der Familie der dominante Faktor war, aber im Sinne der Mitverantwortlichkeit für das seelische Werden des Kindes sich seiner Aufgabe eher zu entziehen suchte. Mit seinem Berufspathos und Leistungswillen, so der Nervenarzt Joachim Bodamer, sehe der Mann seine Aufgabe immer mehr und oft nur darin, die Familie ökonomisch sicherzustellen. Familienflüchtig sei er deshalb geworden, weil sein Inneres auf das Innen der Familie nicht mehr anspreche und er sich in der eindimensionalen Welt seines Berufs sicherer und heimischer fühle. Aber auch die Frau stürze sich im Sinne einer falsch verstandenen Gleichberechtigung (vom ausgesprochenen Männerberuf bis zu den Extremen des Sports und des Genussmittelkonsums) in den Strudel der Welt, verlasse Heim und Herd. In Bodamers Buch „Der Mann von heute. Seine Gestalt und Psychologie" (1956) heißt es, dass die „Frau ohne Schatten" dem „Mann ohne Eigenschaften" begegne. Der konservativ-katholische Autor hatte, wie der später ähnliche Thesen vertretende Psychoanalytiker Alexander Mitscherlich[108], wohl richtig erkannt, dass in der Phase des ungebremsten wirtschaftlichen Aufschwungs die familiäre Bindung vielfach dem Lebenskomfort geopfert wurde und dass der Verlust von Väterlichkeit und Mütterlichkeit (damit auch Kindheit) zu schweren individuellen wie kollektiven Krisen führte.

Hatten schon die Kinder, die in den letzten Kriegsjahren geboren waren und die Kriegswirren und Notjahre erlebt hatten, große Sorgen bereitet, so kam nun das Problem der „Schlüsselkinder" und „Kühlschrankwaisen" hinzu. Wenn eine berufstätige Mutter ihre Kinder einschließen oder ihnen den Wohnungsschlüssel überlassen müsse, weil sie niemanden zur Beaufsichtigung habe, dann sollte, wenn nicht dringliche wirtschaftliche Gründe vorlägen, die Entscheidung doch immer gegen die Berufsarbeit der Mutter ausfallen, hieß es in dem Handbuch „Die gute Ehe".[109] Das war leichter gesagt als getan: Bald erlaubten die ökonomischen Verhältnisse dies nicht, bald war der Wille zur Konsumentsagung zu schwach. Die Idee, dass auch der Mann die Aufsicht über die Kinder daheim übernehmen könne, lag der Gesellschaft der fünfziger Jahre noch undenkbar fern.

Jugend im Wohlstand
Die skeptische und die ungeratene Generation

Konkretismus und Halbstarke

Als sich das Streben nach Wohlstand und Sicherheit immer mehr zur Besessenheit steigerte und die gesellschaftlichen Verhaltensformen zunehmend unter das Diktat des Sekundärtugendsystems gerieten – man war fleißig, ordentlich, strebsam, aber die Frage nach dem Sinn von allem blieb offen –, entwickelte sich eine neue Jugendkultur, welche die allgemeine Erstarrung zum Tanzen zu bringen suchte. Sie begehrte auf gegen die durch die „Agenturen der Gesellschaft" (Schulen, Kirchen, Politik, Verwaltung und so weiter) aufgezwungene Anpassung, gegen repressive Familienstrukturen und die prüde, als scheinheilig empfundene Sexualmoral. Bezeichnungen wie Konsumkinder, Krisenkinder, Trümmerkinder, Schlüsselkinder, randalierende Jugend, undankbare Jugend verwiesen auf den vielfältigen Wurzelgrund dieser Protestbewegung.

Freilich beschrieb noch 1957 der Soziologe Helmut Schelsky in seiner die Zeit von 1945 bis etwa 1955 umfassenden „Soziologie der deutschen Jugend" deren Mentalität unter dem Titel „Die skeptische Generation".[110] Gemeint war damit ein Prozess der Entpolitisierung und Entideologisierung, vor allem als Reaktion auf die totalitäre Vereinnahmung der Jugend durch den Nationalsozialismus. Die in Kriegs- und Nachkriegszeit erfahrene Not und die Gefährdung der eigenen Familie durch Flucht, Ausbombung, Deklassierung, Besitzverlust, Wohnungsschwierigkeiten, Schul- und Ausbildungsmängel oder gar durch den Verlust der Eltern oder eines Elternteils hätten einen sehr großen Teil der gegenwärtigen Jugendgeneration frühzeitig dazu gezwungen, für ihr Leben Verantwortung oder Mitverantwortung zu übernehmen; sie sehe sich vor die Notwendigkeit und die Aufgabe gestellt,

die private Welt des Alltags, vom Materiellen her angefangen, selbst sicherstellen zu müssen. Der jugendliche „Skeptizismus" stelle eine Absage dar an romantische Freiheits- und Naturschwärmereien, an einen vagen Idealismus, dem die Verwirklichungsmöglichkeiten fehlten, aber auch an intellektuelle Ordnungsmuster, die das Ganze in einem Griff zu erfassen und zu erklären glaubten. Die Jugend der fünfziger Jahre habe aus dieser Grundeinstellung „eine fast meisterliche Bewegungsfähigkeit in den Bezirken des praktischen Lebens ..., einen klaren und sicheren Sinn für das Mögliche und Nötige, ein scharfes, nüchternes Abschätzen eigener und anderer Fähigkeiten und ein erstaunliches Gespür für Nützlichkeiten" entwickelt; sie zeige das Bestreben, diejenigen sozialen Beziehungen positiv zu bewerten und zu pflegen, die ihr einen Halt im privaten Dasein vermittelten. Sie sei geprägt durch starke Berufszugewandtheit, eine durchaus solidarische Einstellung zur elterlichen Familie und die Neigung zu einer frühen festen partnerschaftlichen Bindung. Die Verhaltensformen der jungen Generation seien dadurch gekennzeichnet, dass sie sich offensichtlich in allem frühzeitig den erfolgreichen sozialen Handlungsformen der Erwachsenen anpassten. Zweifellos war ein solcher „Konkretismus" (Orientierung an konkreten Gegenständen und der Praxis) – Schelsky übernahm diesen Begriff von Theodor W. Adorno – typisch für die kühle Planmäßigkeit, mit der die meisten Jugendlichen in den fünfziger Jahren ihren Wunsch nach Sicherheit, privatem Glück und Teilhabe am Wohlstand zu verwirklichen trachteten.

Die „Halbstarken" als Sammelbegriff für die dazu im Gegensatz stehenden jugendlichen Unruhestifter unterliefen freilich diese Tendenz. Schelsky distanzierte sich zunächst von diesem, seiner Meinung nach aus „publizistischen Bedürfnissen aufgeblasenen Schlagwort", in das von der Jugendkriminalität über die Verwahrlosung bis zu Streichen und Flegeleien, vom Konsumrowdytum mit gelegentlichen Alkoholexzessen über die

Während die Kinder der Familien, die es „geschafft" hatten, eine vergleichsweise unbeschwerte Jugend verbringen konnten, hatten es andere Halbwüchsige wesentlich schwerer – weil sie aus den unteren Schichten kamen oder weil ihre Eltern als Kriegsgeschädigte, zum Beispiel als Flüchtlinge, noch nicht Anschluss an den Wohlstand gefunden hatten. Zudem dauerte es geraume Zeit, bis die Jugendarbeitslosigkeit, die sich im Mai 1950 noch beinahe auf eine halbe Million belief, abgebaut war. Diese Jugendlichen am Rande des Wirtschaftswunders trugen keine Petticoats, fuhren keine Vespas, feierten keine Partys; doch entwickelten sie eine Subkultur, die dann die Verhaltensweisen der „Halbstarken" mit bestimmte.

Zu den aus den USA in die Bundesrepublik „herüberschwappenden" Musikwellen gehörte auch der Jitterbug, ein in den zwanziger Jahren in Amerika entstandener Jazztanz. Er konnte, wie viele andere Tanzarten dieser Zeit (etwa der Boogie-Woogie) als ein körperlich sich artikulierender, meist von den Sprösslingen bürgerlicher Familien unternommener Versuch verstanden werden, aus den strengen Verhaltensnormen und -formen auszubrechen, die die Erwachsenen der Jugend auferlegten. Jitterbug-Meisterschaft im Münchner „Hot-Club"

Jazz- und Bebopmanie bis zu Motorradrase-
reien und Krawallen so ziemlich alles hinein-
gestopft werde, was den Erwachsenen an
der Jugend als unerfreulicher, meistens
unverständlicher Notstand auffalle. Immerhin gibt Schelsky noch eine treffende Deu-
tung der Halbstarken-Bewegung: „Vor allem
scheint mir der emotional und momentan
explosive Protestcharakter des Krawallver-
haltens als eine ungeplante, aber in vitalen
Bedürfnissen verwurzelte Ausbruchsreaktion
der Jugendlichen gegen die manipulierte
Befriedigung des modernen Lebens und
gegen den unangreifbaren Konformitäts-
druck der modernen Gesellschaft bemer-
kenswert. … Die Ordnung stört die Jugendlichen. Diese vitalen, nicht programmierba-
ren Protestbedürfnisse der Jugend müssen
sich gerade mit der Konsolidierung der
industriellen Gesellschaft steigern."

Das irrationale Aufbegehren der „Halbstarken" hatte mit der Rationalität der „skepti-
schen Generation" einen gemeinsamen Nen-
ner: die Wohlstandswelt. Die einen wuchsen
mit Provokationen in sie hinein, die anderen
hatten sich an sie bereits angepasst. Zur
„polaren Gemeinsamkeit" gehört der sehr
stark modisch bestimmte Charakter des
jeweiligen „Lebensdesigns". Dieses war
überwiegend unpolitisch ausgerichtet, spie-
gelte allerdings – auf Europa bezogen –
durchaus noch Klassengegensätze.[111] Die
„Teddyboys" (Teds) in England waren meist
Arbeiterjugendliche, die „Blousons noirs"
in Frankreich gehörten eher der Mittel-
schicht an, die „Plattenbrüder" in Österreich und die „Halbstarken" in der Bundesrepublik waren, unabhängig von ihrer Herkunft, dadurch charakterisiert, dass sie
zwar über eine erstarkende Kaufkraft ver-

Marlon Brando in „The
Wild One", 1953 (links).
Er war „das Inbild des
melodramatischen Rebel-
len, der in entfesselter
Wut aufbegehrt nicht
bloß gegen die Schlech-
tigkeit der Welt, sondern
gegen die eigene
Schwachheit und die des
Menschen überhaupt"
(Der Spiegel, Nr.
28/2004).

Der Film „Rebel Without
a Cause" („Denn sie wis-
sen nicht, was sie tun",
1955) zeigt das Porträt
eines jungen, von seinen
Eltern unverstandenen,
seine Frustration in sinnlosen Aktionen abreagie-
renden Einzelgängers. Er
bereitete den Boden, auf
dem der James-Dean-
Kult gedieh.

fügten, aber nur begrenzte jugendspezifische Freizeitmöglichkeiten hatten.

Die Abgrenzung der unterschiedlichen jugendlichen Gruppen von der „etablierten" Erwachsenenwelt erfolgte vor allem über Kleidung: Bluejeans, Nietenhosen (mit einer Drahtbürste oder einem Plastikkamm in der Gesäßtasche), schwere Sweater, Lederjacken, offene Hemden sollten zum Beispiel den Widerstand gegen gesellschaftliche Konventionen signalisieren. Die Medien trugen wesentlich dazu bei, dass die meist in Kleingruppen (Rudeln, Horden, Blasen, „Platten" und Cliquen) auftretenden Jugendlichen große öffentliche Aufmerksamkeit erfuhren; als pittoreske Subkultur waren sie für die „ordentliche" Allgemeinheit eine spannende Ablenkung.

Doch hatten diejenigen, die mit Pferdeschwanzfrisur, in wippenden, bunten Petticoats oder mit Krawatte, Sakko, gescheiteltem Haar und diejenigen, die in salopper Kluft und mit Elvistolle daherkamen, meist gemeinsame Idole, die ihnen durch Fernsehen und Film, vor allem über die Musik vermittelt wurden. Marlon Brando verkörperte 1953 in „The Wild One" beispielhaft die ungezügelte Wildheit des jungen Rebellen. James Dean, der 1955 in Kalifornien mit seinem Porsche tödlich verunglückte, stand für eine aufbegehrende Jugend, die sich von der Erwachsenenwelt in ihrer Selbstbestimmung unterdrückt fühlte (zum Beispiel in „Rebel Without a Cause", zu deutsch „Denn sie wissen nicht, was sie tun ...", französisch „La Fureur de Vivre"). Jean-Paul Belmondo galt als Deans französisches Pendant; in Jean-Luc Godards Film „À Bout de Souffle" („Außer Atem", 1959) erscheint er als jugendlicher Gangster (auf den Diebstahl schneller Autos spezialisiert), der sich eine allen Konventionen entgegengesetzte, eigene Wirklichkeit zu schaffen sucht; er galt als Sendbote des vor allem in Paris lokalisierten, die absolute Willensfreiheit des Menschen verherrlichenden Existentialismus.

Horst Buchholz, den man als deutschen James Dean bezeichnete, erlebte seinen großen Durchbruch 1955 mit dem Film „Die Halbstarken", der ein authentisches Bild der sozialen Situation der Berliner Jugend zeichnete (seine Partnerin war Heidi Brühl). Er bediente aber auch gesittet-romantische Sehnsüchte. Auf dem Filmball im Deutschen Theater in München Januar 1957 wurden er und seine junge Kollegin Romy Schneider, die in ihrer Rolle als Kaiserin Elisabeth in den Filmen der „Sissi"-Trilogie (1955–1957) „bezauberte", als das „Traumpaar des Jahres" bezeichnet. Auch Heidi Brühls Aufstieg war „zweiseitig": Als artig-blonde, im Sauberglanz erstrahlende Schauspielerin debütierte sie 1955 in dem Heimatfilm „Die Mädels vom Immenhof"; für den Schlagertitel „Wir wollen niemals auseinandergehn" erhielt sie 1960 eine goldene Schallplatte. 1959 spielte sie jedoch in dem Jugenddrama „Verbrechen nach Schulschluss", das die zunehmende Kriminalisierung der Jugend zum Thema hatte, eine der Hauptrollen.

Die internationalen Superstars der fünfziger Jahre, „Könige des Rock 'n' Roll", auch in Deutschland frenetisch verehrt und bejubelt, waren Bill Haley und Elvis Aaron Presley, der von 1958 bis 1960 als Soldat der US-amerikanischen Armee in Deutschland diente. Der Song „Rock around the clock" aus dem Film „Blackboard Jungle" von Haley 1955 wurde rasch zur „Hymne der Jugend". Die wilden Rhythmen des Rock 'n' Roll begeisterten als Kontrast zum „gepflegten" Musikgeschmack der Elterngeneration. Sie wurden zum Inbegriff der Rebellion gegen gesellschaftliche Werte wie Ordnung und Strebsamkeit. (Papst Pius XII. warnte vor solchen sündigen Modetänzen.) Als Udo Lindenberg mit elf Jahren das erste Mal 1957 Presley (mit „Tutti Frutti") hörte, seien seine bisherigen Lieblingslieder schlagartig aus seinem „Frischlingsherzen" verbannt gewesen: „Worum es ging, verstand ich nicht, aber dieser Schluckaufgesang und die elektrisierende Musik rockten mich durch ... Elvis Presley hatte mich angezündet, und ich dachte: ‚Jetzt ist Erdbeben.'"[112]

Der am 8. Januar 1935 in Tupelo (Mississippi) geborene und in einfachen Verhältnissen aufgewachsene Presley nahm 1954 seine erste Single auf und wurde schon zu Lebzeiten (er starb 1977) eine Legende. Peter Kraus als „deutscher Elvis", der auch den Hüftschwung des „Kings" beherrschte, und Conny Froboess ließen die Welle des Rock 'n' Roll in der Bundesrepublik hochschlagen. Als „infantiler Engel" und auch als „tragischer Teufel", so Peter Kemper in seiner Besprechung des Buches „Dead Elvis. Meister, Mythos, Monster" von Greil Marcus, habe Presley die Jugend über ihren Mangel an Feuer und Begeisterung aufgeklärt und ihr das Gefühl verliehen, die Welt aus den Angeln heben zu können. Damit habe er die kulturelle Ordnung buchstäblich ver-rückt.[113]

Eine „verrückte Jugend" war denn auch die mildeste Bezeichnung für die gegen Ende der fünfziger Jahre aufkommenden Krawalle. Als „Bill Haley and his Comets" im Oktober 1958 in der Konzerthalle auf dem Stuttgarter Killesberg spielten, kam es, wie schon vorher in Berlin, München und Hamburg, zu Tumulten. „Die Halle gleicht einem Schlachtfeld, nachdem sie in einer einstündigen Aktion von der Polizei geräumt wurde. Mehrere jugendliche ‚Rädelsführer' werden festgenommen. Der amerikanische Sänger distanziert sich von den Vorfällen und nennt die Krawalle, die im Berliner Sportpalast zu einem Sachschaden von 50 000 DM geführt haben, ‚eine Schande' … Die modernen Rhythmen der Rock 'n' Roll Musik werden von der älteren Generation als Ursache für die Gewaltbereitschaft und Randalierwut der Jugendlichen angesehen. Es wird sogar darüber spekuliert, ob sich die ‚neue Musik'

Romy Schneider und Horst Buchholz auf dem Münchner Filmball 1957 (links). Sie wurden von Millionen angehimmelt, weil sie den Glamour des Wirtschaftswunders verkörperten.

Peter Kraus als „deutscher Elvis", hier zusammen mit Conny Froboess, brachte in den ersten vier Jahren nach seinem Debüt 1956 (er war damals 17 Jahre alt) 36 Schlager heraus und verkaufte drei Millionen Schallplatten.

Elvis Presley, der von 1958 bis 1960 als US-Soldat in Deutschland stationiert war, besucht Bill Haley während dessen Deutschlandtournee am 24. Oktober 1958 in Frankfurt am Main in seiner Garderobe. Die Tourneen der Rockstars versetzten die Jugendlichen in Ekstasen und führten zu Saalschlachten.

„Das Ergebnis des Rock 'n' Roll-Geschäfts war eindeutig und makaber genug: Der Protest einer ganzen Generation Jugendlicher gegen die von den Eltern überlieferte Lebensweise wurde abgefangen, kanalisiert und zum größten Kassenerfolg in der Musikgeschichte: Bis zu 50 Prozent des Gesamtumsatzes der internationalen Schallplattenbranchen wurden (und werden) auf dem Rock-Sektor erzielt. … eine riesige Jugend-Industrie mit Zeitschriften, Filmen, Moden, Diskotheken, Eisbars, später auch Drogen und Rauschgifthöllen installierte sich und schuf ein neues Getto" (Andi Brauer).

ähnlich wie Drogen oder Alkohol direkt auf das Nervensystem auswirkt."[114]

Vorboten der sexuellen Revolution

Das Aufbegehren der Jugend war auch eine Antwort auf das als scheinheilig empfundene Gebot „moralischer Sauberkeit", das zum gesellschaftlichen Grundkonsens der fünfziger Jahre gehörte.

In der Nachkriegszeit war die Zahl der unehelichen Geburten (trotz Erleichterung der Abtreibung durch eine weniger rigide Anwendung des Paragraphen 218) auf das Doppelte des Vorkriegsstandes angewachsen. Es gab viele Freundschaften zwischen Besatzungssoldaten und deutschen „Fräuleins". Ehefrauen, die des jahrelangen Wartens auf ihre vermissten oder kriegsgefangenen Männer überdrüssig waren, führten ein ungebunderes Sexualleben und gingen so genannte „wilde Ehen" ein. Die heimkehrenden Männer waren entsetzt. Während der Kriegszeit hatte es für sie durchaus sexuelle Erlebnisse gegeben, „ihren Frauen aber gestehen sie solche Erfahrungen nicht zu. Sie sollten dem männlichen Bild der hehren, keuschen Frau entsprechen. In einer Welt brüchiger Moral und Wertvorstellungen, in der geplündert, gestohlen und organisiert wird, soll die Frau gefälligst für die Moral einer heilen Welt geradestehen."[115]

Mit der Konsolidierung der Gesellschaft, die mit der fortschreitenden Existenzsicherung einherging, konnten sich die althergebrachten Vorstellungen wieder durchsetzen, wie sie vor allem von den Kirchen vertreten wurden. Diese versuchten auch, den Gebrauch empfängnisverhütender Mittel zu unterbinden und negierten die Notwendigkeit sexueller Aufklärung, etwa in Schulen.

Obwohl zu Beginn der fünfziger Jahre der Paragraph 218 wieder schärfer angewendet wurde, blieb Abtreibung ein Massenphänomen; allein in der britischen Zone sollen von 1947 bis 1953 mehr als eine Million Abtreibungen vorgenommen worden sein. Verketzert wurden die Masturbation und noch viel

stärker der voreheliche Geschlechtsverkehr, was die sexuelle Notlage der Jugend verstärkte. Die Berichte des amerikanischen Forschers Alfred C. Kinsey, die das sexuelle Verhalten von Männern und Frauen in den USA offen legten – schon 1948 war der „Kinsey-Report" über das sexuelle Verhalten des Mannes veröffentlicht worden, 1953 erschien derjenige über die Frau –, wurden als Schock empfunden, weil sie die Diskrepanz zwischen Ideal und Wirklichkeit offenbarten.[116]

Die von CSU/CDU in den fünfziger Jahren betriebene Familienpolitik stand unter dem Vorzeichen einer Art „Moral der Fortpflanzung". Ihr wichtigster Verfechter war Franz-Josef Wuermeling, Minister für Familien- und Jugendfragen von 1953 bis 1962. „Mutterglück ist stets von Anfang an nicht nur mit großer Verantwortung, sondern auch mit stetem Verzicht verbunden ... Diese Gabe und Aufgabe der Selbsthingabe und Selbstverleugnung um höherer Ziele willen ist es auch, die die Mutter zur verständnisvollen Lebensbegleiterin des Mannes und Vaters und zum Herzen der Familie werden läßt ... Da wird heute so viel von der Gleichberechtigung der Frau geredet, aber so wenig von dem höchsten und schönsten Beruf der Frau und Mutter in der Familie ..." Diese Zitate aus Wuermelings Schrift „Familie – Gabe und Aufgabe"[117] resümieren seine Grundeinstellung, die er in vielen Verlautbarungen vertrat. Schon vor seiner Berufung zum Bundesminister hatte er sich, katholischer Vater von fünf Kindern, in diesem Sinne politisch engagiert. Unter anderem hatte er eine „Kampfgruppe für die Familie" gegründet. „Familie" empfand er als Gegenpol zum „unbarmherzigen Konkurrenzkampf"; Frausein bedeutete für ihn ein Dasein als Ehegattin und Mutter.

1951 rief Willy Forsts Film „Die Sünderin", mit Hildegard Knef in der Hauptrolle, wegen einer kurzen Nacktszene eine heftige Protestkampagne hervor – obwohl er von der Story her der vorherrschenden Moral entsprach: Eine Animierdame, durch den

Die Sünderin
HILDEGARD KNEF
GUSTAV FRÖHLICH
FILM-BÜHNE WIEN
FILM-BÜHNE-WIEN

Krieg aus der Bahn geraten, findet in der Liebe zu einem Künstler wieder zu „sich selbst" und damit zu „fraulicher Erfüllung". Um dem schwer crkrankten Lebensgefährten die Operation zu ermöglichen, ist sie bereit, sich nochmals zu „verkaufen" – und zwar an den Arzt, der ihr „Opfer" jedoch nicht annimmt, sondern sozusagen „kostenlos" den Geliebten zu kurieren sucht; die Krankheit, ein Tumor im Kopf, kann jedoch nicht mehr geheilt werden. Das Paar begeht Selbstmord. Pfarrer predigten von den Kanzeln gegen „Die Sünderin". Kinos wurden von aufgebrachten Moralaposteln verbarrikadiert. Der nordrhein-westfälische Landtagspräsident erklärte fordernd: „Ich warte auf weitere Demonstrationen." Flugblätter klagten die „Ehre unserer Frauen und Mädchen" und „das gesunde Ehrbarkeitsgefühl unseres Volkes" ein. Die Knef war noch zwei Jahrzehnte später (in ihrer Autobiographie „Der geschenkte Gaul") verblüfft über die nachkriegsdeutsche Reaktion. „Ich begriff nichts", schrieb die „Sünderin" von einst, „hatte die Jahre der sittlichen Aufrichtung … verpaßt, verstand nicht, daß mit Währungsreform, regelmäßiger Nahrung, geheiztem Schlafzimmer eine auf Keuschheit bedachte Betulichkeit Einzug gehalten und das Unfaßliche des Vorhergegangenen ignoriert, abgeschrieben und verdrängt hatte."[118] Erst Mitte der sechziger Jahre fielen dann überall und exzessiv die Hüllen – „vorbereitet" von einigen Filmen wie „Der Reigen" (Regie Max Ophüls, 1950) und „Sie tanzte nur einen Sommer" (Regie Arne Mattsson, 1951). „Das Schweigen" (Regie Ingmar Bergman, 1963) führte dann dazu, dass der CDU-Politiker Adolf Süsterhenn die „Aktion saubere Leinwand" initiierte, was zu heftigen Kontroversen führte.
Für die erotischen Feinschmecker galt die Lolita-Figur, nach dem gleichnamigen Roman von Vladimir Nabokov (deutsche Übersetzung 1959), als besonders reizvoll. „Die Volksschülerin mit nackten Schenkeln ist schon seit Jahren in der ganzen Welt der werbende Typ, der die echte Frau spielend

aus dem Felde geschlagen hat. Von der Schulbank ins Bett – das ist die geheime und unerfüllbare Lustvorstellung, auf die heute mit allen Mitteln der Werbung spekuliert wird und nach der der weibliche Plakattyp sich zu richten beginnt. Es ist ein Typ, der sich mit dem Prestige der Unerreichbarkeit und dem verlogenen Schein kindlicher Reinheit oder wenigstens Ursprünglichkeit als Mittel zur Erregung des Konsumenten durchsetzt" (Friedrich Sieburg).[119]
Populäre Sex-Idole des Filmes waren die Amerikanerin Marilyn Monroe, die ihren Ruhm 1954 mit der Komödie „Blondinen bevorzugt" begründete (im selben Jahr erschienen spektakuläre Nacktaufnahmen von ihr in der ersten Ausgabe des Männermagazin „Playboy") und die Französin Brigitte Bardot, festgelegt auf die Rolle als „blutjunges, meist halbentblößtes Wesen ungewisser Herkunft und Erziehung, ein süßes Biest ohne Parfüm-Mystik, den feuchten Schmollmund halb offen und, zumindest als fiktive Tochter einfacher Leute, in Sand, Meereswellen oder ungemachte Betten hingestreckt, ohne Bewußtsein, Sünde und Repressionen" (Peter Demetz).[120]
Die Monroe und die Bardot standen an der Spitze der Legion von Pin-up-Girls, wie sie vor allem von den Massenblättern, die in den fünfziger Jahren einen Boom erlebten, und von der Werbeindustrie instrumentalisiert wurden. Die Konsumware „Traumwelt mit Erotik" („Sonne und Amore") musste dabei so verkauft werden, dass das Voyeurtum bedient wurde, zugleich aber auch die „offiziöse" bundesrepublikanische Moral berücksichtigt blieb. Auf der einen Seite kämpften die Illustrierten millimeterweise um die Entblößung des weiblichen Körpers in Richtung Brustwarzen und Venushügel; dort wachte zunächst noch die 1954 gegründete „Bundesprüfstelle für jugendgefährdende Schriften". Auf der anderen Seite hatte ein größerer Teil der illustrierten Blätter und Wochenzeitschriften ein mittelständisch-bürgerliches Zielpublikum, das nicht zu sehr in seinem Glauben an die „heile Welt" irritiert

Gegenüberliegende Seite: Willy Forsts Film „Die Sünderin" mit Hildegard Knef in der Hauptrolle rief 1951 wegen einer kurzen Nacktszene einen Skandal hervor.

Folgende Doppelseite: Marilyn Monroe in dem Film „Wie angelt man sich einen Millionär", 1953. Die Monroe, eigentlich Norma Jean Baker, war „eine Frau, aus der geschäftstüchtige Männer ein gewinnbringendes Idol machten. Wer wollte ihr verdenken, dass sie mitmachte? Marilyn Monroe war das erste, öffentlich gewordene Schreckensbeispiel dafür, wie Medien der Neuzeit Schein und Sein von Prominenten – von Künstlern, Politikern oder Sportlern – total verkehren können" (Alexander Kulpok).

werden durfte. Die eigentliche sexuelle Revolution, unter Anleitung des Bestsellerautors Oswald Kolle, dessen Bücher mit großem Erfolg verfilmt wurden, stand noch bevor; aber auch dieser Liebesberater der sechziger Jahre folgte noch der Linie, wie sie in den fünfziger Jahren vorgegeben wurde: Als „Tambourmajor" (Taktgeber) einer Volksbewegung, die zu höherer Lust führte, lag es ihm fern, die höhere Ordnung zu stören.

Neben den USA als dem Land der scheinbar auch sexuell unbegrenzten Möglichkeiten gewann Frankreich an emanzipativer Bedeutung. „Ganz Paris träumt von der Liebe / denn dort ist sie ja zu Haus", trällerte Caterina Valente in einem Schlager von 1953. In der Literatur verkörperte Françoise Sagan und in der Malerei Bernard Buffet den dunklen Schönheitskult der fünfziger Jahre, einen

1957 drehte Otto Preminger den Film „Bonjour Tristesse" nach dem Erfolgsroman von Françoise Sagan aus dem Jahr 1954. Unzählige Mädchen folgten dem Vorbild der Hauptdarstellerin Jean Seberg (Foto) und schnitten sich ihr Haar auf Streichholzlänge.

Jugendstil androgyner Melancholie und narzisshafter Koketterie. Françoise Quoirez, die sich Françoise Sagan nannte, publizierte mit 19 Jahren ihren Roman „Bonjour Tristesse" (1954), dem sie ein Gedicht von Paul Éluard voranstellte: „Adieu tristesse / Bonjour tristesse / Tu es inscrite dans les lignes du plafond …" („Verlass mich Traurigkeit / Kehr wieder Traurigkeit / Du bist in das Gebälk meiner Träume geschrieben …") Die 17-jährige Cécile erzählt von ihrem Liebesleben, von dem ihres Vaters und von der Traurigkeit, die sie „wie Seide, weich und ermattend" einhüllt. Sie verkörpert – inmitten einer sterilen Luxuswelt (Mode, Make-up, Braunwerden, gepflegte Manieren, gutes Essen – der Roman spielt in einer Ferienvilla an der Riviera) – das neue Schönheitsideal der Epoche: den Teenager mit dem Horror vor Wohlerzogenheit, Ordentlichkeit, pedantisch geregelter Lebensführung. „Du schaust aus wie eine verwilderte Katze. Wie gern hätte ich eine schöne, blonde, vollschlanke Tochter mit sanften Porzellanaugen", sagt der Vater ironisch und ist dabei stolz auf seine Tochter, die über seine amourösen Beziehungen auf dem Laufenden ist und in aller Freiheit mit ihm darüber spricht; und selbst, frühreif, die körperliche Liebe genießt. Leitmotiv ist die Lust und die Erinnerung an die Lust – aber auch an das Leid (Anne, die Geliebte des Vaters, hat sich aus Eifersucht umgebracht): „Der Sommer kehrt wieder mit all seinen Erinnerungen. ‚Anne, Anne!' Immer wieder sage ich diesen Namen sehr leise und lange Zeit ins Dunkel hinein. Dann steigt etwas in mir auf, das ich mit geschlossenen Augen empfange und bei seinem Namen nenne: Traurigkeit – komm Traurigkeit."[121]

In der Bundesrepublik, einem Land der Saubermänner und Unschuldslämmer, identifizierten sich viele mit der Autorin, weil sie auf Heuchelei verzichtete und ein tabuisiertes Thema gleichermaßen direkt wie poesievoll anging. Fair l'amour. Straflos, angstfrei.[122] Das „gewisse Etwas" faszinierte vor allem Mädchen zwischen Backfisch und junger Frau, deren Erziehung auf Anstand und gute Sitte „festgelegt" war und deren Sexualität unterdrückt wurde.[123] Aus dem Kultbuch wurde ein Kultfilm (Regie Otto Preminger, 1957); unzählige Mädchen schnitten sich wie Hauptdarstellerin Jean Seberg ihr Haar auf Streichholzlänge.[124] Weitere Bücher der Françoise Sagan folgten in rascher Folge: „Ein gewisses Lächeln" 1956, „In einem Monat, in einem Jahr" 1957, „Lieben Sie Brahms?" 1959.

In seiner herben Verzweiflung faszinierte auch das Werk von Bernard Buffet das deutsche Publikum. Der 1928 in Paris geborene Künstler verkaufte 1947 sein erstes Bild; 1948 machte ihn die Verleihung des „Prix de la Critique" bekannt; im nachfolgenden Jahrzehnt schuf der Maler etwa 1500 Werke. Zusammen mit Françoise Sagan, für deren Ballett „Das verpasste Rendezvous" er das Bühnenbild entwarf, und mit Roger Vadim, der als Journalist Brigitte Bardot entdeckt hatte und ihr als Filmregisseur zum Durchbruch verhalf, gehörte Buffet zur französischen „frühreifen" Generation. Sein Markenzeichen war eine hochstilisierte Düsternis, die sich gut verkaufte. Gleichsam wie Illustrationen zu Jean-Paul Sartres „Ekel" oder dem „Fremden" von Albert Camus strahlten sie verkrampfte Lebensangst aus. „In ihrer strengen geometrischen Komposition wirken sie erstarrt, hohl, grinsend; der flächige Mensch selbst, in leeren Räumen verloren, ist in eine leblose Dinglichkeit eingegangen, mit seiner dreieckigen Maske, seinen Spinnengliedern."[125]

Der Hauptgrund für die große Popularität dieses perfekten Meisters der Malaise lag darin, dass die Beliebigkeit seiner Pièces noires nicht eigentlich unter die Haut ging; es war nur ein Spiel mit dem Entsetzen (Bonjour tristesse – adieu tristesse), das einen wichtigen Grundzug der Epoche, nämlich den spielerischen Umgang mit allem und jedem, düster variierte.[126]

1956 drehte die damals 22-jährige Brigitte Bardot mit Roger Vadim ihren elften und er seinen ersten Film „Und ewig lockt das Weib", in dem sie sich auszog und damit einen Skandal hervorrief. Sie hatte zwar bereits ihren Part als wissendunwissende Kindfrau gefunden, stieg nun aber zum Welt-Star auf; der Mythos der B. B. war geboren. „Sie waren quälend, ihre herumstöckelnden Plagiate, diese Mädchen mit Schmollmund, Sechserlöckchen und Petticoat. Diese ausgekochten Geschöpfe, nach denen die Jungs in der Milchbar ihre Köpfe verdrehten. Während wir, die Lässigen, in schwarzen Hosen und Rollkragenpulli, die Mundwinkel spöttisch verzogen und ganz Existentialismus und Rock 'n' Roll, ‚cool' waren, war sie heiß. B. B. war das erste ‚Girlie': die so eingängige Mischung aus naiver Ungebändigtheit und berechnender Gefälligkeit. Ich habe es ihr nie übel genommen. Durch diesen ganzen B. B.-Rummel der Fünfziger und Sechziger hindurch spürte ich auch etwas Anrührendes: eine Frau, die auf der Suche war – nach sich selbst und Menschen, die sie ernst nehmen" (Alice Schwarzer).

Unbehagen in der Kultur
Intellektuelle als Abweichler

Die Antiquiertheit des Menschen

Nicht nur die zwischen modischer Anpassung und ungestümem Aufbegehren stehende Jugendkultur machte deutlich, dass das Behagen in der Wirtschaftswunderwelt keineswegs einhellige Zustimmung erfuhr. Auch ein Teil der Intellektuellen, der Publizisten, Soziologen, Politologen und Philosophen, äußerte Bedenken gegenüber der Konsumdemokratie. In ihr werde das „Sein" zugunsten des „Haben" vernachlässigt; mentale Verelendung sei die Folge.[127] Solche Einwände gegen den praktizierten Materialismus fanden in Form von Zeitungsartikeln, Büchern, Vorträgen und Rundfunksendungen große Resonanz. Künstlerische Werke gleicher Gestimmtheit in der Literatur, auf dem Theater, als Hörspiel und im Kabarett waren ebenfalls beliebt. Dies zeigt, dass zumindest unterschwellig die Skepsis gegenüber dem ansonsten gepriesenen Fortschritt weit verbreitet war.

Zur Intelligenz, die der saturierten Bundesrepublik die Leviten las, gehörten vor allem die Soziologen. Deren Wissenschaft erfuhr einen Aufschwung. Inzwischen interessierten sich Prinzessinnen und Hilfsarbeiter gleichermaßen für Soziologie, meinte Jürgen Habermas 1955 in der „Frankfurter Allgemeinen Zeitung".[128] Helmut Schelsky bezeichnete die Soziologie als Schlüssel zur Beantwortung der Fragen und Probleme des 20. Jahrhunderts.[129] Von ihr erhoffte man sich Orientierung, Aufklärung, Emanzipation. Vor allem bemühten sich die Soziologen um eine realistische Bestandsaufnahme gesellschaftlicher Zustände, was zu einer Reihe bedeutsamer empirischer Studien, etwa zur Situation der Familie und der Großstadt, führte. Amerikanische Autoren wie etwa James Burnham („Das Regime der Manager", deutsch 1948), David Riesman ("Die einsame Masse", 1956), Vance Packard („Die geheimen Verführer", 1958) standen dabei Pate. Am Beispiel eines Landes wie den USA, in dem technische und zivilisatorische Entwicklungen immer denen in Europa vorausgingen, konnte man konkret lernen, was Modernisierung, vor allem im technischen Bereich bedeutete: eine von Menschen entworfene, im Höchstmaß vorausgeplante, kontrollierte und immer wieder verbesserte Schöpfung. Griff nach dem Himmel, Griff nach dem Atom, Griff nach der Natur, Griff nach dem Menschen, Griff nach der Zukunft – so formulierte es der Wissenschaftspublizist und Futurologe Robert Jungk in seinem Bestseller „Die Zukunft hat schon begonnen" (1952). Bei Jungk hatten amerikanische Reiseerfahrungen einen zwiespältigen Eindruck hinterlassen. „In einer solchen Übergangzeit zu leben ist nicht leicht, aber für Menschen, die wirklich gestalten wollen und können, von großem Reiz. Die Zukunft nämlich, mag sie auch zur Zeit noch auf gefährlich falschem Weg laufen, beginnt mit jedem Tage und jedem Menschen wieder neu."[130]

Eindeutig pessimistisch war der Schriftsteller Günther Anders, der 1950 aus der amerikanischen Emigration nach Wien zurückgekehrt war. Der erste Band seines Hauptwerks „Die Antiquiertheit des Menschen" erschien 1956.[131] Der Mensch befinde sich nicht mehr „auf der Höhe der Objekte"; die Geräte seien ihm fremd geworden, vor allem aufgrund ihrer entseelten Perfektion; er empfinde „prometheische Scham": „Prometheus hat gewissermaßen zu triumphal gesiegt, so triumphal, daß er nun, konfrontiert mit seinem eigenen Werke, den Stolz, der ihm noch im vorigen Jahrhundert so selbstverständlich gewesen war, abzutun beginnt, um ihn durch das Gefühl eigener Minderwertigkeit und Jämmerlichkeit zu ersetzen. ,Wer *bin* ich schon?' fragt der Prometheus von heute, der Hofzwerg seines eigenen Maschinenparks, ,wer bin *ich* schon?'" Mit der Atombombe – Anders besuchte 1958 Hiroshima, 1959 wechselte

Robert Jungk, der 1933 nach Paris und später in die USA emigriert war, hatte mit seinen Büchern, welche die Verflechtung von Wissenschaft, Wirtschaft und Politik behandelten, großen Erfolg. Sein Bestseller „Die Zukunft hat schon begonnen" erschien erstmals 1952.

er Briefe mit dem US-Piloten, der die Bombe 1945 auf die Stadt geworfen hatte – habe der technische Nihilismus seinen Höhepunkt erreicht; sei die heutige Menschheit tötbar, erlösche mit ihr auch die gewesene und die künftige.

Max Horkheimer und Theodor W. Adorno, die nach der Rückkehr aus der Emigration das 1933 von den Nationalsozialisten geschlossene Institut für Sozialforschung in Frankfurt am Main neu begründeten, führten die Fehlentwicklung der westlichen Welt auf die „Dialektik der Aufklärung" (ihre Verkehrung ins Gegenteil) zurück.[132] Die instrumentelle habe die ganzheitliche Vernunft verdrängt; nicht Sinn, sondern Zweck bestimme das Denken und Handeln der Menschen. Die „kritische Theorie" der beiden Denker, ihrer Kollegen und Schüler („Frankfurter Schule") war, trotz der Einsicht in „praktische Vergeblichkeit", bestimmt durch den „Glauben" an das, was dem Erwarteten zuwiderlief. „Das Verzweifelte, daß die Praxis, auf die es ankäme, verstellt ist, gewährt paradox die Atempause zum Denken, die nicht zu nutzen praktischer Frevel wäre" (Th. W. Adorno).[133] Philosophie dürfe nicht abdanken, da sonst „Stumpfsinn in verwirklichter Widervernunft" triumphiere. Adorno nannte seine Dialektik „negativ", weil sie aus dem Gegenteil heraus (e contrario) die Sehnsucht nach einer besseren Welt auf- und vorscheinen lässt.[134] Freiheit zum Beispiel ist nur im Aufweis konkreter Unfreiheit, also „negativ" bestimmbar.

Wie die „linken" Kulturkritiker bewertete auch der konservative Soziologe Arnold Gehlen – belastet durch seine Affinität zum Nationalsozialismus im Dritten Reich – die Konsumbesessenheit der Zivilisation als seelische Gefährdung. Aus der biologischen Sonderstellung des Menschen, vor allem aus seiner Instinktlosigkeit, leitete Gehlen die Notwendigkeit starker Institutionen ab. Sie ermöglichten, wie er in „Urmensch und Spätkultur" 1956 ausführlich darstellte, Verhaltenssicherheit; sie entlasteten den Men-

schen einerseits vom „Überdruck der Antriebe" und der Komplexität der Welteinwirkungen, andererseits böten sie ihm im sozialen Leben die entscheidenden Führungs- und Steuerungssysteme.[135] Indirekt erfuhr dadurch der starke Staat, wie ihn Konrad Adenauer anstrebte, eine anthropologische Abstützung.

Ernst Jünger war Leitfigur vor allem für diejenigen, die sich von der „nivellierten Mittelstandsgesellschaft" (Helmut Schelsky) mit ihrer Demokratisierung und Amerikanisierung dadurch abzugrenzen suchten, dass sie eine elitär-aristokratische Position bezogen. In Jünger wurde der Einzelgänger, der „Unzeitgemäße" gefeiert. Während die „Eilfertigen" dem Zeitgeist nachjagten, zog sich Jünger, ein „Meister des kalten Blicks", in den Elfenbeinturm zurück, von dem aus er stolz und scheinbar unbeteiligt auf die sich abmühende Masse herunterblickte. Ob „Der Waldgang" (1951), „Am Kieselstrand" (1951), „Am Sarazenenturm" (1955) oder „An der Zeitmauer" (1959) – der Dichter liebte die abgelegenen Orte und Metaphern, die seiner beschreibenden Essayistik große Entfaltungsmöglichkeiten boten. Mit heroischer Pose gab er vor, Welt und Zeit in ihrer mythischen Tiefe zu durchdringen. Auch seine Romane dieser Zeit („Heliopolis", 1949, „Gläserne Bienen", 1957) wollen „plebejischer Vermassung" und technologischer Verirrung das „Bleibend-Wesentliche" entgegensetzen.

Verstörende Literatur

Die literarische Kulturkritik der fünfziger Jahre war meist bei Autorinnen und Autoren angesiedelt, die sich der „Gruppe 47" zugehörig fühlten – einem losen Zusammenschluss von Dichtern, Kritikern, Verlegern, die seit ihrem ersten Treffen im September 1947 jährliche Tagungen mit Lesungen („um junge Literatur zu sammeln und zu fördern") veranstalteten.[136] Zur Gruppe gehörte Heinrich Böll, der 1951 sein Debüt hatte und gleich den Preis der Gruppe 47 erhielt.

Theodor W. Adorno, 1934 über England in die USA emigriert, wurde dort Mitglied des von den Nationalsozialisten aus Deutschland vertriebenen Frankfurter Instituts für Sozialforschung. 1949 kehrte der Philosoph, Soziologe, Musikwissenschaftler, Literaturkritiker und Komponist in die Bundesrepublik zurück.

Ernst Jünger galt in der Weimarer Republik mit Büchern wie „In Stahlgewittern" (1920) als der wichtigste geistige Vertreter der nationalistischen Rechten. Im Dritten Reich „emigrierte" er in die Armee; in der Bundesrepublik wurden ihm bedeutende Ehrungen durch konservative Kreise zuteil.

Zu dieser Zeit waren von Böll die Erzählsammlungen „Der Zug war pünktlich" (1949) und „Wanderer, kommst du nach Spa" (1950) erschienen. Es folgten die Romane „Wo warst du, Adam?", 1951 (vom Leiden der Schwachen und Kranken im Krieg handelnd), „Und sagte kein einziges Wort", 1953 (Eheproblematik, Wohnungsnot und Wurzellosigkeit der Trümmerstadt-Bewohner thematisierend), „Haus ohne Hüter", 1954 (über das Schicksal von Kriegerwitwen und Kriegerwaisen) und „Billard um halb zehn", 1959 (eine Familiengeschichte, die sich vom Kaiserreich über Weimarer Republik und Drittes Reich bis zur Nachkriegszeit erstreckt).

Martin Walser bekam den Preis der Gruppe 47 auf der Tagung 1955 in Berlin. 1927 in Wasserburg am Bodensee geboren, hatte er nach dem Krieg erst in Regensburg, dann in Tübingen studiert; 1951 promovierte er mit einer Dissertation über Franz Kaf-

Martin Walser (links), Heinrich Böll und Ingeborg Bachmann beim Treffen der Gruppe 47 Mai 1955 in Berlin, anlässlich eines Empfangs im Sender Freies Berlin (SFB). „Alle diese solidarischen Freunde waren eben von Berufs wegen Solitäre und Konkurrenten, ..., nur politisch vage verbunden durch ein scharfes und doch diffuses Unbehagen in der Adenauerschen Republik" (Reinhard Baumgart).

ka; sein erstes Hörspiel wurde 1952 gesendet. Gesellschaftskritische Romane wie „Ehen in Philippsburg" (1957) und „Halbzeit" (1960) zeigten die Brüchigkeit des bundesrepublikanischen Familienlebens auf. Das stand in deutlichem Gegensatz zur CDU/CSU, die überzeugt war, mit ihrer Politik für ein intaktes Familienleben in der Bundesrepublik gesorgt zu haben.

Die Welt meine es ganz offenbar besser mit Günter Grass als er mit ihr, schrieb Joachim Kaiser in der „Süddeutschen Zeitung" 1958, nach Verleihung des Preises der Gruppe 47 an den Dichter. Grass – „grimmig, raubtierhaft, voll böser Phantasie" – hatte bei der Tagung zwei Kapitel aus seinem damals fast vollendeten Roman „Die Blechtrommel" vorgetragen. Sie verrieten eine wilde Energie des Ausdrucks, eine unwiderstehliche Sicherheit der Gebärde und unheimliche Empfänglichkeit für bizarr-groteske Verbindungen.[137] „Die Blechtrommel" verstörte die bundesrepublikanische Betulichkeit; die literarische Kritik war hin- und hergerissen. Hans Magnus Enzensberger meinte, das Werk sei ein Brocken, an dem Rezensenten und Philologen mindestens ein Jahrzehnt lang zu würgen hätten, bis es reif zur Kanonisation oder zum Vergessenwerden sei. Den von ihm prophezeiten „Schreien der Freude" standen Wutausbrüche gegenüber, die den makabren Humor, „abstoßende Obszönitäten" und sprachliche Schaumschlägerei anprangerten. Enzensberger selbst gehörte als Lyriker und Feuilletonist zu den Jüngsten der Gruppe 47. „Anweisung an Sisyphos" hieß ein Gedicht in seinem ersten Lyrikband 1957:

was du tust, ist aussichtslos. gut:
du hast es begriffen, gib es zu,
aber finde dich nicht damit ab,
mann mit dem stein. Niemand
dankt dir ...[138]

Den 1929 in Kaufbeuren geborenen und dann in Nürnberg aufgewachsenen Schriftsteller konnte man dagegen einen erfolgreichen Sisyphus nennen. Viele Redaktionen von Zeitungen, Zeitschriften und Hörfunk-Nachtstudios, die des konformistischen Kulturlebens überdrüssig waren, dankten ihm dafür, dass er mit seinen ironisch-sarkastischen Analysen (unter anderem des Neckermann-Katalogs und des Touristikbooms) die erstarrten Verhältnisse auf höchst geistreiche Weise auflockerte. Musterbeispiel hierfür war der am 8. Februar 1957 im „Süddeutschen Rundfunk" unter der redaktionellen Betreuung von Alfred Andersch gesendete Funkessay über den „Spiegel" mit dem Titel „Moral und Masche eines Magazins". Wenige Wochen später erschien der Text im „Spiegel" selbst, was die Cleverness sowohl des Kritisierenden als auch der Kritisierten deutlich machte.[139]

In mehrfacher Hinsicht konnte man Enzensberger als jüngeren Gefährten (in manchem auch Schüler) von Gottfried Benn ansehen, der als herausragender Lyriker und Essayist schon das großstädtische (Berliner) Kulturleben der Weimarer Republik geprägt hatte und nun erneut mit seinen spöttisch-melancholischen Wortmontagen faszinierte. Man könne keine Literaturseite mehr aufschlagen, keine Nachtsendung mehr einschalten, ohne dass dieser exklusive Dichter, dessen einsames und unzugängliches Werk sich früher höchstens an eine Handvoll Menschen gerichtet habe, hervorgeholt werde, schrieb Friedrich Sieburg in einer Besprechung von Gottfried Benns autobiographischer Schrift „Doppelleben".[140]

In seiner Lyrik und Prosa, deren schnoddrig-pessimistische Sprache den Mief des Provinziellen wegfegte, erkannte sich eine literarische Jugend, die gegen die vorherrschende betuliche Innerlichkeits- und Naturdichtung aufbegehrte. In den Jahren zwischen 1948 und 1950, so der Dichter Peter Rühmkorf in seinen Erinnerungen, sei die Naturlyrik ins Weite und Breite gewuchert. Auf der Flucht vor Tragik und Erschütterung, zurückgetrieben zu Rasenstück, Beet und Blumentopf, habe sie keine Aufregungen mehr an- und keine Anregungen mehr aufgenommen. Benn jedoch nannte die Kräutersammler und

Botaniseure der Naturpoesie „Bewisperer von Nüssen und Gräsern".[141] Mit seinem Comeback („Statische Gedichte" 1948, und „Trunkene Flut" 1950, „Destillationen" 1953, „Aprèslude" 1955) wurde der gereimten Eindimensionalität ein Ende bereitet. Zudem fand mit Benn die auch literarisch „verspätete", in widerstands- und spannungslosem Ästhetizismus befangene Nation wieder Anschluss an den urbanen Kosmopolitismus. Seine Vorträge und Essays („Der Ptolemäer" 1949; „Ausdruckswelt" 1949; „Provoziertes Leben" 1955; „Reden" 1955) empfand man als Offenbarung einer Modernität, die der Wirtschaftswundereuphorie und den platten Fortschrittsbilanzen die Bitterkeit der Welt vorrechnete. Inmitten sentimentaler Vernebelung erwies er sich als „Radardenker", der, die allgemeine Anpassung hinter sich lassend, den Nonkonformismus anpeilte: „Ich denke über vieles anders als die meisten."[142]

Gottfried Benn hielt sich als Einzelgänger von der Gruppe 47 fern. Dabei hätte er zu ihr durchaus gepasst – wurde doch ihre geistige Beweglichkeit mit dem weltläufigen intellektuellen Reizklima literarischer Cafés verglichen („Anstelle eines romanischen Cafes" überschrieb die „Gegenwart" ihren Bericht über die Oktober-Tagung der Gruppe 47 im Jahr 1957, in Anspielung auf das bekannteste Literaten- und Künstlercafé der Weimarer Zeit, das „Romanische Café" am Kurfürstendamm in Berlin). Doch wäre die Gruppe auch durch eine andere symbolische Örtlichkeit zu charakterisieren: das Kloster. Auf der einen Seite feuilletonistische, für äußere Einflüsse sehr empfängliche Extrovertiertheit; auf der anderen Seite sich abkapselnde Zurückgezogenheit, eine poetische Innerlichkeit, wie sie herausragend zwei Frauen – Ilse Aichinger und Ingeborg Bachmann – verkörperten.

Die 1921 in Wien geborene „hübsch hintergründige"[143] Aichinger (Studium der Medizin, Verlagslektorin, in Ulm am Aufbau der Hochschule für Gestaltung beteiligt und an der dortigen Volkshochschule tätig, seit

Günter Grass stammt aus Danzig, seine Mutter war Polin. 1949 bis 1953 besuchte er die Düsseldorfer Kunstakademie und die Berliner Hochschule für Bildende Künste; 1956 bis 1960 hielt er sich in Paris auf. Dort begann er die Arbeit an seinem Roman „Die Blechtrommel", die in Danzig spielende Geschichte des zwergwüchsigen Oskar Matzerath (erschienen 1959).

Der Arzt und Dichter Gottfried Benn, hier auf einem Foto um 1950, erlebte mit seiner kosmopolitischen, nonkonformistischen Lyrik in den fünfziger Jahren ein Comeback.

1953 mit Günter Eich verheiratet) erhielt 1952 auf der Tagung in Niendorf an der Ostsee für ihre „Spiegelgeschichte" den Preis der Gruppe 47. Ihr Roman „Die größere Hoffnung" (1948) und die Erzählungen „Reden unter dem Galgen" (1952) waren bis dahin nur einem kleinen literarischen Publikum bekannt geworden.[144]

Die 1926 in Klagenfurt geborene Ingeborg Bachmann (Studium der Philosophie in Innsbruck, Graz und Wien), die 1952 erstmals in der Gruppe gelesen hatte, erhielt 1953 auf der Frühjahrstagung in Mainz den Preis. Ihre Gedichte wurden sofort als das „Zeugnis einer erstaunlichen Begabung" gewertet: „Zumeist reimlose Strophen, reich an sinnhaften Bildern und von einer Sprachgewalt, die bewegt."[145] Von ihrem Gedichtband „Die gestundete Zeit", der im selben Jahr erschien, meinte der Kritiker Günter Blöcker in der „Frankfurter Allgemeinen Zeitung": „Seit Gottfried Benn hat es im deutschen Sprachraum kein lyrisches Talent gegeben, an dem sich diese Grundbedingung dichterischer Existenz überzeugender bewahrheitet hat als an Ingeborg Bachmann."[146] Ein solches Urteil war umso wichtiger, als Blöcker der Gruppe 47 ablehnend gegenüberstand. Die Lyrik der Bachmann war beliebt, doch waren ihre Gedichte „zu scheu, oder auch zu hochmütig", um als Teil der „Innerlichkeits-Mode", die in dieser Zeit durchaus im Schwange war, zu gelten. Ihre sprachliche Esoterik lag außerhalb des Literaturbetriebs, zugleich aber zeigte die Dichterin einen kämpferischen Sprachgeist. Hans Egon Holthusen, in seiner konservativen Grundeinstellung ebenfalls in Distanz zur Gruppe, sprach in einem Essay davon, dass mit der Dichterin, von der inzwischen der Gedichtband „Anrufung des Großen Bären" erschienen war, eine wahrhaft unabhängige Stimme sich erhoben habe – eine Stimme von harter Melancholie und eigensinniger Wahrhaftigkeit; eine, die nicht nach vorgeschriebenen Noten, sondern allein nach dem Diktat einer selbsteigenen Notwendigkeit singe.[147]

Narren am Hofe der Restauration

In den fünfziger Jahren erfuhr der intellektuelle Diskurs eine populäre Erweiterung durch viele Gesprächsforen sowie die in allen Rundfunksendern meist zu später Stunde angebotenen Vortrags- und Diskussionssendungen. Die „Darmstädter Gespräche" etwa wurden 1950 gegründet. Im Mittelpunkt der ersten Veranstaltung („Das Menschenbild in unserer Zeit") stand eine Auseinandersetzung zwischen dem Kunsthistoriker Hans Sedlmayr, dem Autor des Buches „Verlust der Mitte" (1948), der einen Vortrag über die Gefahren der modernen Kunst hielt, und dem Maler Willi Baumeister, Verfasser des Buches „Das Unbekannte in der Kunst" (1947), der mit seinem Referat „Verteidigung der modernen Kunst" nicht nur die Gegenposition zu Sedlmayrs konservativ-katholischem Standpunkt einnahm, sondern auch dessen NS-Vergangenheit aufdeckte.

Von den Abendstudios und Nachtprogrammen der Rundfunkanstalten meinte vom konservativen Standpunkt aus Wolf Jobst Siedler, damals Feuilletonchef des „Berliner Tagesspiegel", dass sie die pensionsberechtigten Stützpunkte der literarisch artikulierten Unbotmäßigkeit darstellten.[148] Neben Alfred Andersch, der erst in Hamburg und dann in Stuttgart für den Funk tätig war, und Ernst Schnabel, von 1951 bis 1955 Intendant des NWDR, verkörperte vor allem Gerhard Szczesny, von 1947 bis 1962 Leiter des Nachtstudios, dann (1963 bis 1969) des Sonderprogramms im Bayerischen Rundfunk, die aufklärerische Avantgarde der in den Sendeanstalten tätigen Intellektuellen. Er gründete die „Humanistische Union" (1961) und war bis 1969 ihr Vorsitzender; zudem baute er einen Verlag mit emanzipatorischem Programm auf. Es gab kaum einen freien Schriftsteller in den fünfziger Jahren, der nicht für den Rundfunk arbeitete – was auch ökonomisch wichtig war, da auf diese Weise jenseits des Massengeschmacks selbstständiges, nonkonformisti-

sches Denken „honoriert" werden konnte. „Seid unbequem, seid Sand, nicht das Öl im Getriebe der Welt", hieß es in Günter Eichs Hörspiel „Träume" (1950).[149]
Das in den Rundfunkanstalten intensiv gepflegte Hörspiel vermittelte in einer selbstgefälligen, im Kern jedoch gefährdeten Welt eine Vorstellung von dem, was Ernst Bloch das „Prinzip Hoffnung" nannte. Es bot keine billigen Lösungsmöglichkeiten von Krisen an, hoffte aber doch, das Menschliche im Menschen erwecken zu können. Ausgehend von Wolfgang Borcherts Hörspiel „Draußen vor der Tür" (1947), einem Markstein der neueren deutschen Rundfunkgeschichte, fand das literarische Genre wichtige Autorinnen und Autoren, darunter (neben Eich) Ilse Aichinger, Ingeborg Bachmann, Fred von Hoerschelmann, Max Frisch, Friedrich Dürrenmatt, Heinrich Böll, Gerd Oelschlegel, Leopold Ahlsen, Wolfgang Hildesheimer, Wolfgang Weyrauch. Inmitten materialistischer Oberflächlichkeit und Vordergründigkeit, welche die Entfaltung von Phantasie weitgehend unterband, liebte man die im „Hallraum" sich entfaltende Kunstart – „einerseits als Mischung von laut werdenden und zugleich verlöschenden Worten und Klängen durch das Mittel der technisch-elektrischen Produktion, andererseits als ganz unkörperliche, bloß spirituelle ‚Anschauung' im Innern des Zuhörers", so Heinz Schwitzke im Vorwort zu der Hörspielsammlung „Sprich, damit ich dich sehe".[150] Ein feinfühliges Publikum, des grob-realen Lärms überdrüssig, genoss die Stille dieser „inneren Bühne", auf der Andeutungs- und Aussparungstechniken vorherrschten. Zu „Szenen", wie sie Ilse Aichinger entwickelte, meinte Ernst Schnabel, dass außerhalb der Finsternis eigentlich keine dieser Geschichten möglich und nötig wären; sie würden augenblicklich erlöschen wie ein Filmbild in der Dunkelkammer, fiele der schwächste Lichtstrahl ein. Die 1940 geborene Filmautorin Helma Sanders-Brahms berichtet in Erinnerung an diese „Hörspiel-Enklaven": „Hörspiele sind das

Schönste, was man zu Hause haben kann. Die Geschichten von den Termiten, die die Gebäude von innen annagen, bis sie zusammenfallen, von den Biedermännern und den Brandstiftern, vom Tiger Jussuf, von der Brandung von Sedubal, die bis an das Bügelbrett rauscht, das ist die Wahrheit, so ist die Welt. Wenn ich im Bett liege, spreche ich die Texte, soweit ich sie behalten habe, und ahme die Stimmen der Schauspieler nach. Sie sind so schön, diese Stimmen, und die Menschen, die dazugehören und die man im Radio nicht sehen kann, müssen so schön sein, wie diese unendlich entfernten Städte mit den leuchtenden Namen auf der schwarzen Glasscheibe: Rom Amsterdam Paris Warschau Prag."[151]
Das Kabarett, das schon in der Trümmerzeit nach der Befreiung vom Nationalsozialismus als aufbegehrendes kesses „Mund-Werk"

Regietisch im Hörspiel-komplex des Süddeutschen Rundfunks in der Villa Berg in Stuttgart (1955). „Wir haben unsere Schlafcouch an der einen Wand gehabt und das Radio daneben, und sehr oft, wenn wir dann abends ins Bett gegangen sind, haben wir noch Radio gehört. Licht aus ... und Radio gehört. Und dann gab es Hörspiele. ... Da konnte man dann sehr ruhig und intensiv zuhören" (Zeitzeugin).

Die Mannschaft der Münchner „Lach- und Schießgesellschaft" (von links: Klaus Havenstein, Hans J. Diedrich, Ursula Noack, Dieter Hildebrandt). „Im gleichen Schrott und Trott" hieß das Programm, das den Sieg der CDU/CSU bei den Bundestagswahlen im Herbst 1957 ironisch kommentierte. In einer Nummer tritt Axel Springer auf; er lässt sich von seinen Angestellten erklären, welche Zeitungen und Journale ihm gehören (oder noch nicht gehören), um sich einen Begriff von seiner Macht und seinen Einflusschancen zu machen.

Das Ensemble der Westberliner „Stachelschweine". Sie hätten, so der Kritiker Klaus Budzinski in der Zeitschrift „Das Schönste" 1961, den westdeutschen Kabaretts, die sich mehr und mehr in die Rolle der Hofnarren im Thronsaal des Wirtschaftswunders gedrängt sähen, eine günstige Position voraus: Das Publikum im geteilten Berlin sei besonders aufnahmebereit, weil es seine Gefährdung schmerzlich spüre. „Und umgekehrt betrachten sich die ‚Stachelschweine' als politisches Gewissen ihrer Stadt und ihres Landes, welche Einstellung ihnen erlaubt, sich mit dem Osten sachlich auseinanderzusetzen und auch dem Westen den entlarvenden Spiegel vorzuhalten."

wieder sehr geschätzt war – „wenn sich alle Pläne dieser Woche verwirklichten", notierte Erich Kästner im August 1945 in München, „gäbe es bald mehr Kabaretts als unzerstörte Häuser"[152] –, erreichte in den fünfziger Jahren mit Hilfe von Hörfunk und Fernsehen ein Millionen-Publikum mit Einschaltquoten bis zu 90 Prozent.[153] Sein Problem habe jedoch darin bestanden, so Jürgen Pelzer in seiner Studie „Kritik durch Spott – Satirische Praxis und Wirkungsprobleme im westdeutschen Kabarett",[154] dass man von einer bürgerlich-liberalen Position aus Kritik üben wollte und sich dabei ausgerechnet an ein kaum noch an Veränderungen interessiertes Publikum wenden musste. Da man auf die veränderte historische Situation und die ebenfalls gewandelten Wirkungsbedingungen nicht flexibel reagierte, bewegte man sich meist nur noch auf einem mehr oder minder gehobenem Unterhaltungsniveau. Man diente deshalb kaum der politischen Aufklärung, sondern nahm allenfalls eine Ventilfunktion wahr, die letztlich im Sinne des Bestehenden war. Die Opposition des politischen Kabaretts habe sich zunehmend als Scheinopposition erwiesen.

Die 1956 von Dieter Hildebrandt und Sammy Drechsel gegründete Münchner „Lach- und Schießgesellschaft" galt als das politischste Kabarett-Ensemble; aktuelle Probleme wurden direkt angegangen, Skandale und das Fehlverhalten der Politiker konkret aufs Korn genommen. „Dem siegreichen Pferd" Adenauer gegenüber empfand das „nüchtern zupackende, fröhlich Attacke reitende Quartett" (Dieter Hildebrandt, Klaus Havenstein, Hans J. Diedrich und Ursula Noack) „ein tiefes Gefühl der Dankbarkeit", denn eine bessere aktuelle Zielscheibe könne man sich nicht vorstellen.[155] Die Westberliner „Stachelschweine", die im Oktober 1949 zum ersten Mal auftraten, bemühten sich eher um eine weniger scharfe humorvolle Präsentation. „Tatsächlich stiegen sie auf diese Weise zu einem außerordentlich populären Kabarett auf, wobei erstmals das Phänomen auftrat, daß geradezu erdrückende Publikumsmehrheiten die Programme positiv beurteilten und sich offenbar kaum mehr schockiert, getroffen oder angegriffen fühlten."[156] Bei dem 1947 von Kay und Lore Lorentz in Düsseldorf gegründeten „Kom(m)ödchen" verstärkte sich in der zweiten Hälfte der fünfziger Jahre die Tendenz zur indirekten „literarischen" Verklausulierung der Satire und damit zur distanzierten Haltung gegenüber der Aktualität. Was im „Land der großen Mitte" verdrängt wurde, brachte auch der Kabarettist Wolfgang Neuss an den Tag. Er galt als „Bundesdeutschlands Kabarett-Schnauze Nr. 1". („Wenn man nicht haargenau wie die CDU denkt, fliegt man aus der SPD raus.") Man nannte ihn den „Mann mit der Pauke", „Spötter der Nation", „Till Eulenspiegel des Wirtschaftswunders", „Berliner Hofnarr" und „Brunnenvergifter".[157]

Der Insulaner verliert die Ruhe nich,
Der Insulaner liebt keen Jetue nich!

Mit diesem Refrain aus dem Titelsong, dem „Insulaner-Lied", schloss am 25. Dezember 1948 im Berliner RIAS (Rundfunk im Amerikanischen Sektor) die erste Sendung des Funkkabaretts „Günter Neumann und seine Insulaner". Aus den ursprünglich geplanten drei Folgen wurden in den nächsten Jahren 139 im Hörfunk; später kamen solche im Fernsehen hinzu. Nahezu alle westdeutschen Sender übernahmen sie. Es war die wohl populärste Sendung des RIAS, denn mit diesem intelligent-unterhaltsamen, durchaus auch aggressiven Kabarett im typischen Tonfall der „Berliner Schnauze", das seine Zeit treffsicher reflektierte und genau das aussprach, was die Menschen bewegte, identifizierten sich Berliner und Westdeutsche gleichermaßen. In der Geschichte des Rundfunks in Deutschland dürfte schwerlich eine andere Sendereihe zu finden sein, die so eindeutig einer politisch orientierten Funktion unterworfen und gleichwohl beim Publikum populär war.[158]

Der Kabarettist Wolfgang Neuss, genannt „der Mann mit der Pauke", verriet 1962 in einer Zeitungsannonce 30 Stunden vor Schluss der damals sehr populären Fernseh-Krimiserie „Das Halstuch" (von Francis Durbridge) den Mörder, der von Dieter Borsche dargestellt wurde. Die Fernsehnation war empört.

Die Unfähigkeit zu trauern
Die zweite Schuld

Der große Friede mit den Tätern

Günter Neumann schrieb den Song vom Wirtschaftswunder, der sich großer Beliebtheit erfreute:

... Jetzt kommt das Wirtschaftswunder,
Der deutsche Bauch erholt sich auch
und ist schon sehr viel runder. ...
Die Läden offenbaren uns wieder
Luxuswaren.
Die ersten Nazis schreiben fleißig ihre
Memoiren,
Denn den Verlegern fehlt es an Kritik,
Ist ja kein Wunder nach dem verlorenen
Krieg.[159]

Die assoziative Verbindung allgemeinen Wohlbefindens mit nationalsozialistischer Rechtfertigungsliteratur – auch beim Film waren solche Tendenzen feststellbar („Der Stern von Afrika", „Kapitänleutnant Prien", „Division Brandenburg") – berührte eine Thematik, die Alexander und Margarete Mitscherlich in ihrem Rückblick auf die Epoche des Wirtschaftswunders in Form einer tiefenpsychologischen Untersuchung behandelten („Die Unfähigkeit zu trauern. Grundlagen kollektiven Verhaltens", 1967). Sie fragten sich, wie viel Leidenschaft für die Demokratie sich zeigen würde, wenn die bundesrepublikanischen Geschäfte einmal entschieden schlechter gehen sollten. „Gibt es neben unserem Streben nach Reichtum auch ein neuerdings erwachtes nach Freiheit? Mehrt oder mindert sich die Toleranz, abweichende Meinungen, auch solche, die uns ärgern, zu ertragen und zu achten? Ist Gedankenfreiheit für die Bürger unseres Landes zur unabdingbaren Forderung an ihre Gesellschaft geworden? Mit anderen Worten: Wird diese Freiheit lebendig empfunden oder ist sie ein günstiger Zufall, der

wie in der Weimarer Republik rasch wieder verloren gehen könnte?"[160] Die große Mehrheit der Deutschen erlebe die nationalsozialistische Herrschaft im Rückblick wie die Dazwischenkunft einer Infektionskrankheit in Kinderjahren. Wenn auch die Regression, die man unter der Obhut des „Führers" kollektiv vollzogen habe, zunächst lustvoll gewesen sei – es war herrlich, ein Volk der Auserwählten zu sein –, mit der Stunde Null, vor allem aber nach der Währungsreform und der Gründung der Bundesrepublik, sei man rasch, mit großer Verdrängungsenergie, zur Normalität übergegangen, als habe sich Auschwitz nicht ereignet. „Alle Vorgänge, in die wir schuldhaft verflochten sind, werden verleugnet, in ihrer Bedeutung umgewertet, der Verantwortung anderer zugeschoben, jedenfalls nicht im Nacherleben mit unserer Identität verknüpft."[161] Der Verlust des historischen Gewissens habe von der Selbstanklage, der Selbstzerfleischung und dem Selbsthass entbunden. Unbekümmert von der Notwendigkeit der Aufarbeitung von Vergangenheit im Sinne des Freud'schen Erinnerns, Wiederholens, Durcharbeitens konnte alle Energie mit einem Bewunderung und Neid erweckenden Unternehmungsgeist „auf die Wiederherstellung des Zerstörten, auf Ausbau und Modernisierung unseres industriellen Potentials bis zur Kücheneinrichtung hin konzentriert" werden.[162]

In den fünfziger Jahren kam es zum „großen Frieden mit den Tätern" – eine die Bundesrepublik schwer belastende Hypothek. Ralph Giordano nannte dies die „zweite Schuld". Die größten geschichtsbekannten Verbrechen, nämlich die des Nationalsozialismus, seien in der Bundesrepublik – so Jörg Friedrich – mit dem denkbar „größten Resozialisationswerk" abgeschlossen worden. Das zeigte ein erschreckendes Defizit an „Trauerarbeit", aber auch eine verantwortungslose Gleichgültigkeit gegenüber der Notwendigkeit von Schuld und Sühne. Statt Abrechnung Verschonung, statt Aufklärung Vergesslichkeit.[163]

Die Straffreiheitsgesetze von 1949 und 1954 amnestierten großzügig Zehntausende von nationalsozialistischen Tätern. Mit dieser Schlussstrichmentalität ging die Forderung einher, das ganze Kapitel der politischen „Säuberung", also die Entnazifizierung, endlich zu beenden. Dies geschah 1950. Hinzu kam 1951 die Rehabilitierung und Versorgung der so genannten „Hunderteinunddreißiger": Über 300 000 ehemalige Beamte und Berufsoffiziere konnten ihre Tätigkeit wieder aufnehmen.[164]

Die Rückkehr von Hitlers Eliten

Die generelle Amnestie – zugleich eine kollektive Amnesie (Gedächtnisverlust) – begünstigte zusammen mit dem „Beschweigen der Vergangenheit"[165] alt-neue Karrieren. Konrad Adenauer etwa machte den Juristen Hans Maria Globke zu seinem engsten Vertrauten. 1898 im katholischen Milieu Aachens geboren und dort aufgewachsen, in der Weimarer Republik Mitglied der Zentrumspartei und Regierungsrat im preußischen Innenministerium, war Globke 1935 an der Formulierung des „Gesetzes zum Schutz des deutschen Blutes und der deutschen Ehre" beziehungsweise der „Erläuterungen" dazu beteiligt.[166] Mit seiner Person signalisierte der 14 Jahre lang „zweitmächtigste Mann der Bundesrepublik" (so die „New York Times"), dass Hitlers ehemalige Funktionseliten – Unternehmer, Mediziner, Wissenschaftler, Juristen, Offiziere, Journalisten – gute Chancen hatten, wichtige Schaltstellen des neuen Staates wieder einzunehmen. Einzelfälle, die gegen oft erheblichen Widerstand aufgedeckt wurden, erwiesen sich als die Spitze eines Eisberges, der das Ansehen der Bundesrepublik im Innern und noch mehr im Ausland schädigte. Werner Heyde etwa, ehemaliger Würzburger Ordinarius für Psychiatrie, war bis 1941 Leiter der medizinischen Abteilung der Berliner „Euthanasie-Zentrale" gewesen; er war für den Tod von mindestens 100 000 Menschen verantwortlich. Zum Nürnberger Ärzteprozess als Zeuge geladen, konnte er auf dem Rücktransport flüchten und mit falschen Papieren auf den Namen Dr. Fritz Sawade in Schleswig-Holstein, wo sich besonders viele NS-Verbrecher angesiedelt hatten, Unterschlupf finden und seine Karriere fortsetzen; als Nervenarzt erstellte er allein für Behörden und Gerichte 7000 Gutachten. Nach seiner Entlarvung 1959 kam ein auf Druck der SPD-Opposition im schleswig-holsteinischen Landtag eingesetzter Untersuchungsausschuss zu dem Ergebnis, dass Heyde-Sawade eine lange Reihe reputierlicher Mitwisser gehabt hatte. Diese mussten aber mit keinen ernsthaften Konsequenzen rechnen; auch der ursprünglich für das Heyde-Verfahren vorgesehene und dann als Mitwisser entlarvte Generalstaatsanwalt kam ungeschoren davon. Heyde beging in der Haft Selbstmord, ohne Reue oder Schuldbewusstsein erkennen zu lassen.[167] Als ein eklatantes Beispiel für die Kontinuität von Karrieren im Wirtschaftsbereich erwies sich die Laufbahn des 1901 geborenen Großbankiers Hermann Abs, seit 1938 Direktor der Auslandsabteilung im Vorstand der Deutschen Bank. 1942 hatte er bereits 40 Aufsichtsratsmandate inne, wofür er eine Sondergenehmigung des Reichswirtschaftsministeriums benötigte, da nach den gesetzlichen Bestimmungen nur 20 erlaubt waren. Zehn Aufsichtsratsmandate übte er bei Firmen aus, die in den von deutschen Truppen besetzten europäischen Gebieten lagen. Nach seinem Tod 1994 wurde deutlich, dass er auf vielfach verzweigte Weise sogar in das nationalsozialistische Verfolgungs- und Vernichtungssystem eingebunden gewesen war. In der Nachkriegszeit fungierte er als Finanzberater von Konrad Adenauer, dem er in Freundschaft verbunden war. Im Mai 1951 wurde er stellvertretender Vorsitzender im Aufsichtsrat der Bank für Wiederaufbau in Frankfurt am Main und im Jahr darauf Leiter der deutschen Delegation bei der Londoner Konferenz zur Regelung der deutschen Auslandsschulden. Nach der Wiedergründung der Deutschen Bank im Jahr 1957

Staatssekretär Dr. Hans Globke. Er klage an, so Günter Grass, „einen Mann namens Adenauer, weil er einen Mann namens Globke während Jahren an wichtigster Stelle folgenreiche Entscheidungen hat treffen lassen. Hans Globke hat die Nürnberger Rassegesetze kommentiert. Mit diesen Gesetzen begann der Mord an sechs Millionen Juden."

Hermann Josef Abs gehörte zum „Küchenkabinett" Konrad Adenauers. Persönlichkeiten wie er seien „ein Stück der Macht, die Menschen und Dinge bewegt und die schließlich auch die Machthaber des Dritten Reiches respektierten: der Macht des Reichtums" (Kurt Pritzkoleit, „Männer, Mächte, Monopole", 1953).

1949 von einem britischen Militärgericht zu 18 Jahren Gefängnis verurteilt, war der ehemalige Generalfeldmarschall Erich von Manstein (Foto aus dem Zweiten Weltkrieg) nach seiner vorzeitigen Entlassung 1953 am Aufbau der Bundeswehr beteiligt.

wurde Abs deren Vorstandssprecher (bis 1967) und übernahm dann noch für mehrere Jahre den Vorsitz im Aufsichtsrat.[168] Die Militärs konnten sich vor allem dann vom Makel ihres grauen Rocks befreien und sich als „saubere Krieger" („im Geiste unbesiegt") präsentieren, als wegen der zunehmenden Spannungen zwischen Ost und West die deutsche Wiederbewaffnung zu einem wichtigen Ziel der westalliierten und westdeutschen Politik wurde.[169] Nach fünfjähriger Vorbereitung und der mit Zweidrittel-Mehrheit der Regierungsparteien im Februar 1954 beschlossenen Erweiterung des Grundgesetzes in Form der ersten Wehrergänzung – sie begründete die Wehrhoheit des Bundes – wurde im Juni 1955 der bisherige Sicherheitsbeauftragte Theodor Blank (CDU) zum ersten Bundesverteidigungsminister ernannt und seine Dienststelle ins Bundesministe-

rium für Verteidigung umgewandelt. Im Januar 1956 wurden die ersten Bundeswehrkader aus freiwilligen Soldaten aufgestellt; zwei Monate später beschloss der Bundestag, nun auch mit den Stimmen der SPD, die Einführung der allgemeinen Wehrpflicht. Die Armee sollte stets der parlamentarischen Kontrolle unterworfen bleiben und nach dem Prinzip „Staatsbürger in Uniform" gestaltet werden. Den Begriff hatte Wolf Graf von Baudissin, Chef der Abteilung „Innere Führung" geprägt; er wurde von ihm mit hohem Ethos vertreten. Doch konnte die Wiederbewaffnung nur populär gemacht werden, indem man die Millionen Soldaten, die für Hitlers Unrechtsstaat gekämpft hatten, und ihre vielfach verantwortungslosen Offiziere, die bis zuletzt Hitler die Treue gehalten hatten, rehabilitierte. Eine entsprechende Ehrenerklärung hatte Konrad Adenauer schon im April 1951 im Bundestag abgegeben. Angesichts des weltpolitisch bewirkten, aber hinsichtlich des geringen Abstandes zum Dritten Reich verfrühten Zeitpunkts der Militarisierung gab es zudem den Zwang, auf „altes" Personal zurückzugreifen. Mancher Offizier wurde rasch zum „vorbildlichen" Demokraten, obschon er früher anders gedacht, geredet und gehandelt hatte.

Besonderen Anstoß nahmen die Reformer und der kritische Teil der über die Wiederbewaffnung sowieso gespaltenen Öffentlichkeit an Fällen wie dem des 1887 geborenen ehemaligen Generalfeldmarschalls Erich von Manstein.[170] Er hatte Hitler als Chef der Heeresgruppe Don von einem Ausbruchsbefehl für die in Stalingrad eingeschlossene 6. Armee unter General Friedrich Paulus abgeraten. Den sinnlosen Verteidigungskampf überlebten von 250 000 Landsern nur 90 000, und von diesen, die in Gefangenschaft gerieten, kehrten später lediglich 5000 in die Heimat zurück. Auch hatten in seinem Zuständigkeitsbereich Einsatzgruppen des Sicherheitsdienstes (SD) mit Hilfe der Wehrmacht Massenerschießungen durchgeführt, die Manstein der Truppe

Bundeskanzler Konrad Adenauer besucht am 20. Januar 1956 in Andernach die ersten Einheiten der Bundeswehr (gebildet aus 1500 Freiwilligen) und schreitet zusammen mit dem kommandierenden Generalmajor und Verteidigungsminister Theodor Blank die Front ab.

gegenüber rechtfertigte. Er wurde 1949 zu 18-jähriger Haft verurteilt, aber 1953 vorzeitig entlassen. Drei Jahre später übernahm er den Vorsitz im Gutachtergremium zur Wiederbewaffnung und Wehrpflicht des gemeinsamen Verteidigungsausschusses von Bundestag und Bundesrat. Dabei kam ihm, der zusätzlich als persönlicher Berater Adenauers tätig war, zugute, dass er nach Differenzen mit Hitler im März 1944 aller Kommandoposten enthoben worden war.

Schreckliche Juristen und andere Sündenfälle

Ein Rechtsstaat sollte die Bundesrepublik sein und werden, aber das Versagen bei der rechtlichen Aufarbeitung der NS-Verbrechen enttäuschte und empörte all diejenigen, die nach 1945 in den Kategorien von Schuld, Strafe, Sühne und Entschädigung der Opfer, soweit dies noch möglich war, dachten. Auf ungeheuerliche Weise hatte sich die Justiz, die schon in der Weimarer Republik völkisch und nationalistisch, teilweise auch nationalsozialistisch unterwandert war, zum Büttel des verbrecherischen Regimes gemacht. Diejenigen, die sich als Rechtsanwälte, Staatsanwälte und Richter oder als Beamte der Justizverwaltungen dem sofort nach der Machtübernahme durch die Nationalsozialisten etablierten Unrechtsstaat widersetzten, wurden in die Emigration getrieben, in Gefängnissen und Konzentrationslagern umgebracht oder (im besten Falle) durch Versetzung in den Zwangsruhestand kaltgestellt. Selbst durchaus integre Juristen vertraten nach 1945 die Auffassung, dass belastete Richter nur dann wegen Rechtsbeugung zu bestrafen seien, wenn sie sich des begangenen Unrechts bewusst gewesen waren. Diese Auffassung fand die Zustimmung der Politik und führte zu einer fast vollständigen „Selbstamnestierung", denn den Richtern war natürlich der direkte Vorsatz zum Verbrechen nicht nachzuweisen. Selbstbezichtigungen wiederum fanden nicht statt, was ein bezeichnendes Licht auf die Feigheit und Einsichtsunfähigkeit dieser

Berufsgruppe warf. So wurden die wenigen überhaupt angeklagten NS-Richter freigesprochen.

Verhängnisvoll für die neue Rechtsordnung wirkte sich auch aus, dass es kaum unbelastete Richter und Staatsanwälte gab. Nur wenige Juristen (wie etwa Fritz Bauer, der als hessischer Generalstaatsanwalt 1963 den Auschwitz-Prozess in Gang setzte) kehrten aus dem Exil zurück – mit begründetem Misstrauen gegenüber einer Justiz, die 1933 so kläglich versagt hatte. Dazu kam noch ein besonderes Hindernis bei der Aufdeckung und Ahndung der nationalsozialistischen Justizverbrechen: Die DDR zeigte große Aktivität bei der Aufklärungsarbeit, was den westdeutschen „kalten Kriegern" die Möglichkeit bot, die Wahrheit der vorgetragenen, meist richtigen Fakten zu leugnen oder als kommunistische Propaganda abzutun. 1960 erschienen in der DDR fünf Schriften, die in einer Auflage von insgesamt 100 000 Exemplaren verbreitet wurden und in Westdeutschland über 1000 Richter und Staatsanwälte zu enttarnen suchten, die ehedem in nationalsozialistischen Sonder- wie Standgerichten, im Volksgerichtshof und in der Wehrmachtsjustiz gewirkt hatten.[171] So wurde dem 1962 zum Generalbundesanwalt ernannten Wolfgang Fränkel nachgewiesen, dass er im Dritten Reich in 34 Fällen die Todesstrafe entweder beantragt oder bestätigt hatte, und zwar wegen Vergehen wie Diebstahl von Kleidungsstücken, Fahrrädern und Lebensmitteln, wegen Schwarzschlachtungen und des Tatbestandes der „Rassenschande". Immerhin wurde er des Amtes enthoben.

Der noch größere Skandal bestand freilich darin, dass solche „schrecklichen Juristen" überhaupt, ohne genaue Überprüfung, in höchste Staatsstellen berufen worden waren. Einen Tiefstand der meist politisch abgedeckten rechtlichen Unsittlichkeit offenbarte auch der Fall des Juristen Theodor Maunz, der von 1957 bis 1964 bayerischer Kultusminister war. Als einer der führenden Verwaltungsrechtler des NS-Regimes hatte er

Theodor Maunz war einer der führenden NS-Juristen, was ihn nicht hinderte, später einen maßgeblichen Grundgesetz-Kommentar zu verfassen und bayerischer Kultusminister zu werden (1957–1964). Gleichzeitig war er (heimlich) Mitarbeiter der rechtsradikalen „Deutschen Nationalzeitung".

sich in der „Reichsgruppe Hochschullehrer" und als Referent auf dem von Carl Schmitt geleiteten Kampfkongress „Das Judentum in der Rechtswissenschaft" hervorgetan. Unter anderem hatte er das Ende des „subjektiv öffentlichen Rechts" propagiert, die Verhaftungen durch die Gestapo als justizfreie Hoheitsakte deklariert und die Schutzhaft in Gefängnisanstalten wie Konzentrationslagern gerechtfertigt. Der schamlose Karrierist, der nach 1945 den führenden Grundgesetz-Kommentar schrieb, betätigte sich nach dem Krieg, freilich klammheimlich, als Mitarbeiter der rechtsradikalen „Deutschen Nationalzeitung". Deren Herausgeber Gerhard Frey bezeichnete Maunz nach dessen Tod als einen „wunderbaren Wegbegleiter".[172]

Auch in der polizeilichen Exekutive kam es zu fatalen Kontinuitäten, die allerdings meist unbekannt blieben – zum einen, weil sich die einschlägigen früheren Nationalsozialisten gegenseitig deckten; zum anderen, weil das Interesse der Politik wie der allgemeinen Öffentlichkeit an der Enthüllung der jeweiligen Biographien wenig ausgeprägt war. Negativ herausragend sind die über Jahrzehnte verschwiegenen „braunen Wurzeln" des Bundeskriminalamtes. In Artikel 73, Nr. 10 des Grundgesetzes war die „Zusammenarbeit des Bundes und der Länder in der Kriminalpolizei und in den Angelegenheiten des Verfassungsschutzes" mit Hilfe der Schaffung eines Bundeskriminalpolizeiamtes festgelegt worden. Dieses fungierte dann ab März 1951 als Bundeskriminalamt (BKA) in Wiesbaden. Im selben Monat wurde auch ein Gesetz über die Einrichtung des Bundesgrenzschutzes als einer dem Bundesminister des Inneren unterstellten Sonderpolizei des Bundes verabschiedet. Der „Architekt" und erste Präsident des BKA war Paul Dickopf, „eine zwielichtige Persönlichkeit, eine Spielernatur und ein raffinierter Schwindler".[173] Auf seine Legende, ein Widerstandskämpfer gewesen zu sein, der 1943 in die Schweiz ging und dort gegen die Nationalsozialisten arbeitete, fielen mehrere

Bundesinnenminister herein. „Die trickreiche Art, wie er im Nachkriegsdeutschland seine Pläne als Geheimdienstagent in die Entscheidungsgremien der Alliierten einspeiste und schließlich ein BKA des von ihm gewollten Zuschnitts durchsetzte, grenzt öfter an Hochstapelei, war aber letztlich von Erfolg gekrönt. Das größte Verhängnis für das junge Bundeskriminalamt bestand darin, dass man dem ehemaligen Doppelagenten Dickopf die Entscheidung in Personalsachen überließ, so dass er das BKA zu einer Versorgungsanstalt für alte Nazis und Verbrecher machte. Er konnte diese Rolle aber nur spielen, weil er als CIA-Agent die Rückendeckung der amerikanischen Besatzungsmacht besaß und die Schlüsselpositionen in der Ministerialbürokratie des Bundesinnenministeriums zugleich von NS-Gesinnungsgenossen durchsetzt waren."[174]

Die restaurativen Tendenzen in der Adenauer-Zeit trugen auch dazu bei, dass die Aufarbeitung der Wissenschaftsgeschichte des Dritten Reiches unterblieb, und zwar, mit Ausnahmen, über Jahrzehnte hinweg. In den fünfziger Jahren waren in den meisten universitären Bereichen, im Besondern aber in den Geisteswissenschaften, wieder Professoren tätig, die im Dritten Reich eine zumindest fragwürdige Rolle gespielt hatten. In der NS-Zeit publizierte, nach 1945 meist verschwiegene oder verdrängte Ergebnisse einer nationalsozialistisch geprägten Forschung wurden dem demokratisch verfassten Gemeinwesen angepasst: Aus Rassenhygiene wurde Humangenetik, aus der Ostforschung Sozialgeschichte, aus der Modernitäts- und Nihilismuskritik eine Kritik am Nationalsozialismus, aus der Nationalpädagogik die Forderung nach Bürgertugenden und Sittlichkeit, aus der Kernspaltungsphysik eine unpolitische Grundlagenforschung. Und was die Personen betraf, so sorgte ein Netzwerk von Verbindungen dafür, dass fast alle, vor allem auch die aus den Ostgebieten vertriebenen Professoren und die wegen Mitgliedschaft in NS-Organisationen zunächst ihrer Ämter enthobenen Hochschullehrer rasch wieder unterkamen. Es gab keinen geisteswissenschaftlichen Bereich, allen voran die Germanistik, bei dem man nicht von einem Sündenfall im Dritten Reich hätte sprechen müssen. Dennoch erfolgte die Aufarbeitung des akademischen Versagens unter dem Nationalsozialismus meist erst Jahrzehnte später.

Auch in der meinungsführenden deutschen Publizistik war nach 1945 eine überraschend große Anzahl von Ex-Nationalisten und Ex-Nationalsozialisten an prominenter Stelle tätig – jetzt als Propagandisten des freien Geistes und als Akteure eines demokratischen Journalismus, der freilich oft noch mit den rhetorischen und stilistischen Mitteln von ehedem und dem Vokabular aus dem „Wörterbuch des Unmenschen" arbeitete; (unter diesem Titel hatten sich die Publizisten Dolf Sternberger, Gerhard Storz und W. E. Süskind in einer Serie, die ab November 1945 in der Zeitschrift „Die Wandlung" erschien, mit der Sprache des Dritten Reiches auseinandergesetzt).

„Wer den Geist des Nationalsozialismus gepredigt hat oder die Sprache der Presse gelenkt hat, der soll für alle Zeiten für die Mitarbeit an der politischen Zeitung ausgeschlossen werden."[175] Die deutlichen Worte, mit denen sich die Politikredakteurin der 1946 in Hamburg gegründeten Wochenzeitung „Die Zeit", Marion Gräfin Dönhoff, 1953 an ihren Chef Richard Tüngel wandte, blieb ein illusionärer Wunsch. Tüngel selbst hatte bereits in der Weimarer Republik national-liberale bis deutsch-nationale Positionen vertreten. Er bot zahlreichen Journalisten, die im Sinne von NS-Propagandaminister Joseph Goebbels geschrieben hatten und von ihrer Ablehnung einer liberalen Gesellschaft seitdem nicht abgewichen waren, ein Forum. Unter anderem gehörte dazu auch Carl Schmitt, der als führender Rechtstheoretiker des nationalsozialistischen Unrechtsstaates gewirkt und sogar die Nürnberger Rassengesetze gerechtfertigt hatte. Die Westalliierten hatten bei der Zulassung der ersten Zeitungen („Lizenzpresse"), dar-

unter die „Frankfurter Rundschau", die „Süddeutsche Zeitung", die „Stuttgarter Zeitung", „Die Welt", und mehr noch beim Aufbau des Rundfunkwesens strukturelle und personelle Entscheidungen getroffen, die wie in keinem anderen Bereich die Umerziehung und demokratische Erneuerung Deutschlands voranbrachten. Als mit dem Inkrafttreten des Grundgesetzes die Lizenzpflicht aufgehoben wurde – die Zahl der Zeitungen schnellte von 150 auf fast 550 empor –, stellten sich auch, etwa in der nun wiederkehrenden „Frankfurter Allgemeinen Zeitung", der neu gegründeten Wochenzeitung „Christ und Welt", zeitweise auch im „Spiegel" und im „Stern", restaurative Tendenzen ein. Lässt man die wichtigsten politischen Zeitungen und Wochenblätter Revue passieren, wie dies Lutz Hachtmeister und Friedemann Siering in ihrem Sammelband „Die Herren Journalisten – Die Elite der deutschen Presse nach 1945" getan haben, so ergibt sich, dass im dichten publizistischen Kommunikationsnetzwerk vielfach eine „Elite ohne Bewusstsein" tätig war, die der zeithistorischen Aufklärung in eigener Sache aus dem Weg ging. Der Anspruch, als unabhängige Kommentatoren oder kritische Rechercheure zu wirken, zeigte somit ein wesentliches, vielfach biographisch begründetes aufklärerisches Defizit.[176]

Bereiche des schönen Scheins
Unterhaltung und Erhebung

Bildung und Kulturindustrie

Die Bildungspolitik in den fünfziger Jahren stagnierte gegenüber den in den Trümmerjahren angesteuerten und eingeleiteten Reformen. So blieb die Forderung unerfüllt, nicht nur den Schülern der Gymnasien und Realschulen, sondern auch denjenigen der Berufschulen den Zugang zu den kulturellen Gütern zu ermöglichen. Allerdings gab es auch Ansätze einer zukunftsorientierten Bildungsdiskussion. Diese kam jedoch erst in den sechziger Jahren (etwa mit Georg Pichts Buch „Die deutsche Bildungskatastrophe", 1964) voll in Gang.

Ab 1953 riefen Bund und Länder gemeinsam ein aus 19 Mitgliedern bestehendes unabhängiges Gremium ins Leben, das durch Beratung und Empfehlungen die notwendige Neuordnung des Erziehungs- und Bildungswesens in der Bundesrepublik vorbereiten sollte. Mitglieder waren unter anderem Adolf Butenandt, Direktor des Max-Planck-Instituts für Biochemie und des Physiologisch-chemischen Instituts der Universität München; Walter Dirks, Hauptabteilungsleiter am Westdeutschen Rundfunk; Felix Messerschmidt, Direktor der Akademie für Politische Bildung Tutzing; Georg Picht, Leiter der Forschungsstelle der Evangelischen Studiengemeinschaft in Heidelberg. 1959 legte das Gremium einen Rahmenplan zur Umgestaltung und Vereinheitlichung des allgemein bildenden öffentlichen Schulwesens vor. Ein für das ganze Volk verbindliches Fundament der Bildung und Gesittung sollte geschaffen und organisatorisch ermöglicht werden.

Während die Gesellschaft der fünfziger Jahre sich wirtschaftlich nach oben nivellierte, konnte man im geistig-kulturellen Bereich von einer Nivellierung nach unten sprechen. Der nun an Bedeutung und Umsatz zuneh-menden Unterhaltungsindustrie (Th. W. Adorno prägte dafür den Begriff „Kulturindustrie") ging es vor allem darum, die Masse der Bevölkerung mit Unterhaltungsprodukten zu versorgen. Dabei trieb die bereitwillige Konsumption der vielen Angebote des „schönen Scheins" die Nachfrage weiter an.

Der generelle Bildungsstand war tief; nach damaligen Statistiken hatten 82 Prozent der westdeutschen Bevölkerung nur einen Volksschulabschluss. Innerhalb der verschiedenen Sparten der Unterhaltungsindustrie, „die sich mit der Produktion von Illustrierten und Heftchenromanen, Kinofilmen, Comics, Strips, Schlagermusik, Radiokrimis oder Seifenopern widmete, musste darum alles Inhaltliche auf die Auffassungsgabe von Volksschülern zurecht- oder zurückgestutzt werden, um so den höchst klischeehaft hergestellten Serienprodukten einen geradezu reißenden Absatz zu sichern. Dies war also jene Kunst, mit welcher man die besagten 82 Prozent auf dem Weg über die Eckkinos, Zeitungsstände, Bahnhofskioske und Leihbibliotheken sowie durch Massenmedien wie den Rundfunk, später das Fernsehen, mit der nötigen Unterhaltung versorgte. Und zwar gingen die Produzenten dieser Kommerzkunst hierbei anfänglich so krud wie nur möglich vor und teilten die verschiedenen Gattungen lediglich nach den herkömmlichen Geschlechtsklassifizierungen ein. Für Frauen wurden damals eher weiche, für Männer eher harte Unterhaltungsgenres hergestellt. Erst als die Kulturindustrie im Laufe der fünfziger Jahre immer gigantischere Ausmaße annahm, schaltete sie noch weitere Differenzierungen ein und begann für die einzelnen Alters- und Berufs- und Regionalgruppen bestimmende Sub-Genres zu schaffen, ohne dabei jedoch allzu speziell zu werden und so den großen Absatz zu verpassen."[177]

Während die Kulturpolitik der damaligen Zeit der Nivellierung nach unten kaum etwas entgegenzusetzen wusste, spornte die Sorge vor „Kulturlosigkeit" Zeitungsredak-

1955 in einer hessischen Volksschule: Staatsbesuch durch den Ministerpräsidenten. Kein Land mit vergleichbarem Lebensstandard hatte zu dieser Zeit eine Schulmisere wie die Bundesrepublik aufzuweisen. In den USA etwa besuchten mehr als 80 Prozent der jungen Menschen die High-School, das heißt sie befanden sich bis zum 17. oder 18. Lebensjahr in einem Bildungsprozess, der in der Woche fünf Tage und am Tag sechs bis acht Stunden umfasste. Ähnlich war die Situation in der UdSSR, in England, Frankreich und in den skandinavischen Ländern. Für die meisten deutschen Volksschüler dagegen endete die Schulzeit mit dem 14. Lebensjahr.

Die in den Zeitungs-
kiosken (Foto um 1953)
feilgebotenen Massen-
blätter bedienten vor
allem das Interesse an
Klatsch, Luxus und schö-
ner Lebenswelt. An der
Spitze stand „Hör zu!"
mit über zwei Millionen;
es folgten „Quick" und
„stern" mit Auflagen von
jeweils rund 730 000 bis
750 000; „Constanze"
lag bei 600 000, „Brigit-
te" bei 500 000,
„Wochenend" bei
450 000 Exemplaren.
Ein größerer Teil der
Illustrierten hatte Frauen
zum Zielpublikum; Klei-
dung, Kosmetik, Kom-
fort, Küche, Kinder und
natürlich Liebe und Ehe,
bald in Dur, bald in
Moll, bestimmten die
Themen; Politik und rele-
vantem Zeitgeschehen
ging man aus dem Weg.
Dazu kamen die Blätter,
die den jugendlichen
Markt modisch erschlos-
sen: für 14- bis 19-Jähri-
ge „Bravo" (1956 erst-
mals auf dem Markt), für
die 20-Jährigen „Twen",
1959 von dem Designer
Willy Fleckhaus mitbe-
gründet und mit einem
raffinierten modernen
Styling versehen. Am 24.
Juni 1952 brachte Axel
Springer die „Bild-Zei-
tung" auf den überregio-
nalen Markt. Sie wurde
ein einzigartiger Erfolg.
Schon im zweiten Jahr
größte deutsche Tageszei-
tung, überwand das Bou-
levardblatt im dritten
Jahr die Millionengrenze.

Die Titelblätter der jeweils ersten deutschen Hefte von „Supermann" und „Micky Maus" sowie eine Folge aus dem Comicstrip „Nick Knatterton" von Manfred Schmidt (ab 1952). Was die Verbreitung der von einer normativ-repressiven Erwachsenen-Ästhetik als „Schund- und Schmutzliteratur" eingestuften Publikationen betrifft, so sprechen Schätzungen für das Jahr 1952 von einer Gesamtauflage von 93,6 Millionen. Andere Quellen vermuten rund 50 Millionen Hefte pro Jahr (allerdings ohne die trivialen Buchromane).

1946 wurden die ersten Rowohlt-Rotations-Romane („rororo") – eine Buchproduktion in Zeitungsform – ausgeliefert. Der Verleger Ernst Rowohlt hatte dieses dem Papiermangel der Nachkriegszeit geschuldete Notprodukt auf den Markt gebracht. „Wenn es mir gelingt, von 100 000 Lesern eines Heftes auch nur 10 000 für einen Autor wirklich und nachhaltig zu interessieren, so ist das eine Werbeaktion für eine spätere Zeit, in der Bücher wieder unbeschränkt erscheinen können." 1950 wurde nun in veränderter Fortführung dieser erfolgreichen Publikationsreihe das „rororo-Taschenbuch" geschaffen.

tionen, Schallplattenfirmen, Filmgesellschaf-
ten, den öffentlich-rechtlichen Rundfunk
und vor allem Buchverlage zu innovativen
Leistungen an. Millionenauflagen hatten
zwar die „Heftchen"– Groschenromane und
Kriegsgeschichten wie die ab 1957 erscheinenden „Landser"-Hefte, Comics wie
„Supermann" (ab 1950) und „Micky
Maus" (ab 1951). Die Lesegewohnheiten
wurden jedoch in steigendem Maße auch
durch die Buchproduktion der renommier-
ten Verlage wie etwa C. H. Beck, S. Fischer,
Piper, Carl Hanser, Rowohlt und Suhrkamp
geprägt. Die Entwicklung im deutschen
Buchwesen führte zu einem Sprung von
jährlich 14 000 (1952) auf 17 000 (1958)
Neuerscheinungen. Mit 17,6 Prozent aller
Titel beanspruchte die Belletristik 1957 den
ersten Platz unter 25 Sachgebieten. Von insgesamt 1514 Titeln, die 1957 vor allem aus
dem Englischen, Amerikanischen und Französischen ins Deutsche übersetzt wurden,
gehörten 727, das waren 48,2 Prozent, zur
„schönen Literatur".[178] Belletristik war fürs
Verlagsimage wichtig; die höheren Auflagen
hatte jedoch das in den fünfziger Jahren
besonders beliebte Sachbuch. Titel wie
„Götter, Gräber und Gelehrte" von C. W.
Ceram (1949) – 1941 war er als Kurt W.
Marek mit dem „Tatsachenbericht" „Wir
hielten Narvik" hervorgetreten –, „Die
Zukunft hat schon begonnen" von Robert
Jungk (1952), „Und die Bibel hat doch
recht" von Werner Keller (1955) wurden zu
„geflügelten Worten"; die Machart dieser
Bücher erwies sich als ein Modell für viele
ihrer Nachfolger.
Das Taschenbuch setzte sich als Bildungs-
und gehobenes Unterhaltungsmittel durch.
Die in Großformat auf Zeitungspapier
gedruckten Rowohlt-Rotations-Romane
waren ab 1946 erschienen; die ersten vier
„rororo-Taschenbücher" wurden im Sommer 1950 ausgeliefert. 1952 startete dann
der S. Fischer Verlag eine Taschenbuchreihe.
Weitere Verlage, darunter Goldmann und
Ullstein, folgten. 1961 schlossen sich elf Verlage zum dtv – Deutscher Taschenbuch Ver-

lag zusammen. Nicht nur nach dem „Spiegel" und der (1952 gegründeten) „Bild-Zeitung" würden die Deutschen greifen, sondern in großem Umfang nach dem Taschenbuch, meinte Walter Dirks.[179]

Zwischen Engagement und Spiel

Die Theater als Orte der bürgerlichen
Repräsentation und Festlichkeit erlebten in
den fünfziger Jahren einen Bauboom. Als
Neubauten entstanden unter anderem das
Schillertheater Berlin (1951), das Residenz-
theater München (1951), das Schauspielhaus Frankfurt (1951), das Schauspielhaus
Bochum (1953), die Hamburgische Staatsoper (1955), das Theater in Münster (1956),
das Kölner Opernhaus (1957), das Mann-
heimer Nationaltheater (1957), das Staats-
theater Kassel (1959), das Gelsenkirchner
Theater (1959) und das Kölner Schauspielhaus (1962).[180] Es gab kaum Zweifel an der
Notwendigkeit, Theater ausreichend zu sub-
ventionieren beziehungsweise als staatliche
oder städtische Einrichtung zu betreiben.
Allerdings wurde Kritik an der zunehmenden Bürokratisierung und Provinzialisierung
geübt. „Hält das Theater", fragte 1953
Oskar Fritz Schuh, einer der profiliertesten
Intendanten, der damals das Theater am
Kurfürstendamm in Berlin leitete, „überhaupt der Zeitgeschichte stand?" „Mut zum
Experiment!" sei gerade im Adenauer-Staat
wichtig.
Das deutsche Theater verfügte damals über
eine Reihe höchst angesehener und erfolgreicher Intendanten, die oft auch Regie führten. Gustaf Gründgens war Leiter des Düsseldorfer Schauspielhauses; er wechselte
1955 ans Hamburger Deutsche Schauspielhaus; ihm folgte Karl Heinz Stroux. In
Bochum war Hans Schalla, in Darmstadt
Gustav Rudolf Sellner (nach ihm Gerhard F.
Hering), in Ulm Kurt Hübner (ab 1962 in
Bremen), in Berlin Boleslav Barlog (Schloss-
park- und Schillertheater), in Göttingen
Heinz Hilpert, in München Hans Schwei-
kart (Kammerspiele) und Kurt Horwitz,

Der von Werner Reb-
huhn gestaltete Umschlag
des Bestsellers „Götter,
Gräber und Gelehrte"
von C. W. Ceram aus
dem Jahr 1949 signali-
sierte den „modernen
Stellenwert" des Sach-
buches.

Nach den Zerstörungen des Zweiten Weltkriegs wurden in den fünfziger Jahren viele Theater neu erbaut, zum Beispiel auch die Hamburgische Staatsoper (im Bild eine Außenansicht und ein Blick in den Zuschauerraum). Der von Gerhard Weber entworfene und realisierte Neubau wurde am 15. Oktober 1955 mit Mozarts „Die Zauberflöte" in einer Inszenierung von Günther Rennert eingeweiht. Für den „offiziellen Geist" des neuen Staates galt Theater nicht als Ort kritisch-fragenden Bewusstseins mit Werkstattcharakter, sondern als Bastion der Selbstbestätigung („Musentempel"). Auch hier galt: „Man war wieder wer."

„Den sichtbarsten kulturellen Ehrgeiz entwickeln die deutschen Länder und Kommunen für ihre Opern und Theater. Ihre Bedeutung für die deutsche bürgerliche Gesellschaft, die sie von der höfischen übernommen hat, ist gar nicht abzuschätzen", schrieb Hans Schwab-Felisch in einer auf die fünfziger Jahre zurückblickenden Bilanz der Ära Adenauer. Zu dieser Zeit gab es, einschließlich Westberlins, wieder 21 Staats- und 102 Stadttheater; nur 45 davon hatten den Krieg einigermaßen unzerstört überstanden.

Szene aus Goethes „Faust" in der Inszenierung von Gustaf Gründgens im Deutschen Schauspielhaus Hamburg, Frühjahr 1957 (links Gründgens als Mephisto, rechts Will Quadflieg als Faust). „Der Schauspieler Gründgens machte sein Theater zu einer Insel, zu einer Gegenwelt gegen die, die draußen begann. Er war selbst der Gegentyp zum Zeittypus; er kam aus der Welt derer, dic Goebbels ‚Asphaltliteraten' nannte. Er bestand darauf, dass das Theater – was es auch zeige – eine Festlichkeit sein und bleiben müsse, etwas Herausgehobenes, Gesteigertes – dem Alltag gegenüber. Er hatte einen hohen Begriff von der Kraft der Kunst, dem Alltag zu entrücken und ihm doch zu antworten" (Günther Rühle). Als Gründgens die Intendanz in Hamburg übernommen hatte, sagte er in einer Grundsatzrede, er wolle, dass jeder Abend ein Fest, eine Alltagsübersteigerung, eine „Hochstimmung" erzeuge, getragen von der Perfektion des Handwerks: „Ich vermag nicht einzusehen, warum unser Beruf der einzige sein soll, in dem Können leicht verdächtig ist." Und zum Schluss: „Machen Sie in Ihrem Privatleben, was Sie wollen, aber bringen Sie mir den Alltag nicht auf die Bühne."

(Staatsschauspiel) tätig.[181] Unter den Schauspielerinnen und Schauspielern traten in den fünfziger Jahren besonders hervor: Maria Becker, Ernst Deutsch, Käthe Gold, Joana Maria Gorvin, Heidemarie Hatheyer, Hanns Ernst Jäger, Johanna von Koczian, Hilde Krahl, Werner Krauss, Hannes Messemer, Karl Paryla, Will Quadflieg, Erich Schellow, Hermann Schomberg, Antje Weisgerber, Oskar Werner, Paula Wessely, Maria Wimmer.

Als großer Unruhestifter erwies sich Fritz Kortner. 1947 aus der Emigration nach Berlin zurückgekommen, trat mit ihm ein Regisseur in Erscheinung, der nichts so sehr hasste wie leere Phrasen, prätentiöse Gesten, Klischees. Er vermenschlichte die heroischen Charaktere. Kortner war ein vom Theater Besessener, der in den dreißiger Jahren fast alle großen Rollen selbst gespielt hatte. Seine

Fritz Kortner als Don Carlos, 1950. – 1947 aus der Emigration zurückgekehrt, wurde Kortner in den fünfziger Jahren zur Regie-Ikone und zugleich zum Enfant terrible des bundesrepublikanischen Theaters. Seine Inszenierung von Schillers „Don Carlos" in Berlin 1950 entfesselte den heftigsten Theaterskandal der Nachkriegszeit.

eigenwilligen Inszenierungen (darunter „Minna von Barnhelm", „Faust", „Hamlet", „Die Räuber", „Dantons Tod") widerlegten den Vorwurf, dass dem bundesrepublikanischen Theater die Vitalität ausgegangen sei. Es musste nur einer die künstlerische Kompetenz und den Mut zum „Gegenentwurf" aufbringen, um Mittelmäßigkeit im Gefolge sich ausbreitender Selbstzufriedenheit zu bannen.

Von den Stücken her irritierte und provozierte das aus Frankreich kommende „absurde Theater" die Wirtschaftswundermentalität. Bei „Die kahle Sängerin", einem so genannten „Anti-Stück" von Eugène Ionesco aus dem Jahr 1950, war schon der Titel purer Nonsens, „das Stück selbst eine Parodie auf alles, was seit den Tagen der Klassik das bürgerliche Theater ausmacht und was heute, zum abgesunkenen Kulturgut degradiert, ein fahles, blutloses, aber wirtschaftlich gesichertes Dasein auf unseren Bühnen führt" (Marianne Kesting).[182] Der abgründige Pessimismus von Samuel Beckett konfrontierte den Aufbau-Optimismus mit „Endspielen". Pathos bot keinen Halt mehr. „Sinnerfüllung", ein Schlüsselbegriff für die von den demokratischen Parteien der Adenauerzeit propagierte Politik, wurde clownesk ad absurdum geführt: das Leben als ein ewig gleichförmiger Kreislauf, ein vergebliches Warten auf irgendetwas, das sich nie ereignen wird. Karl Heinz Stroux inszenierte Becketts „Warten auf Godot" im Schlossparktheater in Berlin 1953; Kortner mit Heinz Rühmann und Ernst Schröder an den Münchner Kammerspielen 1954.

Was auf der Opernbühne geschehe, so Theodor W. Adorno in seinem Aufsatz „Theater – Oper – Bürgertum" (1955), sei meist wie ein Museum vergangener Bilder und Gesten. „Dem entspricht jener Typus des Opernpublikums, der immer wieder das Gleiche hören will und das Ungewohnte feindselig, oder, schlimmer noch, passiv interesselos über sich ergehen läßt, weil das Abonnement dazu verurteilt. Die Lage der Oper ist nicht zu beneiden inmitten der verwalteten

Menschheit, die, gleichviel unter welchem politischen System, sich nicht sehr um Befreiung, Ausbruch und Versöhnung kümmert, wie sie die Oper des früheren Bürgertums vor Augen stellt, sondern gegen den Laut der Humanität krampfhaft die Ohren verschließt, um es zufrieden, vergnügt und resigniert im Getriebe aushalten zu können."[183] Eine solche generelle Feststellung, korrespondierend mit Adornos ironischem Wort, dass in der Oper der Bürger zum Menschen transzendieren wolle, charakterisiert die restaurative Tendenz des Musiktheaters in den fünfziger Jahren. Unbefriedigte Sehnsüchte, die dem banalen Werktag mit seinem Getriebe zu entkommen suchten, fanden in musikalischer Erhebung ihre Erfüllung. 1951, bei der Wiedereröffnung der Bayreuther Festspiele, war eine Verlautbarung angeschlagen, die, hier auf Richard Wagner bezogen, das Wunschbild „unpolitischer Kunst" nach einer Phase ideologischer „Indienstnahme" illustrierte: „Im Interesse einer reibungslosen Durchführung der Festspiele bitten wir von Gesprächen und Debatten politischer Art auf dem Festspielhügel freundlichst absehen zu wollen. ‚Hier gilt's der Kunst.' Die Festspielleitung."[184] Winifred Wagner, tief in den Nationalsozialismus verstrickt, hatte im Januar 1949 zugunsten ihrer Söhne Wieland und Wolfgang auf jede Mitwirkung verzichtet. Daraufhin hatten die Amerikaner das zur Truppenbetreuung beschlagnahmte Haus freigegeben. Man begann mit dem „Parsifal". Die entmythologisierte Inszenierung durch Wieland Wagner, der unter dem Motto „Kein Denkmalschutz für Wagner" die braunen Schwaden, die über dem „Hügel" lagen, durch „magischen Realismus" zu verscheuchen trachtete, wirkte als ein Schock. Die Oper wurde wie der auf dem Programm stehende „Ring" von Hans Knappertsbusch dirigiert. Dazu kamen die „Meistersinger"; es gab 22 Aufführungen. Im „unpolitischen" Wagner entdeckten die Spitzen und Stützen der Gesellschaft den „wahren Wagner". Frühere „Volksgenossen", jetzige Staatsbürger,

Liberale, Christlich-Soziale, Sozialdemokraten, Kapitalisten, Gewerkschafter eilten beflissen ins Bayreuther Festspielhaus. In „hoher Kultur" sahen sie eine noch verbliebene Möglichkeit der Distinktion (abgrenzender, sich selbst herausstellender Unterscheidung) in der nivellierten Massengesellschaft.

Musikkultur als „Vergoldung des Bestehenden" personifizierte vor allem Herbert von Karajan – der populärste Dirigent inmitten einer höchst beeindruckenden Riege genialer Kollegen, darunter Karl Böhm, Fritz Busch, Ferenc Fricsay, Wilhelm Furtwängler, Eugen Jochum, Joseph Keilberth, Erich Kleiber, Otto Klemperer, Hans Knappertsbusch, Georg Solti, Bruno Walter. Das Publikum, meinte Karajan in einem Gespräch, sei durch „schöne Begehrlichkeit" bestimmt. Der allgemeine Wohlstand, der heute schon

Das Bühnenbild für Fritz Kortners Inszenierung von Samuel Becketts „Warten auf Godot" 1954 an den Münchner Kammerspielen. „Morgen hängen wir uns auf. Es sei denn, dass Godot kommt", meinen die beiden Landstreicher Wladimir und Estragon, die tagein und tagaus am Straßenrand stehen und sich die Zeit mit nichtssagenden Gesprächen vertreiben. Godot kommt nicht, aber sie warten dennoch weiter.

Szene aus dem „Parsifal" in der Inszenierung von Wieland Wagner. Der Versuch der Wagner-Enkel, das Werk ihres Großvaters zu „entrümpeln", vor allem auch durch Lichtregie an die Stelle geistfeindlicher Mythen eine reflektierte und zur Reflexion auffordernde Symbolik zu setzen, suggerierte Modernität. Das konservative Publikum, das „treu an Minne und Brünne" hing, war entsetzt – ebenso wie Winifred Wagner, die ihre Korrespondenz aus dem Fichtelgebirge mit dem Vermerk „im Exil" versah.

den kleinen Mann zum Besitzer von Dingen mache, die er sich früher vergeblich erhoffte, habe auch seine Ansprüche an das Theater gesteigert. „Das Publikum will heute an großen Häusern nicht nur gelegentlich einmal ein kurzes Gastspiel einer gefeierten Primadonna miterleben, es möchte den Stars möglichst permanent begegnen, deren Namen es überall liest und deren Stimme es sich mit einem Tastendruck in seinen eigenen vier Wänden holen kann."[185] Als Star setzte Karajan auf das Startheater, was ihm freilich auch „schlechte Noten" einbrachte.[186] Abgesehen von seiner unbestritten hohen Qualität als Dirigent, stieg sein Stern vor allem deshalb, weil er bis in seine feudale Lebensweise hinein, einschließlich des eigenen, selbst gesteuerten Flugzeugs, den Vorstellungen des Publikums von einem allem Banalen entrückten „Maestro" voll entsprach.
In einer Bilanz des Musiklebens Ende der fünfziger Jahre meinte der Kritiker Karl Schumann, dass das Wirtschaftswunder auch zum Kulturwunder geführt habe. Die Zahl der Konzertabonnenten verdreifachte sich zwischen 1953 und 1959. In die neu geschaffenen repräsentativen Konzertsäle komme man nicht mehr im abgewetzten Straßenanzug oder im verknitterten Sportkleid; man wisse, dass der zum Kunstgenuss hochgestimmte innere Mensch seine äußere Entsprechung in Kleidung und Gehabe zeigen müsse. Der rationalisierte Ablauf des modernen Lebens verlange nach einem Gegengewicht, das die Unterhaltungsindustrie auf die Dauer nicht zu bieten vermöge. Man wolle vom Musikgenuss heroische Vorstellungen, romantische Poesie, Schicksalsdämonie und pathetische Empfindungen haben. Man nähere sich solchen erhebenden Stimmungen am leichtesten bei Werken, deren harmonische, rhythmische und formale Struktur geläufig sei.[187]
Die Neue Musik hatte dementsprechend bei den Konzerten eine geringere Präsenz. Zu ihren Vertretern gehörten aus der älteren Generation Arnold Schönberg, Alban Berg, Anton Webern, aus der jüngeren Aribert

Reimann, Ernst Krenek, Arthur Honegger und andere. Sie wurden unterstützt von Dirigenten wie Hermann Scherchen und von dem Sänger Dietrich Fischer-Dieskau, der allerdings seine beispiellose Karriere der Interpretation des romantischen Liedes verdankte. Andere Werke des modernen Musiktheaters, wie Kreneks im Dritten Reich totgeschwiegene Oper „Karl V." (Düsseldorf 1958), errangen Achtungserfolge.[188] Dezidiert wandten sich moderne Komponisten der so genannten Literaturoper zu, also der Vertonung und musikdramatischen Bearbeitung literarischer Werke – in Absage an die teilweise schwülstigen, wenig zur Reflexion anregenden Libretti der traditionellen Oper. Beispiele dafür sind Gottfried von Einems

Der Dirigent Herbert von Karajan „drängte nach Macht, nach der monopolistischen Beherrschung des seiner spezialisierten Begabung entsprechenden Öffentlichkeitsbereichs: fast ein Albert Speer der Musik. Es lag nur an seinem Alter und gewissen Konstellationen (Konkurrent Furtwängler), daß Karajan seine konkrete Vision von Macht noch nicht im Hitlerreich, sondern erst in den fünfziger Jahren ganz verwirklichen konnte" (Hans-Klaus Jungheinrich).

„Dantons Tod" (G. Büchner), Werner Egks „Irische Legende" (W. B. Yeats) und „Der Revisor" (N. Gogol); Wolfgang Fortners „Bluthochzeit" (G. Lorca); Hans Werner Henzes „Der Prinz von Homburg", (Text von Ingeborg Bachmann) und „Elegie für junge Liebende" (W. H. Auden); Gieselher Klebes „Die Räuber"; Hermann Reutters „Don Juan" und „Faust" (Chr. D. Grabbe).[189] Die jahrelange Verzögerung der Aufführung von Bernd Alois Zimmermanns einziger Oper „Die Soldaten" nach dem Schauspiel des Jakob Michael Reinhold Lenz zeigte freilich, wie schwer es war, modernes Musiktheater innerhalb der festgefahrenen Organisationsstrukturen eines Stadttheaters, aber auch angesichts der eingeschliffenen Seh- und Hörgewohnheiten des Publikums zu verwirklichen.

Bildende Kunst

Die nationalsozialistische Kunstdiktatur hatte bewirkt, dass die Jüngeren kaum noch eine Vorstellung mitbrachten, „wie die Kunst von 1933 ausgesehen hatte, und die Älteren waren durch die persönlichen und allgemeinen Schicksale vergrämt". So der Kunstwissenschaftler Will Grohmann, der mit seinen Kritiken, Artikeln und Büchern einen wesentlichen Beitrag dazu leistete, dass die tief sitzenden Vorurteile und die weit verbreitete Ignoranz gegenüber moderner Kunst schrittweise abgebaut werden konnten.[190]
Von den „Altmeistern" abstrakter Malerei wurden vor allem Wassily Kandinsky und Paul Klee rezipiert. Die verspielte Kunst des Spaniers Joan Miró empfand man als bildnerische Umsetzung aleatorischer (zufallsbestimmter), „schöner" Formgestaltung. Gegenstandslosigkeit, Farbrhythmik und lyrische Abstraktion, wie sie Fritz Winter, Ernst Wilhelm Nay und Georg Meistermann pflegten, fanden in Willi Baumeister einen besonders geschickten und populären Propagator – als Maler und als Theoretiker. Einer jüngeren Generation war es dann vorbehal-

ten, „die endgültige Integration deutscher Avantgarde in den ,internationalen Stil' zu vollziehen."[191] Zu ihren Vertretern gehörten etwa Gerhard Hoehme, Hans Platschek, K. O. Götz, welche mit der Formensprache des Informel und Tachismus arbeiteten. Die Künstlerbünde der ersten Nachkriegszeit, wie der „junge westen" in Recklinghausen, „Zen 49" in München, die „Gruppe 53" in Düsseldorf vereinten zwar Angehörige der älteren wie jüngeren Generation und verschiedener Stiltendenzen. Ihr Schaffen war jedoch insgesamt konsequent ungegenständlich, geprägt von der Absicht, sich eindeutig von der nationalsozialistischen Kunstdiktatur mit ihrem „Blut-und-Boden"-Realismus abzugrenzen. In Gegensatz zu diesen „Gegenstandslosen" traten Künstler, die in den abstrakten Chiffren, Ornamenten, Strukturen eine große Ablenkung von den eigentlichen Fragen der Zeit sahen. Sie gestalteten weiterhin gegenständlich und waren zudem, wie im Besonderen Harald Duwe, gesellschaftskritisch engagiert. Der Wohlstandsboom der fünfziger Jahre trug jedoch wesentlich dazu bei, dass etwa die unmittelbar nach Kriegsende bedeutsame „apokalyptische Kunst" von Karl Hofer, Richard Oelze und Franz Radziwill bald nur noch wenig beachtet wurde. An hohläugigen Menschengespenstern vor geborstenem Gemäuer, an Flüchtlingen, Krüppeln und klagenden Frauen inmitten anbrandender Zerstörung wie in den Bildern von Rudolf Schlichter, Karl Hubbuch, Hannah Höch und Werner Heldt wollte man im Wirtschaftswunderland nicht mehr gerne erinnert werden. Es dauerte auch einige Zeit, bis Max Beckmann wiederentdeckt wurde. Sein mythologisierendes Spätwerk hatte inzwischen in den USA, wo der Maler ab 1947 lebte, große Anerkennung gefunden.[192] Leichter hatten es da Künstler, die nicht wie Beckmann die Last der furchtbaren geschichtlichen Vergangenheit auf- und abzuarbeiten suchten, sondern sich, träumerisch naturverbunden, in arkadische Mittelmeerlandschaften mit Panflöte spielenden

Willi Baumeister: „Blu-
xao VIII", 1955. – „Bei
Baumeister haben wir's
schwer: unlesbare, seltsa-
me Chiffren gaukeln hier
wie vor gekalkten Wän-
den. Runenartig treiben
Formen dahin, undeut-
bar wie frühe Höhlen-
zeichnungen. Rätselhafte
Ballungen werden von
scharfen Lineamenten
überschnitten. Manches
bewegt mich, oft aber
verliere ich den Boden
unter den Füßen. …
Dafür tritt … auch etwas
Neues hervor: Rhyth-
men, Farben und Formen
werden als Selbstzweck
empfunden, rein und los-
gelöst von allem anderen.
Wir erleben jetzt Gesetz-
mäßigkeiten, die jenseits
aller Dinge liegen. Sonst
werden Farben und For-
men immer spezialisiert,
also auf eine bestimmte
Figur oder Landschaft
angewandt. Nun aber
werden teils allgemeine-
re, teils sinnlich direktere
Regungen ausgelöst"
(Franz Roh).

Hirtengestalten versetzten. Über die Bildsprache des „abstrakten Expressionisten" und Mythen-Malers Werner Gilles schrieb Will Grohmann: „Gerade das Lyrische macht ihn zum auserwählten Liebling des deutschen Publikums. Er sucht noch immer das Land der Griechen mit der Seele."[193] Den Kunstdiskurs der fünfziger Jahre erregte und überragte die von dem Kunstprofessor Arnold Bode zusammen mit dem Kunsthistoriker Werner Haftmann gegründete „documenta" in Kassel, die 1955 erstmals und dann alle vier bis fünf Jahre stattfand. Bei der ersten „documenta" wurde vorwiegend internationale expressionistische beziehungsweise expressive Kunst gezeigt. Im Nationalsozialismus verfemte Künstler wie

Ernst Barlach, Max Beckmann, Marc Chagall, Giorgio de Chirico, Otto Dix, Max Ernst, Lyonel Feininger, HAP Grieshaber, Erich Heckel, Karl Hofer, Ernst Ludwig Kirchner, Paul Klee, Oskar Kokoschka, August Macke, Paula Modersohn-Becker, Emil Nolde, Pablo Picasso, Oskar Schlemmer wurden damit rehabilitiert. Zum ersten Mal könne man nun in Deutschland vergleichen, so Werner Haftmann im Vorwort des ersten „documenta"-Katalogs, wie sich „die europäischen Länder in ihren heutigen Kunstäußerungen zueinander verhalten. Dabei werden wir sehen, wie auch die ganze junge europäische Kunst aus gleichen Antrieben lebt und doch den Charakter ihrer Länder und ihrer Völker bewahrt ... Diese Ausstellung ist weder als Bereicherung für Kenner noch zur Belehrung Widerstrebender gedacht. Sie ist für die heraufwachsende Jugend gedacht, für deren noch unbekannte Maler, Dichter, Denker, daß sie erkennen mögen, welcher Grund ihnen zubereitet wurde und was es zu verwalten und was zu überwinden gilt. Rechtfertigung und Würde unseres modernen Geistes ist immer das Bewußtsein unserer Freiheit nach vorn."[194]

Der Menge zum Gefallen

Nach der Gründung der Bundesrepublik hatte der Film einen großen Aufschwung genommen – allerdings vorwiegend in restaurativem Sinne. Wunschbilder des „heilen Lebens" gingen Hand in Hand mit dem Vergessen der „grimmigen Vergangenheit". Was die breite Masse der Bevölkerung sehen wollte, waren nicht die Sorgen und Probleme der eigenen Gegenwart, sondern harmonisch verklärte Vorstellungen von „Heimat", „Liebe" und „menschlichem Edelmut".[195] Dem dienten die Heimatfilme – etwa „Das Schwarzwaldmädel" (1950), „Grün ist die Heide" (1951), „Ferien vom Ich" (1952), „Heideschulmeister Uwe Karsten" (1954) und „Wenn die Abendglocken läuten" (1951). Dazu kamen die Ehe- und Liebesfil-

Werner Gilles: „Engelskonzert", 1951. – Vor und nach dem Zweiten Weltkrieg war Werner Gilles oft in Italien; vor allem die Landschaft auf Ischia inspirierte seine lyrischen Abstraktionen. „Indem Gilles die Formen nicht erfindet, sondern ableitet und immer wieder differenziert, gelangt er zu Zeichen, die von rückwärts die Natur wieder hereinlassen. So bleibt er im Bild und zugleich im Umkreis seiner Gesichte und optischen Erlebnisse. Und auch die Farben lassen Natur von außerhalb der Natur entstehen. Am Ende aber stößt Gilles abermals vom Ufer ab und erfindet Fakturen und Texturen, die jeder Sache einen zweiten Eigenwert geben, der nur in der Sphäre der Kunst gilt" (Will Grohmann).

Ernst Wilhelm Nay: „Akkord in Rot und Blau", 1958 (Hamburger Kunsthalle). – Vom Expressionismus ausgehend, gelangte Nay zu abstrakten Bildern von lebhafter Farbigkeit. Den Höhepunkt seines Schaffens bilden die zwischen 1955 und 1964 entstandenen „Scheibenbilder": eng aneinander gereihte Farbflecken von großer Leuchtkraft.

„Grün ist die Heide" (1951), einer der statistisch erfolgreichsten Nachkriegsfilme überhaupt, ist das Paradebeispiel für jene Sparte des Heimatfilms, bei dem, in Abweichung von dem sonst in diesem Genre vorherrschenden romantischen Illusionismus, in die Filmhandlung unübersehbar „Gegenwartsprobleme" eingestreut sind. „In besseren Tagen Gutsherr, findet der Protagonist (Willy Fritsch) als Flüchtling Asyl bei Verwandten in der Lüneburger Heide. Dort wird er zum Wilderer, denn nur mit dem Gewehr in der Hand läßt sich das ganze Elend vergessen. Der wildernde Vater erweist sich vorübergehend als schwere Belastung für die Liebesbeziehung seiner Tochter (Sonja Ziemann) zu dem jungen Förster (Rudolf Prack). Als der Vater ihn dann dabei hilft, einen flüchtigen Mörder zur Strecke zu bringen und bei dieser Aktion auch noch angeschossen wird, steht er wieder auf der richtigen Seite von Gesetz und Ordnung: Nun darf das junge Paar endlich glücklich sein" (Hilmar Hoffmann/ Renate Michel).

me, in denen adrette noble Menschen mit Dauerwellen und Schmachtlocken, Dior-Kleidern und Zweireihern fürs Gute eintraten. Gab es Konflikte, so mündeten diese in einem Happyend mit Kuss-Szene in Nahaufnahme.[196] Dazu kamen die Filme, die im Hochadel oder Fürstenmilieu spielten; so die überaus erfolgreiche „Sissi"-Serie, die Ernst Marischka zwischen 1955 und 1957 mit Romy Schneider drehte. Es ging darin um das Leben der bayerischen Prinzessin Elisabeth, die später Kaiserin von Österreich wurde. Ferner begeisterten Helmut Käutners „Ludwig II." (1953) mit O. W. Fischer in der Hauptrolle und Wolfgang Liebeneiners „Königin Luise" (1956) mit Ruth Leuwerik. Die Beliebtheit des Films erreichte ihren Höhepunkt 1956 mit 817,5 Millionen Kinobesuchern in 6438 Lichtspieltheatern. Das schnelle Wachstum der deutschen Filmproduktion wurde auch durch die Unterstützung des Staates möglich. Es war jedoch mit einem erheblichen Verlust von Freiheit erkauft. Über eine eigens eingerichtete staatliche Gesellschaft, die 1950/51 20 Millionen, 1953 bis 1956 60 Millionen Mark Bürgschaft übernahm, kontrollierte der Bund 50 Prozent der deutschen Filmproduktion bis hin zur Besetzungsliste.[197] Bei dieser gab es aber kaum Probleme, denn die Beliebtheitsskala war allgemeiner Konsens. Die weiblichen Stars waren Maria Schell, Romy Schneider, Ruth Leuwerik, Grete Weiser, Johanna Matz, Sonja Ziemann, Paula Wessely, Marika Rökk. Bei den Männern dominierten O. W. Fischer, Willy Birgel, Hans Albers, Curd Jürgens, Dieter Borsche, Heinz Rühmann, Karlheinz Böhm, Hans Moser, O. E. Hasse.

Im Film gab es viel weniger Abweichungen vom Mainstream als in den anderen künstlerischen Sparten. Immerhin wurden auch Filme gedreht wie „08/15" (1954) von Paul May, Helmut Käutners „Die letzte Brücke" (1953) mit Maria Schell und Bernhard Wicki, „Des Teufels General" (1954) nach Carl Zuckmayers Bühnenstück, ebenfalls von Helmut Käutner (mit Curd Jürgens und Vic-

tor de Kowa), „Canaris" (1954) von Alfred Weidenmann (mit O. E. Hasse), „Rosen für den Staatsanwalt" (1959) von Wolfgang Staudte, der auch in anderen Werken ein kritisches Bild der westdeutschen Konsumgesellschaft zeichnete. Ein aufwühlender Höhepunkt innerhalb dieses den allgemeinen Beschwichtigungstendenzen entgegenwirkenden Genres war der Antikriegsfilm von Bernhard Wicki „Die Brücke" (1958), in dem sich in den letzten Kriegstagen einige verblendete Hitler-Jungen mit höchst ungeeigneten Mitteln den vordringenden amerikanischen Panzern entgegenstellen. Mit äußerster Schärfe wurde so die Erinnerung an die nationalsozialistische Wahnwelt zurückrufen – eine Provokation für all dieje-

O. W. (Otto Wilhelm) Fischer und Ruth Leuwerik in dem Film „Ein Herz spielt falsch", 1953. Beide waren schon zu Lebzeiten eine Legende: Fischer etwa als Bayernkönig Ludwig II., als Frauenschwarm und als Soldat (in „Helden"); die Leuwerik als Ideal einer jungen Frau, die trotz Zartheit entschlossene Tatkraft und hartnäckigen Optimismus ausstrahlte (für „Geliebtes Leben" bekam sie 1954 den Bundesfilmpreis).

Ein weiteres Traumpaar der fünfziger Jahre: Dieter Borsche und Maria Schell in „Es kommt ein Tag" (1950)

Gegenüberliegende Seite: Mit „Sissi", der „zauberhaften Liebesgeschichte" der jungen Kaiserin Elisabeth von Österreich (1955), und „Sissi, die junge Kaiserin" (1956) sowie „Sissi, Schicksalsjahre einer Kaiserin" (1957) wurde die damals von der ehrgeizigen Mutter, der im Dritten Reich reüssierenden Schauspielerin Magda Schneider, „fremdbestimmte" Romy Schneider zu des „deutschen Wunders süßestem Leinwandidol". Zusammen mit Karlheinz Böhm, dem stets königlichen Partner, feierte sie nationale Triumphe.

Trotz Auszeichnung mit dem Bundesfilmpreis konnte die aus dem Jahr 1955 stammende Verfilmung von Carl Zuckmayers Drama „Des Teufels General" den Bühnenerfolg des Stücks nicht erreichen (von 1947 bis 1950 gab es 3238 Aufführungen). Am Beispiel des sympathischen Fliegergenerals Harras zeigt der Dichter, bereits in der Weimarer Republik erfolgreicher Theaterroutinier, wie ein Spezialist, einer, der einen Narren an der Fliegerei gefressen hat, den Nationalsozialisten verfällt, obwohl er die Partei eigentlich ablehnt. Dem Stoff zugrunde lag das Schicksal von Ernst Udet, Generalluftzeugmeister der deutschen Armee, der 1941 beim Ausprobieren einer neuen Waffe tödlich verunglückte, eventuell auch aus politischen Gründen umgebracht wurde.

nigen, die von dieser Zeit nichts mehr wissen wollten.

In Reaktion auf das insgesamt große künstlerische Fiasko des Films der fünfziger Jahre – seit 1957 sanken außerdem die Zuschauerzahlen – erfuhr der intelligente wie intellektuelle Film Anfang der sechziger Jahre eine Erneuerung. In Oberhausen, das mit seinen „Internationalen Kurzfilmtagen" zu einem kulturpolitisch wichtigen Gegenzentrum des Filmestablishments geworden war[198], unterzeichneten 26 Filmemacher, Kameraleute und Schauspieler 1962 ein Manifest, das einen Weg aus der cineastischen Trostlosigkeit weisen sollte: „Der Zusammenbruch des konventionellen deutschen Films entzieht einer von uns abgelehnten Geisteshaltung endlich den wirtschaftlichen Boden. Dadurch hat der neue Film die Chance,

lebendig zu werden ... Der alte Film ist tot. Wir glauben an den neuen."[199]

Die tiefgreifendste Veränderung in der bundesrepublikanischen Vergnügungs- und Unterhaltungskultur brachte die Einführung des täglichen Fernsehens am 25. Dezember 1952. Es wurde vom NWDR in Hamburg ausgestrahlt, der seit 1950 ein dreimal wöchentlich gesendetes Versuchsprogramm betrieben hatte. Der Besuch von Kinos (auch Theatern) und das bis dahin sehr beliebte Radiohören gingen daraufhin sprunghaft zurück. Um die kulturelle Vielfalt nicht zu beeinträchtigen, wollte man allerdings täglich nicht mehr als zwei Stunden senden. Als Eröffnung, mit der das „schwer begreifbare Zauberwerk des Fernsehens" (Theodor Heuss) ins Bewusstsein trat, übertrug man live aus dem Hamburger Senderaum

Szene aus „08/15" (Regie Paul May, 1954). „In der Fülle romantischer und pathetischer Kriegsfilme der deutschen Nachkriegsproduktion fällt dieser durch einige kritische Akzente auf. In einigen Szenen zumindest wird die Problematik preußischer Disziplin im Dienst einer Diktatur angesprochen" (Reclams Filmführer).

Fritz Wepper (links) und Volker Lechtenbrink im Antikriegsfilm „Die Brücke" von Bernhard Wicki, 1959. „Besonders gut gelang ihm das psychologische Porträt der Jungen, ihre Mischung aus echtem Engagement und Indianerspiel-Mentalität, die sie den Krieg halb als nationale Verpflichtung, halb als romantisches Abenteuer betrachten läßt" (Reclams Filmführer).

Als finanzstärkster Sender hatte der Nordwestdeutsche Rundfunk (NWDR) 1950 im Hamburg und Berlin mit der Ausstrahlung eines Fernseh-Versuchsprogramms begonnen; in diesem Zusammenhang fanden im August 1951 im Schöneberger Stadtpark auch öffentliche Fernsehsendungen statt (Bild). Zu dieser Zeit gab es in den USA schon etwa 15 Millionen Fernsehempfänger. Als der NWDR sein regelmäßiges Fernsehprogramm Weihnachten 1952 begann – der zuständige Intendant Werner Pleister sprach von einem „Fenster in die Welt" –, konnte man dieses Ereignis erst an etwa 5000 Empfangsgeräten verfolgen.

Die Moderation seiner Sendung „Der Internationale Frühschoppen" betrieb Werner Höfer mit ungewöhnlicher Passion: von August 1953 bis Dezember 1987 Sonntag für Sonntag, als Rundfunksendung schon seit Januar 1952. Man erzählte sich, er fahre nur deshalb nie weiter als nach Kampen auf Sylt in Urlaub, um sonntags für den „Frühschoppen" wieder in Köln sein zu können, damit niemand auf den Gedanken käme, ihm diesen Posten streitig zu machen. Vorwürfe wegen seiner journalistischen Tätigkeit im Dritten Reich veranlassten ihn 1987 zum Ausscheiden beim WDR.

Peter Frankenfelds Markenzeichen war die Karojacke. Er verdankte seine Karriere den Amerikanern; sie engagierten ihn 1945 als Entertainer und Showmaster für die GI-Clubs.

Hans Joachim Kulenkampff mit seiner Assistentin Uschi Siebert in der Sendung „Der große Wurf" (1959/60). „Der Charmeur, ewig gleiches Show-Entree, betrachtete ungeniert Uschis Beine, die Kamera linste mit. Und dann kamen seine leicht anzüglichen Komplimente für das Outfit der Assistentin. Uschi, angezogen wie ein weibliches Pralinee, lächelte" (Nikolaus von Festenberg).

Als Zeichen des Wohl-
standes galten, vor allem
gegen Ende der fünfziger
Jahre, Fernseh- und
Musiktruhen, oft auch
im Chippendale-Stil
(barocken Formen ange-
nähert und unter Ver-
wendung von Mahagoni
oder Mahagoni-Imita-
tion). Das Kombimöbel
auf der Rundfunk- und
Fernsehausstellung Düs-
seldorf im September
1953 (links) vereinigt
Fernseher, Radio, Plat-
tenspieler und hat auch
noch ein Fach für Spiri-
tuosen. Futuristisch
nimmt sich dagegen das
Modell Kuba aus
(rechts).

Goethes „Vorspiel auf dem Theater" zu „Faust, Erster Teil". Dort wendet sich der Theaterdirektor an einen Dichter und eine „lustige Person":

Ihr beiden, die ihr mir so oft,
in Not und Trübsal, beigestanden,
sagt, was ihr wohl in deutschen Landen
von unsrer Unternehmung hofft?[200]

Zumindest die quantitative Antwort war eindeutig: 1955 wurden 100 000 Fernsehteilnehmer registriert, im Oktober 1957 war die Ein-Millionengrenze, Ende 1958 die Zwei-Millionengrenze erreicht. Ende 1960 gab es vier Millionen Fernsehteilnehmer, im Oktober 1963 acht Millionen. Die Anschaffung eines Gerätes war am Anfang mit hohen Kosten verbunden: Für Fernsehtruhen oder Fernsehschränke musste man 1200 bis

1500 DM aufwenden, aber immerhin trugen sie kulturträchtige Namen wie „Tizian", „Raffael", „Leonardo" oder „Leonardo Luxus".

„Ich wünschte sehr, der Menge zu behagen", heißt es in Goethes Vorspiel; und später: „Gebt ihr ein Stück, so gebt es gleich in Stücken! / Solch ein Ragout, es muß euch glücken." Zum „Mischgericht" des Fernsehens gehörte von Anfang an die „Tagesschau". In hoher Gunst standen Spielfilme, Sport, kabarettistische und informierende Sendungen, vor allem politische Magazine: Werner Höfers „Internationaler Frühschoppen", eine beliebte Hörfunksendung, wurde am 30. August 1953 auch ins Fernsehen übernommen.

Dem „Bildungsauftrag" des Fernsehens dienten im Besonderen die meist einmal wöchentlich gesendeten, eigens für das Fern-

Eine der beliebtesten Fernsehsendungen (im Mai 1985 zum 300. Male ausgestrahlt) war das heitere Beruferaten „Was bin ich?" unter der Leitung von Robert Lembke (assistiert vom Hund Struppi) mit seinem Rateteam. Hier als Gast Ruth Leuwerik in der Sendung vom 10. September 1955

Fernsehfamilie Schölermann (1957). Der Medienforscher Friedrich Knilli sprach später (1971) von der „heiligen Fernsehfamilie" als Konsumgemeinschaft, die auf die Verewigung der Konsumgesellschaft zielt. In diesem Sinne stabilisierte das Familienprogramm von Anfang an das „Wirtschaftswunder-Glücksgefühl" im Land der großen Mitte.

sehen inszenierten Theaterstücke; sie motivierten übrigens viele Bildungsbürger und Intellektuelle zur Anschaffung eines Fernsehgeräts. Dazu kamen Ballette, Opern und Musikaufführungen. Das Fernsehen, so der Kritiker Klaus Budzinski in der Zeitschrift „Das Schönste" (1959), sei gerade wegen dieser Beiträge ein hervorragender Kulturvermittler, indem es den Bildeindruck zu einem geistigen Erlebnis „veredle".[201] An Bedenken wurde von Kritikern geäußert, dass Publikum und Theaterraum keine Einheit mehr darstellten und der Wille, ein Kunstwerk konzentriert zu sehen und zu erleben, oft fehle („der Bildschirm steht neben dem Eßtisch"). Bei den szenischen Darbietungen übernehme man noch zu sehr die Bühnendramaturgie; das Fernsehen müsse ästhetisch eigenständiger werden.

Unter der von Adolf Grimme, Generalsekretär des NWDR, bei der Eröffnung des ersten Nachkriegsstudios in Hamburg-Lokstedt, Oktober 1953, ausgegebenen Parole „Freude schenken!" erfolgte der Ausbau der Unterhaltung.[202] Die wichtigsten Entertainer der Nation waren Hans-Joachim Kulenkampff mit der Quizsendung „Wer gegen wen?", Peter Frankenfeld mit seiner an amerikanischen Beispielen orientierten Improvisations-Show „1:0 für Sie", Robert Lembke mit seinem „Heiteren Beruferaten" (seit 1955) und der Fernsehkoch Clemens Wilmenrod. Max Schmeling feierte als Fernseh-Gast ein Comeback. Höchsten Beliebtheitsgrad erreichten die Familienserien, die für deutschen Ordnungssinn, deutsche Gemütlichkeit und deutsche Sauberkeit einstanden. Zwischen 1954 und 1960 kam „Unsere Nachbarn heute abend: Familie Schölermann" auf 111 Sendungen. Als die Serie zwischenzeitlich abgesetzt wurde, löste dies einen Sturm der Entrüstung aus; ihr folgte die gleichermaßen erfolgreiche „Familie Hesselbach".

Fernsehen veränderte den Lebensrhythmus in entscheidender Weise. „Was immer die Menschen vor 30 oder 60 Jahren am Abend zwischen 19.00 und 22.00 Uhr getan haben, in den Fernsehnationen sitzt die Mehrzahl von ihnen heute in diesem Zeitraum vor dem Fernsehschirm. Am Wochenende sind es gelegentlich bis zu 80 Prozent, vier Fünftel der Bewohner eines Landes."[203] Optimisten unter den „Erziehern" verknüpften mit solcher Resonanz und mit dem Medium überhaupt große Hoffnungen. So sprach der CSU-Politiker Hans Schuberth, Bundesminister für das Post- und Fernmeldewesen im ersten Kabinett Adenauer, vom Auftrag des Fernsehens, zur „Gesundung der deutschen Seele" beizutragen. Dass derlei aufklärerische Blütenträume nicht reiften, lag vor allem daran, dass die neue Bildersprache eine so große Sogwirkung ausübte, dass alle guten Vorsätze rasch hinweggespült („hinweggespielt") wurden. Nach dem ersten halben Jahr Sendezeit erregte ein Telegramm des damaligen Bundestagspräsidenten Hermann Ehlers (CDU) an den NWDR-Intendanten Werner Pleister Aufsehen: „Sah eben Fernsehprogramm. Bedaure, dass Technik uns kein Mittel gibt, darauf zu schießen."

Die Konsum-Mentalität der Wirtschaftswunderkinder stand freilich nicht auf der Seite derjenigen, die eine asketische Nutzung des Fernsehens anstrebten; (Werbung im Fernsehen werde es niemals geben, hatte Pleister 1952 verkündet).[204]

1948, bei der Übergabe des NWDR an die neu geschaffenen deutschen Gremien, hatte Hugh Carleton Greene, der von Seiten der britischen Militärregierung für Aufbau und Kontrolle des NWDR zuständig war, vor den Gefahren eines Regierungsrundfunks ebenso gewarnt wie vor denen einer staatlich gelenkten Presse. Er hoffte, dass die Unabhängigkeit von Rundfunk und Presse in einer zukünftigen deutschen Verfassung verankert würden. Die Sorge war berechtigt. Kurz nach der Gründung der Bundesrepublik kündigte Adenauer eine Neuordnung des Rundfunkwesens an. Die von den Kabinetten Adenauer zwischen 1949 und 1961 versuchte generelle Richtungsänderung in der Rundfunkpolitik endete zwar in einem Fiasko. Doch noch unter alliierter Funkhoheit kam es bis 1955 zu einer Reihe von Korrekturen, die zwar die föderalistische Grundordnung des Rundfunks nicht antasteten, jedoch einen stärkeren Einfluss der Parteien, sozusagen die „Parlamentarisierung" der Aufsichtsgremien nach Proporz bewirkten. Dies führte unausweichlich zur engeren Bindung der Anstalten an die Parteien und den Staat.[205] „Ausgewogenheit" wurde immer mehr zur magischen Vokabel. Allerdings sorgte die anfangs der fünfziger Jahre sendefähig gewordene Ultra-Kurzwelle, die den Funkhäusern weitere Hörfunkkanäle ermöglichte, auch für Auflockerung. Es gab nämlich nun wesentlich mehr Wortprogramme, die genügend Zeit für Information und Diskussion boten.

Die zweite Phase der Rundfunkpolitik der Nachkriegszeit stand im Zeichen des Fernsehens. Konrad Adenauer, der davon überzeugt war, dass der Rundfunk ein „politisches Führungsmittel der jeweiligen Bundesregierung"[206] sein solle, und der die vermeintliche Einflusslosigkeit des Bundes auf die Rundfunkprogramme als geradezu peinigend empfand, verstärkte wegen der politischen Bedeutung des Fernsehens seine Bemühungen um stärkere Einflussnahme. 1953 brachten CDU und FDP einen Initiativantrag für ein Gesetz zur „Wahrnehmung gemeinsamer Aufgaben auf dem Gebiet des Rundfunks" ein. Er wurde sowohl von der Alliierten Hohen Kommission als auch von den Ministerpräsidenten der Länder, die die Unabhängigkeit des Rundfunks dadurch gefährdet sahen, abgelehnt. 1959 begann die Bundespost unter Berufung auf die Fernmeldehoheit des Bundes das Sendernetz für ein zweites Fernsehprogramm auszubauen – und zwar auf zwei neuen Frequenzen, die sie der ARD, der 1950 eingerichteten „Arbeitsgemeinschaft der öffentlich-rechtlichen Rundfunkanstalten der Bundesrepublik Deutschland", verweigerte. Adenauer sah nun die Möglichkeit gegeben, das Fernsehen „in die Hand" zu bekommen. Er versuchte die dafür fehlende Gesetzesgrundlage durch die Gründung einer privatrechtlichen Gesell-

schaft mit beschränkter Haftung („Deutschland-Fernsehen GmbH") wettzumachen. Noch vor den Bundestagswahlen 1961 sollte das neue, politisch beeinflussbare Zweite Programm sendefähig sein. Das „Bubenstück" scheiterte jedoch am Bundesverfassungsgericht, bei dem die SPD-Länder Hamburg, Hessen, Bremen und Niedersachsen Klage eingereicht hatten. Gestützt auf eine Umfrage, wonach 56 Prozent der Bevölkerung einen zweiten Kanal wünschten, beschlossen die Länder allerdings im März 1961, unabhängig von den bestehenden Anstalten eine zentrale gemeinnützige Fernsehanstalt des öffentlichen Rechts zu gründen. Der Staatsvertrag über das „Zweite Deutsche Fernsehen" (ZDF) als zwölfter Rundfunkanstalt trat am 1. Januar 1962 in Kraft.

Tor für Deutschland!

Die westdeutsche Identität kräftigte das Fernsehen vor allem dadurch, dass es Sportereignisse, im Besonderen Fußballspiele, übertrug. Die Beliebtheit des Fußballs war in den fünfziger Jahren, nach kriegs- und nachkriegsbedingten Ausfällen, wieder enorm gestiegen. Es gab 600 000 bis 700 000 Fußballspieler und im Durchschnitt sonntäglich fünf Millionen Zuschauer. Jede Woche zahlten etwa zwölf Millionen eine Mark in die Totokasse, pro Jahr wurde fast eine halbe Milliarde DM verwettet.

Einige Wochen nach der Währungsreform, am Sonntag, dem 8. August 1948, war es in Köln-Müngersdorf zum ersten Mal seit der Kapitulation wieder zu einem Meisterschaftsendspiel, jetzt der Westzonen, gekommen. Im Stadion verfolgten 70 000 Zuschauer, an den Radiolautsprechern Millionen Hörer in West und Ost das Treffen zwischen Nürnberg und Kaiserslautern. Der FC Nürnberg gewann mit 2:1 und damit seinen insgesamt siebten deutschen Meistertitel. Seit 1951 tat sich in der inzwischen aufgestellten deutschen Nationalmannschaft (unter Bundestrainer Sepp Her-

Gegenüberliegende Seite: Ehepaar vor einem Fernsehstandgerät der Firma Philips, um 1955. – „In den ersten Tagen und Wochen waren wir fernsehsüchtig. Die Familie, vermehrt um Besuch, um geladene und aufgedrängte Sehgäste, hielt allabendlich fest und treu vor dem erstaunlichen Schirm zusammen. ... Unsere Stammplätze im Kino an der Ecke blieben leer. Einladungen guter Freunde, doch nach dem Abendbrot mal kurz rüberzukommen, wimmelten wir mit bald erlerntem Geschick in jenen Wochen ab" (Der Berliner Theaterkritiker Friedrich Luft „lernt Fernsehen", Novemberheft 1955 der Zeitschrift „Der Monat").

Die siegreiche deutsche Mannschaft nach dem Weltmeisterschaftsendspiel in Bern 1954 (oben), ein Straßenfoto von der Fernsehübertragung in einem Geschäft (unten). – Die ekstatische Berichterstattung des Reporters Herbert Zimmermann prägte sich den Fußballbegeisterten tief ein: „… 3:2 führt Deutschland fünf Minuten vor Spielende! Halten Sie mich für verrückt, halten Sie mich für übergeschnappt! … Daumen halten, viereinhalb Minuten Daumen halten … 3:2 und die Ungarn wie von der Tarantel gestochen … Drehen den siebten oder zwölften Gang auf … Kein Tor! Kein Tor! Kein Tor! Puskas Abseits! … Der Sekundenzeiger, er wandert so langsam … Toni! Toni, Toni, Du bist ein Fußball-Gott! … Aus! Aus! Aus! Aus! Das Spiel ist aus! Deutschland ist Weltmeister! Schlägt Ungarn mit 3:2 im Finale in Bern!"

Empfang der „Helden von Bern" in München (6. Juli 1954): Fritz Walter mit dem Weltmeisterpokal. Abends kam es zu einer Feier im Löwenbräukeller, bei der die Wogen des Frohsinns und der Gemütlichkeit hoch gingen. Der damalige Präsident des Deutschen Fußballbundes, Peco Bauwens, nannte die Spieler „seine wackeren Knaben" und pries Wotan, den germanischen Gott, dafür, dass er der tapferen Germanentruppe beigestanden habe. „Dieser Sieg hat gezeigt, dass es Schatten auf dem Sport und dem deutschen Volk nicht mehr geben kann, wenn es jemand ehrlich mit uns meint." Als Bauwens dann noch an seiner goldenen Anstecknadel hantierte und sagte, er wolle sich jetzt „des Führerprinzips" bedienen, unterbrach der Bayerische Rundfunk seine Live-Übertragung und bot stattdessen Tanzmusik.

berger) Fritz Walter aus Kaiserslautern besonders hervor. 1954 war er 33 Jahre alt. In diesem Jahr kehrte er als siegreicher Spielführer der Fußballnationalmannschaft von der Weltmeisterschaft in Bern zurück. Zusammen mit seinen Mannschaftskollegen Horst Eckel, Werner Kohlmeyer, Werner Liebrich, Karl Mai, Max Morlock, Jupp Posipal, Helmut Rahn, Hans Schäfer, Toni Turek, Ottmar Walter hatte er die hoch favorisierten Ungarn besiegt, Deutschland war Fußballweltmeister geworden. „Das Unglaubliche ist wahr, das Unerwartete Wirklichkeit. Der Fußballweltmeister 1954 heißt Deutschland!" (Fritz Walter)[207] Für viele stand nun auch sportlich fest, was das Wirtschaftswunder auf ökonomischer Ebene signalisierte: „Wir sind wieder wer!" Die Bezeichnung „Wunder von Bern" war allerdings eine spätere Mystifizierung beziehungsweise Mythologisierung. Doch erhielt die Mannschaft bei ihrer Rückkehr in Form einer Rundreise mit mehreren Stationen einen für die damaligen Verhältnisse triumphalen Empfang. Die Deutsche Bundesbahn stellte der siegreichen Mannschaft sofort ihr damals nobelstes Modell zur Verfügung: den Dieseltriebwagen VT 08. Die (west-)deutsche Bevölkerung, ob fußballinteressiert oder nicht, bereitete „ihrer" Siegermannschaft an den jeweiligen Bahnhöfen begeisterte Empfänge. „Fast eine halbe Million Menschen hatte sich an der Strecke eingefunden. … Fußball- und Trachtenvereine, Spielmannszüge, Kleingärtner, Schulklassen, Nachbarn, Belegschaften örtlicher Betriebe – und entsprechend fielen die Geschenke aus: Blumen, Bücher, Torten, Pralinen, regionale Produkte von Wein, Käse, Suppenwürfeln bis hin zu Unterhose und Tischdecken. Es

Finale des 5000-Meter-Laufs bei den Olympischen Sommerspielen in Helsinki 1952. Hier Bronzemedaillengewinner Herbert Schade noch auf dem zweiten Platz hinter dem als unschlagbar geltenden Tschechen Emil Zátopek, der zwischen 1949 und 1955 18 Weltrekorde aufstellte; als dritter der Engländer Chris Chataway, der in der letzten Runde stürzte. Die Silbermedaille ging schließlich an den Franzosen O'Kacha Alain Mimoun.

Bubi Scholz (rechts) gegen den Franzosen Charles Humez bei der Europameisterschaft im Mittelgewicht im Berliner Olympiastadion 1958. In 96 Kämpfen siegte er 46-mal durch k. o. und 41-mal nach Punkten. Aber zu einem zweiten Max Schmeling taugte der Sohn eines Schmieds aus dem Berliner Arbeiterviertel Prenzlauer Berg nicht; als betrunkener Salonlöwe erschoss er mit einem Jagdgewehr aus Versehen seine Frau und kam dafür drei Jahre ins Gefängnis.

war ein Fest der ‚kleinen Leute‘ (und nicht der großen Politik, die den Fußball erst später für sich entdeckte) – und damals ein Fest sowohl des Vergessens der Vergangenheit wie auch der Hoffnung auf einen Neuanfang. Die Weltmeister hatten es vorgemacht. Kameradschaft, Bescheidenheit – und dann der Überraschungssieg. So wollten sie es auch machen: jetzt tüfteln und schuften, später einmal Weltmeister werden: im Wirtschaftswunder.“[208]
Nationalistische Töne angesichts des Sieges hielten sich in Grenzen. Dennoch sah sich Bundespräsident Theodor Heuss beim abschließenden Empfang im Berliner Olympiastadion am 18. Juli veranlasst, den Spielern, den 80 000 Zuschauern, vor allem aber den Funktionären, eine „demokratische Lektion“ zu erteilen. Da nach dem Sieg im Berner Wankdorfstadion die deutschen Besucher die erste Strophe des Deutschlandliedes angestimmt hatten, sprach er jedes Wort der dritten Strophe des Deutschlandliedes vor, damit keiner mehr sagen könne, ihm sei nur die erste Strophe eingefallen. Und er warnte – den um markige Sprüche nie verlegenen Präsidenten des Deutschen Fußballbundes Peco Bauwens im Visier – vor einer „Vermischung von Sport und Politik“.[209]
Das (gemäßigte) nationale Bewusstsein wurde in den fünfziger Jahren auch durch andere sportliche Erfolge gestärkt. Sepp Weiler trat seit 1950 als Skispringer hervor; 1951 stellte Wilhelm Herz auf NSU den Motorrad-Weltrekord ein. Bei den Olympischen Winterspielen 1952, den ersten, zu denen deutsche Sportler wieder zugelassen wurden, gewannen die Deutschen Mirl Buchner und Ossi Reichert vier Medaillen; Ria und Paul Falk siegten überlegen im Paar-Eislauf (die Kür zur Musik von Ludwig van Beethoven und Carl Maria von Weber). Gold gab es auch für die Bob-Mannschaft mit dem Bayern Anderl Ostler am Steuer. In der norwegischen Presse hieß es dazu: „Wenn die Deutschen statt der Zweieinhalb-Zentner-Männer Elefanten auf die Bobs gesetzt hätten, wären sie noch schneller gewesen.“ Bei den

Olympischen Sommerspielen 1952 in Helsinki belegte Herbert Schade hinter dem Tschechen Emil Zátopek und dem Franzosen O'Kacha Alain Mimoun den dritten Platz im 5000-Meter-Lauf. Herbert Klein trat als Weltrekordschwimmer hervor. Der Boxer Bubi Scholz wurde 1958 Europameister im Mittelgewicht. Beim Turnierreiten gehörte Fritz Tiedemann zur Spitzenklasse. Die von der Kulturkritik beklagte Kommerzialisierung des Sports hielt sich insgesamt noch in bescheidenen Grenzen. Der Weltmeistersieg von Bern brachte jedem Spieler der Fußballmannschaft 2500 Mark Prämie und eine Polstergarnitur; Angebote zwischen 165 000 und 250 000 Mark von Inter Mailand und Atletico Madrid lehnte Fritz Walter ab. Mehr als 320 Mark im Monat durfte man beim Fußballspielen nicht verdienen. Die Zeit der Profis war noch nicht „ausgebrochen“.[210]

Fritz Thiedemann auf seinem berühmten Holsteiner Wallach „Meteor“. Die große Karriere des Springreiters begann bei den Olympischen Sommerspielen 1952 in Helsinki mit Bronzemedaillen im Springreiten und für die Dressurmannschaft. Weitere Titel holte er sich in den folgenden Jahren, etwa bei der Europameisterschaft 1958.

Die fünfziger Jahre der DDR
Die Fuffziger finden nicht statt

Ulbricht, der Statthalter

Nach den Vorbereitungen durch den „Deutschen Volksrat" wurde am 7. Oktober 1949 in der sowjetischen Besatzungszone (SBZ) eine Verfassung in Kraft gesetzt, die sich am Vorbild der Weimarer Reichsverfassung von 1919 und der sowjetischen Verfassung von 1936 orientierte. Die „Deutsche Demokratische Republik" als antifaschistisch-sozialistischer Staat war damit begründet. Alle Staatsgewalt gehe vom Volke aus; jeder Bürger habe das Recht und die Pflicht zur Mitgestaltung. Neben persönlichen Freiheits- und Schutzrechten galten kollektive soziale Rechte, wie etwa das Recht auf Arbeit. Die Wirtschaftsordnung war zunächst ein Mischsystem aus Privat- und Staatswirtschaft, schloss jedoch „sozialistische Umgestaltung", zum Beispiel durch Wirtschaftsplanung, Enteignung und Vergesellschaftung, ein. Der Mangel an Rechtsstaatlichkeit war vorprogrammiert, da eine Verfassungsgerichtsbarkeit fehlte. „Der als Ersatz konzipierte Verfassungsausschuß der Volkskammer, der die Verfassungsmäßigkeit von Gesetzen prüfen sollte, hat diese Aufgabe nicht wahrgenommen."[211] So kam es bald zur Verfolgung und Aburteilung politisch Andersdenkender.

Im Juli 1950, auf dem 3. Parteitag der „Sozialistischen Einheitspartei Deutschlands" (SED) – gebildet im April 1946 durch die Zwangsvereinigung der KPD mit der SPD – definierte sich die Partei als „Vortrupp der deutschen Arbeiterklasse", geleitet vom Marxismus-Leninismus. Präsident der Republik wurde der SED-Vorsitzende Wilhelm Pieck. Als Ministerpräsident fungierte Otto Grotewohl. Der einflussreichste Mann war Walter Ulbricht, der kurz nach der bedingungslosen Kapitulation Deutschlands aus Moskau nach Berlin zurückgekehrt war,

um sozusagen als Statthalter der Sowjetunion ein ostdeutsches kommunistisches Gesellschaftssystem und Staatswesen aufzubauen. Im Juli 1950 wurde er in das neu geschaffene Amt des Generalsekretärs der SED gewählt.

Der 1893 als Sohn eines Schneiders in Leipzig geborene, nach dem Kriegsdienst 1919 als Mitbegründer der KPD in seiner Heimatstadt hervorgetretene Ulbricht lebte im Dritten Reich eine Zeit lang in Paris und ging dann in die UdSSR, wo es ihm gelang, ungeschoren die stalinistischen Säuberungen zu überleben (was er nicht nur seinem opportunistischen Geschick, sondern auch dem Zufall verdankte). Sein Ziel war, in Ostdeutschland eine sozialistische Erziehungsdiktatur zu errichten. Er forderte die Verschärfung des Klassenkampfes, zu dem die Unterdrückung missliebiger Meinungen gehörte. „Ihn umrankten keine heiteren Legenden wie den Gegenspieler und Rosenfreund Adenauer, sondern böse Witze, aufgrund deren Weiterverbreitung man ins Zuchthaus nach Bautzen expediert werden konnte. … Ulbricht fehlte es an Attraktivität, der Bevölkerung an Konsumgütern, dem Staat an Öffentlichkeit. Woran es hingegen keineswegs mangelte, war die latente Besorgnis der Bürger, sich mit einem falschen Wort, einer falschen Reaktion verdächtig zu machen."[212]

Was Ulbricht, den „verschlagenen Biedermann"[213], mit Adenauer verband, hat Günter Grass dahingehend charakterisiert, dass beide, freilich mit umgekehrten Vorzeichen, eine ähnliche politische Absicht verfolgten: der eine die West-, der andere die Ostbindung der neu entstehenden deutschen Staaten – ein rheinischer und ein sächsischer Separatist. „Die beiden haben sich, ich will nicht sagen, ‚gesucht', aber gefunden haben sie sich auf jeden Fall; sie paßten in das Konzept der Siegermächte hinein. Das waren Leute, die gelegentlich am Sonntag über Deutschland als Ganzes sprachen, ihre Sonntagsreden hielten, doch den Prozeß der Teilung von vornherein akzeptierten, bei

---

Der SED-Generalsekretär und Staatsratsvorsitzende Walter Ulbricht zwischen dem sowjetischen Parteichef Nikita Chruschtschow (links) und Ministerpräsident Otto Grotewohl (rechts), der, ursprünglich sozialdemokratischer Politiker, 1946 die Zwangsvereinigung von SPD und KPD zur SED betrieben hatte und zusammen mit Wilhelm Pieck deren Vorsitzender war. Ernst Wollweber (bis 1957 Minister für Staatssicherheit) meinte nach Ulbrichts Entmachtung, dass dieser den Parteiapparat gezwungen habe, „den Menschen sozusagen ‚auf der Seele zu knien', ihnen alle möglichen Vorschriften zu machen, wie sie sich kleiden sollen, welche Haarfrisuren, wie sie tanzen sollen, wie sie ins Theater gehen und Ferien machen sollen, und das alles wurde firmiert als Erziehung".

ihm mitmachten und ihn verstärkten; diesem Willen hat sich alles andere untergeordnet."[214]

In zwei Wartesälen

Die Situation nach der nun auch staatsrechtlich vollzogenen Teilung Deutschlands – wobei beide Seiten ihren Alleinvertretungsanspruch betonten –, beschrieb der Publizist Erich Kuby in seinem 1957 erschienenen Buch „Das ist des Deutschen Vaterland" mit der Metapher: „Siebzig Millionen in zwei Wartesälen".[215] Im Zentrum seiner Reportagen stand die Frage, ob Menschen, die als Kulturnation an sich eine Gemeinschaft bildeten, angesichts der mit Gewalt auferlegten Teilung noch ihre Zusammengehörigkeit bewahren könnten. Die Teilung Deutschlands sei nun offensichtlich festgeschrieben.

Die Regierung der Bundesrepublik fühle sich weitgehend mit der Bevölkerung im Einklang, die SED jedoch nicht. Im Wartesaal erster Klasse gelte der Grundsatz: Wo es mir gut geht, da ist mein Vaterland. Eine solche Verhaltensweise würden nur Menschen abscheulich finden, die den Nationalstolz um seiner selbst willen anstrebten. Im anderen Wartesaal, im Wartesaal vierter Klasse, lebten 17 Millionen, die sich äußerlich und innerlich nach dem Grundsatz verhielten: Wo es mir schlecht geht, da ist nicht mein Vaterland. Auch dieser Grundsatz sei höchst einleuchtend und vernünftig.[216] Kubys Sorge, dass sich die Deutschen gegeneinander zu aggressiven Aktionen aufputschen ließen, war freilich unbegründet: Die Westdeutschen waren längst aus dem Wartesaal erster Klasse in den Zug eingestiegen, der sie nach Westen zu Modernität und Prosperität führte; solche Errungenschaften wollten sie nicht wegen revanchistischer Heilsversprechungen aufs Spiel setzen. Die Ostdeutschen, soweit sie nicht in den bundesrepublikanischen Zug einzusteigen suchten – allein 1950 bis 1951 wechselten etwa 350 000 Menschen von dem einen deutschen Staat in den anderen[217] –, blieben in ihrer Enttäuschung und inmitten wirtschaftlicher Stagnation einfach sitzen, während die SED-Staatsführung ihnen den Aufbruch in eine blühende sozialistische Zukunft versprach.

In den kalendarisch fixierten fünfziger Jahren der DDR fanden keine „Fuffziger" im Sinne eines bewegten und bewegenden, strukturell wie in seinen Erscheinungsformen vielseitigen und vielfarbigen Umbruchs statt. Ambivalenz als herausfordernde Widersprüchlichkeit bedeutete hier lediglich, dass die ideologische Kälte von Fall zu Fall durch Tauwetter gemildert oder auch, freilich nur für kurze Zeit, aufgebrochen wurde. Die „Partei neuen Typs", wie die SED von ihren Propagandisten seit der 1. Parteikonferenz vom Januar 1949 offiziell gepriesen wurde, war grundsätzlich stalinistisch ausgerichtet, auch über den Tod des sowjetrussischen Diktators 1953 hinweg. Das bedeute-

Nach Einrichtung der SBZ und dann der DDR kam es an der zunächst „grünen" Grenze zu einer lautlosen Völkerwanderung: Hunderttausende verließen ihre Heimat in Richtung Westen. Seit Juni 1946 war dafür ein Visum notwendig, ab 1952 wurde jeder Übertritt als Grenzverletzung mit schweren Strafen bedroht; dennoch gelang bis zum Bau der Berliner Mauer (1961) etwa vier Millionen Menschen die Flucht.

Schön wie nie wird unser Berlin!

Helft alle mit am Neuaufbau der deutschen Hauptstadt

Dieses Plakat zum Nationalen Aufbauprogramm Berlin (1951) appelliert auch an die Frauen, sich am „Aufbau des Sozialismus" zu beteiligen. Im Beschluss „Die Verbesserung der Gewerkschaftsarbeit unter den Frauen" auf der II. Tagung des Bundesvorstandes des Freien Deutschen Gewerkschaftsbundes (FDGB) 1952 hieß es: „Die in den Betrieben beschäftigten Frauen und Mädchen sind ein wesentlicher Teil der Arbeiterklasse, die die Mitverantwortung beim Aufbau des Sozialismus tragen. Die Entfaltung ihrer schöpferischen Kräfte und Fähigkeiten stärkt und festigt die Arbeiterklasse. Die hervorragenden Leistungen der Frauen im wirtschaftlichen, politischen und kulturellen Leben, besonders die der Arbeiterinnen in der Produktion, haben in erheblichem Maße zu unseren Aufbauerfolgen in der Deutschen Demokratischen Republik und im Kampf für die Erhaltung des Friedens und die Einheit unseres Vaterlandes beigetragen."

Im volkseigenen Betrieb „Walter Ulbricht" in Leuna stellen Arbeiterinnen Uhren ein, die zur Information und Motivation der Belegschaft den Stand der Planerfüllung anzeigen (1958). Die fehlende Arbeitsmoral wurde mit großem propagandistischem Aufwand kaschiert. Zudem gaukelten „Pläne" – wie der erste Fünfjahresplan für die Schwerindustrie Ende der fünfziger Jahre und der Plan zum Ausbau der chemischen Industrie („Chemie gibt Brot, Wohlstand und Schönheit") – Leistungen vor, die nicht erbracht wurden.

1956 entstand in der DDR die Nationale Volksarmee (NVA). Um die deutsche Geschichte für ihre eigene historische Legitimation zu nutzen, propagierte die DDR eine Neueinschätzung Preußens. Auch Friedrich der Große war nun kein Tabu mehr.

Gegenüberliegende Seite: „Junge Pioniere" (1948 gegründete Kinderorganisation der DDR) ehren Ernst Thälmann. Obwohl die DDR ständig ihren Antifaschismus betonte, zeigten viele SED-Formationen ein dem Nationalsozialismus ähnliches Erscheinungsbild – verpackt in die frohe Botschaft vom neuen sozialistischen Menschen.

„Echte Werbung heißt: Eintreten für eine gute Sache in einer guten Form", so 1954 der stellvertretende Kulturminister der DDR, Alexander Abusch. Dementsprechend wurde auch großer Wert auf die Gestaltung politischer Ikonen gelegt. Oben das Staatswappen der DDR, darunter die Embleme der Sozialistischen Einheitspartei Deutschlands (SED) und der Freien Deutschen Jugend (FDJ)

te, und darin war die DDR in ihrem Erscheinungsbild identisch mit allen „Volksdemokratien" Ost- und Mitteleuropas:
– Einparteienherrschaft bei Ausschaltung jeder innerparteilichen Demokratie;
– willkürliche Machtausübung durch bürokratisch und zentralistisch organisierte Apparate;
– Unterdrückung jeder freien Diskussion in Staat und Gesellschaft durch politische Kontrolle, Zensur und Geheimpolizei (Ministerium für Staatssicherheit, „Stasi");
– zentralistische Planung und Leitung der zu großen Teilen verstaatlichten Wirtschaft mit Hilfe einer riesigen Bürokratie, bei völliger Unterordnung der Gewerkschaften und Ausschaltung jeder wirklichen Mitbestimmung von Arbeitern und Angestellten.[218]
Während sich im Westen die soziale Marktwirtschaft ziemlich erfolgreich entwickelte, wurde so in der DDR ein wirtschaftlicher Aufschwung dogmatisch-doktrinär verhindert. Auch die fast zeitgleich mit dem Westen im Juni 1948 durch die sowjetische Militäradministration durchgeführte Währungsreform konnte den Lebensstandard nicht wesentlich verbessern; die Lebensmittelrationierungen zum Beispiel blieben zunächst bestehen.

Der Aufstand

Im Rahmen des von der SED verabschiedeten ersten Zweijahresplanes 1949/1950 wurden im Wirtschaftsbereich der Abbau privater Betriebe und die Vermehrung der „volkseigenen Betriebe" wie Genossenschaften rasch vorangetrieben – mit der Hoffnung, dass so die Industrieproduktion um 90 Prozent und die industrielle Arbeitsproduktivität um 60 Prozent zu steigern seien. Zum Vorbild wurde dabei Adolf Hennecke, seit 1926 Arbeiter im sächsischen Bergbau. Auf Veranlassung der Sowjets hatte er 1948 in Anlehnung an die in der UdSSR praktizierte Methode der Normüberbietung eine Bewegung zur Leistungssteigerung begründet und war zum „Helden der Arbeit" deklariert worden. Zu

ihm „gesellten sich nun andere Aktivisten und Neuerer – immer der Parole eingedenk: ‚Von der Sowjetunion lernen, heißt siegen lernen!' Zur Führung der volkseigenen Wirtschaft seien, erklärte das Zentralkomitee der SED im Juni 1951, vor allen Dingen das Studium und die entsprechende Anwendung der vom Genossen Stalin entwickelten Prinzipien der volkswirtschaftlichen Planung sowie besonders der bolschewistischen Methoden der Anleitung der Wirtschaftsorgane durch die Partei erforderlich."[219]
Gehemmt wurde freilich das Wirtschaftswachstum nicht nur durch ideologische Beschränktheit, welche die Bedeutung der Freiheit (Egoismus eingeschlossen) als Motivation bei Arbeitsprozessen völlig verkannte, sondern auch durch die hohe Reparationslast, unter der die DDR litt. Was die Sowjets in den ersten achteinhalb Jahren der Nachkriegszeit bis Ende 1953 dem von ihnen kontrollierten Teil Deutschlands als Kriegsentschädigung abforderten – in Gestalt von Demontagen unzerstört gebliebener Fabrikanlagen und Entnahmen aus der laufenden Güterproduktion –, dürfte, umgerechnet auf den einzelnen Deutschen zwischen Elbe und Oder, etwa fünfzehn bis achtzehn Mal so hoch gewesen sein wie im Westen Deutschlands. Dazu kam, dass es der DDR aufgrund der deutschen Teilung an Steinkohle und Eisenerz mangelte; sie besaß zunächst auch keine eigene Schwerindustrie. Einhergehend mit der Abschottung der DDR vom Westen und der Abschaffung des Föderalismus durch die Umwandlung der zunächst geschaffenen fünf Länder in 14 Bezirke und 217 Kreise wurde die Neuschaffung von Schwerindustrie gegenüber der Konsumgüterversorgung einseitig bevorzugt. Auch die Kollektivierung der Landwirtschaft, der Übergang von der privat-bäuerlichen zur genossenschaftlichen Organisation, wurde forciert. Hinzu kamen steigende Rüstungslasten und eine wachsende Militarisierung der Gesellschaft in Form der kasernierten Volkspolizei als Vorstufe der DDR-Armee.

Plakat für das Nationale Aufbauprogramm Berlin von 1951 mit Abbildung der geplanten Stalinallee, eines Vorzeigeprojekts künftiger sozialistischer Wohnkultur. Nicht nur für Berlin sollte die Stalinallee, geprägt durch Entwürfe von Hermann Henselmann, zum Leitbild des neuen sozialistischen Bauens werden: leblose Gigantomanie zum höheren Ruhme eines die individuellen Rechte wie die Lebensqualität insgesamt verachtenden Totalitarismus. Die Bauarbeiter der Stalinallee waren die ersten, die im Juni 1953 auf die Straße gingen, um gegen die Erhöhung der Leistungsnormen zu protestieren und neben weiteren sozialpolitischen Forderungen auch freie Wahlen und die Einheit Deutschlands zu verlangen.

Nach Stalins Tod im März 1953 schlug die Moskauer Führung einen neuen Kurs ein, der unter anderem eine Änderung der Politik gegenüber Bauern und Mittelstand sowie eine bessere Konsumgüterversorgung einschloss. Dies stieß zunächst bei der SED-Führung, im Besonderen bei Ulbricht, auf taube Ohren. Als dann das Polit-Büro der SED am 9. Juni 1953 beträchtliche Situationsverbesserungen für die Bevölkerung in Aussicht stellte, aber mit diesen zugleich die Leistungsnormen für die Arbeiter um zehn Prozent anhob, konnte die angesammelte Empörung nicht mehr eingedämmt werden. Die ersten, die auf die Straße gingen, waren die Bauarbeiter der Stalinallee in Berlin, des Vorzeigeprojekts künftiger sozialistischer Wohnkultur. „An den folgenden Tagen, vom 17. bis 21. Juni, entwickelten sich – nach heutigem Kenntnisstand – in über 560 Orten der DDR Demonstrationen, Streiks, Belegschaftsproteste, Gewalttätigkeiten. Die Schwerpunkte lagen in den traditionellen Hochburgen der deutschen Arbeiterbewegung (insbesondere Halle-Bitterfeld, Leipzig). Als am Mittag des 17. Juni sowjetische Panzer in Berlin und anderen Städten rollten und der Ausnahmezustand verhängt wurde, ging der offene Teil der Aufstandsbewegung (mit etwa 50 Toten) schnell zu Ende, die Unruhen in den Betrieben und zum Teil auch auf dem Lande dauerten in verschiedenen Formen jedoch noch stellenweise bis in den Monat Juli. Die Forderungen der Aufständischen waren keineswegs einheitlich. Dennoch wurden überall neben sozialpolitischen und wirtschaftlichen Zielen nachdrücklich politische Forderungen gestellt, die auf freie Wahlen, Rücktritt der Regierung, Einheit Deutschlands und politische Freiheit zielten. In einem Schüttelreim in Merseburg wurden diese Forderungen nach Ablösung der politischen Spitze (Parteichef Walter Ulbricht, Staatspräsident Wilhelm Pieck und Ministerpräsident Otto Grotewohl) gebündelt: ‚Spitzbart, Bauch und Brille, sind nicht des Volkes Wille.'"[220] Bertolt Brecht, der sich hinsichtlich des Aufstandes zwielichtig ver-

hielt – wenige Tage nach den Ereignissen hatte er eine Solidaritätserklärung an Ulbricht gerichtet, aber auch Kritik an den Missständen in der DDR geübt –, fand gleichwohl eine treffliche literarische Formulierung für das Scheitern der bisherigen sozialistischen Politik:

Nach dem Aufstand des 17. Juni
Ließ der Sekretär des Schriftstellerverbands
In der Stalinallee Flugblätter verteilen
Auf denen zu lesen war, daß das Volk
Das Vertrauen der Regierung verscherzt habe
Und es nur durch verdoppelte Arbeit
Zurückerobern könne. Wäre es da
Nicht doch einfacher, die Regierung
Löste das Volk auf und
Wählte ein anderes?[221]

Der Bundestag in Bonn beschloss, den 17. Juni – paradoxerweise als „Tag der deutschen Einheit" und nicht der deutschen Spaltung – zum gesetzlichen Feiertag zu machen. „Das ist immer der sicherste Weg, einen Tag seines Sinns zu berauben", meinte dazu der aus der DDR geflohene Schriftsteller Gerhard Zwerenz.[222] Nach Entlassung aus russischer Kriegsgefangenschaft war Zwerenz zunächst Volkspolizist in Zwickau, von 1952 an studierte er bei Ernst Bloch in Leipzig Philosophie und gehörte mit seinen später verhafteten Freunden, dem Schriftsteller Erich Loest und dem Bloch-Schüler Günter Zehm, der antistalinistischen Opposition um Wolfgang Harich an, weshalb er im Sommer 1957 gezwungen war, nach Westberlin zu fliehen.[223] Das Schicksal prominenter Persönlichkeiten in der DDR wurde in der Bundesrepublik als negativer Kontrast zur eigenen „weißen Weste", die keineswegs so rein war wie vorgegeben, genau beachtet. Eva Müthel, die als Studentin 1948 wegen antisowjetischer Propaganda und angeblicher Spionage zu 25 Jahren Zwangsarbeit verurteilt wurde (1954 amnestiert und nach Westberlin entlassen), schrieb 1957 den stark biographisch eingefärbten Roman „Für dich blüht kein Baum", der von der

Berlin, 16. Juni 1953:
Demonstration der in der
Stalinallee beschäftigten
Bauarbeiter gegen die
Erhöhung der Arbeits-
normen um zehn Prozent

Berlin, 17. Juni 1953:
Demonstranten reißen
die Halteschilder an den
Sektorengrenzen ab
(links). Junge Männer
verbrennen die Rote Fah-
ne am Brandenburger
Tor.

Folgende Doppelseite:
Berlin, Mittag des
17. Juni 1953: Die
Sowjetmacht fährt Pan-
zer auf. Vergeblich weh-
ren sich die Aufständi-
schen mit Steinwürfen.

Kritik als ein wichtiger Beitrag zur politischen und gesellschaftlichen Situation im geteilten Deutschland gepriesen wurde.[224] Erika von Hornstein veröffentlichte 1960 unter dem Titel „Die deutsche Not" 43 Flüchtlingsberichte aus den frühen Jahren der DDR[225] (insgesamt flüchteten 1950 bis 1961 vier Millionen Menschen aus dem Ulbricht-Land). Walter Kempowski, 1948 bis 1956 wegen angeblicher Spionage Häftling im Zuchthaus Bautzen, schrieb nach seiner Übersiedlung in die Bundesrepublik den Haftbericht „Im Block".[226]

Antifaschismus als Staatsräson

Zwar verließen in den fünfziger Jahren eine größere Anzahl von Vertretern der ostdeutschen Intelligenz (zum Beispiel Schriftsteller, Maler, Theaterschaffende) ihr Land, weil sie dort ihre Vorstellungen von einem freiheitlichen Sozialismus nicht erfüllt sahen; doch

bedeutete dies keineswegs, dass sie sich nun mit dem Westen identifizierten. Als stellvertretend für solche „Zwischenlage" konnte der 1934 in Pommern geborene Uwe Johnson gelten. Er war zunächst, 1946 bis 1952, Mitglied der sozialistischen Jugendorganisation Freie Deutsche Jugend (FDJ), hatte sich jedoch immer mehr von der Staatsideologie entfernt und somit nach Beendigung seines Germanistik-Studiums keine Stelle gefunden. In seinem ersten Roman „Ingrid Babendererde" (von ostdeutschen Verlagen abgelehnt) schildert er das Schicksal einer Schülerin und eines Schülers, die als Mitglieder der Jungen Gemeinde im Rahmen der Kirchenkampf-Kampagne der SED der „Inquisition" ausgesetzt sind und deshalb nach Westberlin fliehen.[227] Johnson, aus dem Osten stammend, mit einem bundesrepublikanischen Pass, von Nationalität her deutsch (so definierte er seinen Status), hat in seinen Romanen vielfach seine Ost- wie Westerfahrungen

Der aus Pommern stammende Schriftsteller Uwe Johnson (links) hat in seinen Romanen vielfach seine Ost- wie Westerfahrungen verarbeitet.

Rechts Anna Seghers im Gespräch mit Thomas Mann anlasslich des Festaktes zum Schillerjahr in Weimar 1955. Die Schriftstellerin („Das siebte Kreuz") war 1947 aus ihrem mexikanischen Exil in die DDR zurückgekehrt und zu einem literarischen Aushängeschild der SED geworden.

verarbeitet. In „Mutmaßungen über Jakob"
(1959) geht der Eisenbahner Jakob Abs
nach Westberlin, kehrt aber dann nach Dresden zurück, von westlicher Freiheit befrem-
det, in der östlichen Wirklichkeit nicht mehr
zu Hause – Schicksal einer Person, die überall „überfahren" wird. Er stirbt, als ihn
beim Überschreiten der Gleise eine Lokomo-
tive erfasst.[228]

Bei allen Rissen, die das Bild der DDR als
„Vaterland der Werktätigen", vor allem
auch als Heimat linker Intelligenz, zeigte:
Die Aura des sozialistischen Aufbruchs in
seiner Absage an Faschismus und Kapitalismus blieb lange Zeit erhalten. Man musste eben nur die an sich „reine" Idee von
ihren Verfälschungen befreien. Dass die
Gefolgsleute der Sowjetunion in der SBZ
und dann die Führung der DDR ihre Staats-
räson ethisch im Antifaschismus fundierten
– im Gegensatz zu der als faschistisch-kapi-
talistisch denunzierten Bundesrepublik –,

war genug Anlass für Vertreter der humanis-
tischen und sozialistischen Linken (wie etwa
die Dichterin Anna Seghers, die Schriftsteller
Stefan Heym, Stephan Hermlin, Johannes R.
Becher und vor allem dann für Bertolt
Brecht, den Literaturhistoriker Hans Mayer
und den Philosophen Ernst Bloch), in den
Osten zu gehen und dort zu bleiben; auch
Heinrich Mann plante kurz vor seinem Tod
im Jahr 1950 noch die Umsiedlung in die
DDR.

Der kulturelle Nimbus der Altfaschisten hat-
te in der DDR auch viele der nach 1945 zur
Geltung kommenden jungen und jüngeren
Kulturschaffenden beeindruckt und beein-
flusst. Meist kam es jedoch zu einem inneren
oder äußeren Bruch mit dem, was diese
Generation bewogen hatte, sich mit dem
Staat und seiner Politik zu identifizieren. In
den fünfziger Jahren war die 1929 geborene
Christa Wolf als Mitarbeiterin des DDR-
Schriftstellerverbandes, ab 1959 als freie

Stefan Heym signiert sei-
ne Bücher auf dem
Schriftsteller-Basar in der
Stalinallee am 1. Mai
1954 (links). Nach seiner
Emigration US-Staats-
bürger und als Soldat in
Spezialfunktion 1945
maßgeblich am Aufbau
des deutschen Pressewe-
sens beteiligt, war Heym
wegen prokommunisti-
scher Einstellung aus der
US-Armee entlassen wor-
den, worauf er Offi-
zierspatent und Aus-
zeichnungen zurückgab
und 1952 nach Ostberlin
übersiedelte.

Rechts Christa Wolf auf
einem Foto von 1963.
Zentrales Thema ihres
Romanschaffens sind die
Wechselbeziehungen zwi-
schen Zeitgegebenheit
und Einzelschicksal.

Vorangehende Doppelseite:
Bertolt Brechts erste Inszenierung in Ostberlin 1949: „Mutter Courage und ihre Kinder" mit seiner Ehefrau Helene Weigel in der Titelrolle. Die Aufführung war der Auftakt zu Brechts außerordentlicher nachkriegsdeutscher Wirksamkeit; zugleich begannen mit ihr in der DDR die Auseinandersetzungen um ihn und sein künstlerisches Konzept des episch-dialektischen Theaters.

Schriftstellerin tätig. Ihr erster viel diskutierter Roman „Der geteilte Himmel" (1963) veranschaulichte am Beispiel des Schicksals eines jungen Paares die Situation im geteilten Deutschland vor dem Mauerbau am 13. August 1961. Franz Fühmann, Jahrgang 1922, empfand, nach nationalsozialistischer Jugend und sowjetischer Gefangenschaft, die DDR als die bessere deutsche Gesellschaft, durchschaute freilich immer mehr die Verlogenheit des SED-Staates. Günter Kunert, 1929 in Berlin geboren, bezeichnete Marx und Brecht als seine „wesentlichen Bekanntschaften". Er war Mitglied der SED und Träger des Johannes-R.-Becher-Preises für Lyrik, verlor aber dann das Vertrauen zur „Partei"; 1979 ging er in die Bundesrepublik. Der 1929 geborene Heiner Müller lebte seit 1959 als freier Schriftsteller und Dramatiker in Ostberlin. Nach seiner Beobachtung hat die Generation der in der Trümmerzeit Geborenen die DDR nicht mehr als Hoff-

nung auf das Andere, sondern nur als deformierte Realität erfahren. „Nicht das Drama des Zweiten Weltkriegs, sondern die Farce der Stellvertreterkriege (gegen Jazz und Lyrik, Haare und Bärte, Jeans und Beat, Ringelsocken und Guevara-Poster, Brecht und Dialektik). Nicht die wirklichen Klassenkämpfe, sondern ihr Pathos, durch die Zwänge der Leistungsgesellschaft zunehmend ausgehöhlt. Nicht die große Literatur des Sozialismus, sondern die Grimasse seiner Kulturpolitik: den verzweifelten Rückgriff unqualifizierter Funktionäre auf das 19. Jahrhundert."[229]
Diese Charakteristik, so Wolfgang Emmerich in seiner „Kleinen Literaturgeschichte der DDR", treffe das bis zur Lächerlichkeit Missratene des Sozialismus in der DDR genau. Aber sie gebe – verdeckt – auch Gründe dafür an, warum so viele ältere Schriftsteller und andere Angehörige der Intelligenz dieser DDR lange die Treue hiel-

Günter Kunert (links) wurde beeinflusst von Johannes R. Becher und Bertolt Brecht. In den sechziger und siebziger Jahren gehörte er in der DDR zu den erfolgreichsten Schriftstellern. Da er auch Spannungen innerhalb der realsozialistischen Gesellschaft beschrieb, bekam er Schwierigkeiten mit dem Regime; 1979 ging er in die Bundesrepublik.

Der 1995 verstorbene Dramatiker Heiner Müller (rechts) bekannte sich zu den Idealen des Sozialismus, schrieb aber immer wieder gegen die Realität der DDR.

ten. „Das Projekt Sozialismus wurde nach dem ‚Drama des Zweiten Weltkriegs‘ von jungen Leuten vor allem deshalb erst einmal angenommen, weil es das absolute Gegenteil von ‚Faschismus‘ zu sein versprach und damit gleichsam einen Anfang aus dem Nichts, eine weihnachtliche Neugeburt setzte. Der Nationalsozialismus – von den Kommunisten mit Vorliebe ‚Faschismus‘ genannt –: das war das Menschenfeindliche, Böse schlechthin. Folglich promovierte der ‚Antifaschismus‘, und auf seinem Rücken der Sozialismus gleich mit, automatisch zum Menschenfreundlichen, Guten schlechthin, das zudem – nachdem die eine, die nazistische, gerade in sich zusammengestürzt war – eine neue heilsgeschichtliche Perspektive auf Erden eröffnete.“[230]

Zwei herausragende Schriftstellerbiographien der DDR, die in den fünfziger Jahren ihren Höhepunkt und Abschluss erfuhren, können diese fragwürdige Faszination des DDR-Sozialismus besonders gut belegen: die von Johannes R. Becher und Bertolt Brecht. Becher war zwar Stalinist, der den sowjetrussischen Diktator rhapsodisch besang – „Dir, dir verdanken wir, was wir geworden sind“ (Kantate zum 3. Parteitag der SED 1950)[231] –, aber auch Idealist, insofern es ihm mit dem schon 1945 ins Leben gerufenen „Kulturbund zur kulturellen Erneuerung“ um das „ganze Deutschland“ ging – eine Absicht, die nach anfänglichen Erfolgen bald am Kalten Krieg scheiterte. Immerhin gab es Nach- und Auswirkungen solcher Bemühungen um eine gesamtdeutsche kulturelle Identität, trotz der immer undurchdringlicher werdenden Grenze mitten durch Deutschland. Thomas Mann erhielt 1949 den Goethe-Preis der Stadt Frankfurt am Main ebenso wie denjenigen von Weimar; zu seinem 80. Geburtstag wurde ihm nicht nur die Ehrenmitgliedschaft der Deutschen Akademie für Sprache und Dichtung in Darm-

Das Foto links zeigt Johannes R. Becher, seit 1954 Kulturminister der DDR, 1957 auf einer Pressekonferenz bei der Rechtfertigung der Verhaftung von Wolfgang Harich (siehe Seite 165).

Bertolt Brecht (rechts) habe seine „ästhetische Provinz“ in der Geschichte errichtet, urteilte Wolfgang Emmerich: „Mit seiner unmittelbaren DDR-Gegenwart hat er sich nur in drei Arbeiten beschäftigt, die freilich nicht auf ausgearbeitete Theaterstücke hinzielten … oder, nicht grundlos, Fragment blieben.“

stadt und der Deutschen Akademie der Künste zu Berlin zugesprochen, sondern auch die Ehrendoktorwürde der Universität Jena. 1955 hielt er eine grandiose Gedenkrede zu Friedrich Schillers 150. Todestag nacheinander in Stuttgart und Weimar. Die inspirierende Naivität, mit der Becher den Aufbruch Deutschlands zu neuer Menschlichkeit beschwor, spiegelt das Gedicht, das er 1949 als Nationalhymne der DDR verfasste und das mit einer nationalen Verklärung endet:

Laßt uns pflügen, laßt uns bauen,
Lernt und schafft wie nie zuvor,
Und der eignen Kraft vertrauend,
Steigt ein frei Geschlecht empor.
Deutsche Jugend, bestes Streben
Unsres Volks in dir vereint,
Wirst du Deutschlands neues Leben,
Und die Sonne schön wie nie
Über Deutschland scheint.[232]

Selbst Becher (wegen seiner Kitschanfälligkeit „Mitstöhner des Expressionismus"[233] genannt) wurde jedoch am Ende seines Lebens von Ernüchterung erfasst. 1956, zwei Jahre vor seinem Tod, im selben Jahr, da Nikita Chruschtschow sich als Generalsekretär der KPdSU auf deren 20. Parteitag in einer Geheimrede von dem 1953 verstorbenen Stalin distanzierte und damit eine Politik der Entstalinisierung einleitete, übte Becher, in einem damals unveröffentlichten Manuskript Selbstkritik. Es gelte, eine neue Sprache zu finden, um all das Ungeheuerliche beredt zu machen und wieder gutzumachen, was durch Schweigen verschuldet worden sei. Er habe ehemals Stalin verehrt wie keinen unter den Lebenden und ihn für einen der Genien der Menschheit gehalten; so könne er sich nicht darauf hinausreden, von den Verbrechen nichts gewusst zu haben. Sein Grundirrtum sei die Annahme gewesen, dass der Sozialismus die menschlichen Tragödien beende und das Ende der menschlichen Tragik selber bedeute. Es scheine aber so, als habe mit dem Sozia-

lismus die menschliche Tragödie in einer neuen Form ihren Anfang genommen, „in einer neuen, ganz und gar ungeahnten und von uns noch nicht übersehbaren".[234]
Die Stücke von Bertolt Brecht genossen weltweiten Ruf; sein Berliner Ensemble galt als kulturelles Aushängeschild der DDR. Ihm wurden deshalb in Ostberlin gute Arbeitsbedingungen gewährt, doch scheute sich die SED-Führung nicht, ihn immer wieder an Linientreue zu erinnern und, wo sie diese nicht erfüllt sah, zensierend einzugreifen. Die führenden Funktionäre, ausgenommen der Staatspräsident Wilhelm Pieck, hatten sowieso in ihrer Mehrzahl dem Künstler gegenüber Vorbehalte. Dessen provokante Offenheit und bohemienhaftes Auftreten irritierten ihre kulturelle Oberlehrermentalität. 1951 kam es zu einer ersten spektakulären Auseinandersetzung zwischen „Regie und Regime". Es ging um Bertolt Brechts pazifistische Oper „Das Verhör des Lukullus", komponiert von Paul Dessau, der 1948 ebenfalls aus amerikanischer Emigration nach Ostdeutschland zurückgekommen war. Die Premiere an der Berliner Staatsoper, mit Hermann Scherchen als Dirigent, war bejubelt worden. Am nächsten Tag wurde das Werk vom Spielplan abgesetzt; die SED kritisierte „formalistische Tendenzen". Brecht nahm Änderungen vor: Aus dem „Verhör" wurde nun eine „Verurteilung" des Angriffskrieges, der Verteidigungskrieg erfuhr ausdrückliche Billigung.
Ob aus Überzeugung oder Opportunismus oder einer Mischung aus beidem – Brecht blieb in der DDR. Die heimliche Hoffnung vieler im Westen, dass Brecht eines Tages hier mit seinem Köfferchen erscheine, die Freiheit wählend, war illusorisch.

Der Kampf gegen den Formalismus

Auf der 5. Tagung des Zentralkomitees der SED im März 1951, die sich hauptsächlich mit Fragen der Literatur und Kunst beschäftigte, wurde eine die weitere kulturelle Entwicklung der DDR einschneidend negativ bestimmende Entschließung gefasst – unter dem Titel: „Der Kampf gegen den Formalismus in Kunst und Literatur, für eine fortschrittliche deutsche Kultur". Im Sinne entsprechender Beschlüsse der KPdSU und der dazugehörigen Reden des Kulturpolitikers Andrej A. Shdanow aus dem Jahre 1948 „prangerte die SED die verzerrte Harmonie und verkümmerte Melodik moderner Opern an. In der bildenden Kunst wurden Gemälde beschimpft, weil sie angeblich auf das Volksempfinden abstoßend wirkten. Auch die Arbeit des Schriftstellerverbandes erfuhr einen kräftigen Tadel."[235] Man entschloss sich, das administrative Netz der Zensur enger zu ziehen. Bei seiner Rede anlässlich der Berufung der unter anderem zu diesem Zweck geschaffenen Staatlichen Kommission für Kunstangelegenheiten erklärte Ministerpräsident Grotewohl am 31. August 1951: „Die Idee in der Kunst muß der Marschrichtung des politischen Kampfes folgen. Denn nur auf der Ebene der Politik können die Bedürfnisse der werktätigen Menschen richtig erkannt und erfüllt werden. Was sich in der Politik als richtig erweist, ist es auch unbedingt in der Kunst. Es ist doch klar, daß ein Werk, selbst wenn es gewisse künstlerische Qualitäten in sich trägt, vom Volk abgelehnt werden muß, wenn seine Grundrichtung reaktionär ist. Ich will damit sagen, daß die politische Kritik bei der Beurteilung unserer Kunst primär ist und daß die künstlerische Kritik sekundär ist."[236]

Besonders das Theater hätte angesichts einer solchen ideologischen Gängelung seinen Geist aufgeben müssen. Dass dennoch Ostberlin das Ansehen einer gesamtdeutschen Theaterhauptstadt behielt und auch andere Städte sich als Zentren der darstellenden Kunst erwiesen, war herausragenden Intendanten und Regisseuren wie Helene Weigel, Wolfgang Langhoff, Walter Felsenstein,

Hans Mayer (links), der nach heftigen Anfeindungen durch die SED 1963 die DDR wieder verließ, sah dort die „negativste, starrste und ungeschickteste Entwicklung" heraufziehen; die vorherrschende Ideologie tue so, als habe Kafka nie gelebt und James Joyce den „Ulysses" nicht geschrieben.

Wolfgang Harich, Dozent der Philosophie und Cheflektor des Aufbau-Verlags (hier auf einem Foto von 1949), wurde 1957 wegen Bildung einer „konterrevolutionären Gruppe" zu zehn Jahren Zuchthaus verurteilt; 1964 wurde er amnestiert.

Wolfgang Heinz, Benno Besson und Peter Palitzsch zu danken. Sie konnten auch auf neue Stücke, etwa von Erwin Strittmatter, Heiner Müller und Peter Hacks (1955 aus München in die DDR übergesiedelt) zurückgreifen. 1954 erklärte Johannes R. Becher, Leiter des eben gegründeten Ministeriums für Kultur, das die Aufgabe der aufgelösten Staatlichen Kommission für Kunstangelegenheiten übernommen hatte, Ausdruck einer deutschen Nationalkultur sei nicht ein west- oder ostdeutsches, sondern nur ein deutsches Nationaltheater. Dies stärkte das Selbstbewusstsein der DDR-Theatermacher.[237] Im selben Jahr war das Theater am Schiffbauerdamm als ständige Spielstätte des Berliner Ensembles eröffnet worden.

Der 20. Parteitag der KPdSU im Februar 1956 stimulierte mit seinen Entstalinisierungstendenzen in Ostdeutschland die Kritik an der bisherigen SED-Kulturpolitik. Die Führung um Ulbricht hatte insgesamt Mühe, die von Moskau ausgehende Gefährdung ihrer Macht abzufangen. Selbst loyale Intellektuelle wollten sich nicht mit ein paar phrasenhaften Sprachregelungen abfinden. So sagte zum Beispiel Willi Bredel, Mitglied des Zentralkomitees (ZK) der SED: „Die schädlichen und hemmenden Folgen eines Dogmatismus als Folge eines sakrosankten Personenkults auf die Literatur und Kunst sind größer, als gemeinhin angenommen wird."[238]

Hans Mayer, der 1935 bis 1945 im Exil in Frankreich und in der Schweiz gelebt hatte – nach seiner Heimkehr „in die Fremde" war er 1946 bis 1947 politischer Chefredakteur von Radio Frankfurt und 1948 an die Universität Leipzig an einen neu geschaffenen Lehrstuhl für die Geschichte der Nationalliteratur berufen worden –, unternahm einen brisanten Vorstoß gegen die Verteufelung der modernen Literatur in der DDR (abgedruckt in der Wochenzeitung des Kulturbundes „Sonntag"). Auf dem vom Zentralrat der FDJ Ende 1956 veranstalteten 2. Kongress junger Künstler in Chemnitz forderte unter anderem der Dichter Heinz Kahlau

eine Klärung der ideologischen Fehler, die zu einem unschöpferischen und kunstfeindlichen Zustand geführt hatten: „Die Kunst braucht die geistige Freiheit, die Kunst braucht Toleranz. Wobei Toleranz für Faschisten und Militaristen ausgeschlossen bleibt. Bis auf wenige Ausnahmen wurden die Künstler zu Ausrufern von Parteibeschlüssen, von Regierungsverordnungen."[239] Doch „taute" es 1956 nur einige Monate in der DDR. Die Ereignisse in Ungarn und die Niederschlagung des Budapester Aufstands Anfang November einschließlich der Beseitigung der von dem Kommunisten Imre Nagy geführten Regierung „verschafften der SED-Führung freie Hand, die innerparteiliche Opposition auszuschalten. Wolfgang Harich, renommierter Hochschullehrer der Philosophie, Literaturkritiker und Cheflektor des Aufbau-Verlags, trat unter dem Einfluss des ungarischen Philosophen Georg Lukács, Brechts und Ernst Blochs für einen eigenen deutschen Weg zum Sozialismus ein („Dritter Weg") – in Abgrenzung vom kapitalistischen Gesellschaftssystem und dem bürokratischen Herrschaftssystem der DDR. Im November 1956 verhaftet, wurde Harich im März 1957 wegen Bildung einer „konterrevolutionären" Gruppe zu zehn Jahren Zuchthaus verurteilt, 1964 jedoch amnestiert. Wenig später wurde auch seinem früheren Chef im Aufbau-Verlag, Walter Janka, den er nach Eingeständnis seiner „Schuld" mitbelastet hatte (was natürlich ihr Verhältnis dauerhaft zerrüttete), der Prozess gemacht. Janka, 1914 in Chemnitz geboren, war 1932 der KPD beigetreten, 1933 bis 1935 von den Nationalsozialisten im Zuchthaus und dann im KZ gefangen gehalten worden. Er kämpfte als Freiwilliger im Spanischen Bürgerkrieg und wurde 1939 in Frankreich interniert, von wo aus er 1941 nach Mexiko entkommen konnte; 1947 kehrte er in die SBZ zurück. Der Prozess war eine Farce, etwas anderes als „schuldig" war nicht zu erwarten; Rechtsbeugung gehörte zum System. Das Gericht, so Janka in seinem „Bericht über Verhaftung und Verurteilung", nahm von den Anträgen des Anwalts, der auf Freispruch plädiert hatte, keine Notiz. „So ist es eben. Wenn die Partei Weisung gibt, folgen die Richter."[240] Das Verfahren warf auch ein Licht auf die erbärmliche opportunistische Mentalität vieler ostdeutscher Intellektueller, die nach kurzem Aufbegehren wieder zu Kreuze gekrochen waren. Beim Tribunal gegen Harich und Janka war eine ganze Reihe von ihnen anwesend, unter anderem Anna Seghers, Willi Bredel, Bodo Uhse (Sekretär der Sektion Dichtkunst und Sprachpflege in der Deutschen Akademie der Künste zu Berlin), Eduard von Schnitzler, Chefkommentator des Rundfunks und Fernsehens. „Sie stießen sich gegenseitig an und trommelten mit den Fäusten auf die Tischplatten. Wie wildgewordene Studenten nach einer wohlgefälligen Vorlesung."[241]

Was die bildende Kunst betraf, so hatte unmittelbar nach Kriegsende eine relativ liberale Kulturpolitik der sowjetischen Besatzungsmacht eine Reihe namhafter Künstler und ehemaliger Mitglieder oder Sympathisanten der KPD nach Berlin und Dresden gezogen, „weil man hier zunächst die berechtigte Hoffnung hegen konnte, mit Hilfe der sowjetischen Kulturfunktionäre wären die lange Zeit eingefrorenen, individuell gehegten Vorstellungen eines freiheitlich-sozialistischen neuen Deutschlands endlich und schnell zu verwirklichen".[242] Zu den Unterstützern der anfänglich betont antifaschistisch argumentierenden Kulturpolitik der SBZ gehörten auch die Maler Karl Hofer und Conrad Felixmüller.

Aber schon ab dem Jahreswechsel 1947/48 verdichtete sich der Eindruck, dass zwar Offenheit aus taktischen Gründen propagiert, aber de facto ideologische Lenkung betrieben wurde.[243] In der Zeitschrift „Aufbau" meinte Hermann Henselmann, 1945 bis 1949 Direktor der Staatlichen Hochschule für Baukunst und bildende Kunst in Weimar und später Chef-Architekt der DDR, dass Kunstausstellungen in jedem Falle Enthüllungen eines kulturpolitischen Zie-

les seien. Absichtslosigkeit bedeute Ziellosigkeit. Das neue demokratische Deutschland lege in diesem Augenblick seine Fundamente und verkünde damit seine Ziele auch in der bildenden Kunst. Die künftigen Kunstausstellungen müssten besondere Aktualität erhalten, denn sie seien das gute Gewissen des Volkes und verlangten Bekenntnis.[244]

In den fünfziger Jahren sorgte die SED dann dafür, dass die Forderung nach gesellschaftlich engagierter Kunst einseitig und eindeutig im Sinne eines dogmatischen „sozialistischen Realismus" erfüllt wurde. Der Künstler sollte vor allem die ideologische Erziehung beziehungsweise Umerziehung der Werktätigen unterstützen, im Sinne Stalins als „Ingenieur der menschlichen Seele" wirken.[245] Westliche kapitalistische Dekadenz galt es zu bekämpfen, da sie die Vorstellungen vom schönen Menschen, der freudig

„Aktivist und Koksmeister Oskar Schädlich", Lithographie von Lea Grundig aus dem Zyklus „Kohle und Stahl für den Frieden", 1951. Die Künstlerin, zeitweise Präsidentin des Verbandes Bildender Künstler der DDR, war mit ihrem Mann Hans Grundig aus der 1928 gegründeten Assoziation revolutionärer bildender Künstler Deutschlands (Asso) hervorgegangen. In der expressiven Tradition der Asso-Malerei kommt, anders als beim Schematismus des sozialistischen Realismus, im Gesicht des Werktätigen die eigenständige Persönlichkeit zum Ausdruck.

Max Lingner, Entwürfe zum Wandbild „Lob des Sozialismus" in der Pfeilervorhalle des Hauses der Ministerien (ehemaliges Reichsluftfahrtministerium, heute Finanzministerium) in der Otto-Grotewohl-Straße (heute Wilhelmstraße) in Ostberlin. Gemäß Walter Ulbricht sollten Künstler „das Fortschrittliche in der Entwicklung des Menschen gestalten". In immer neuen Variationen dargestellte Heroen des sozialistischen Aufbaus hatten der Volkserziehung im Sinne der Partei zu dienen.

und uneigennützig sich dem Aufbau des Sozialismus hingäbe, beeinträchtige. Zwar gab es noch das Weiterwirken eines expressiven Realismus beziehungsweise realistischen Expressionismus, etwa in den Zeichnungen von Max Schwimmer, Josef Hegenbarth und Hans Theo Richter. Und es gab auch Maler, die sich tapfer dem Vorwurf des Formalismus aussetzten, wie der Konstruktivist Hermann Glöckner oder der zu abstrakter Emblematik neigende Oskar Nerlinger. Wollten die DDR-Künstler jedoch erfolgreich sein, so mussten sie Auftragskunst schaffen. Die zentrale Steuerung der Kunstproduktion wirkte sich besonders fatal deshalb aus, weil es keinen privaten Kunsthandel mehr gab. Die in immer neuen Variationen gestalteten Heroen des sozialistischen Aufbaus sollten der parteilichen Volkserziehung dienen. Indem der Künstler das Fortschrittliche in der Entwicklung der Menschen gestalte, so Walter Ulbricht bei seiner Definition des „neuen Menschen" im Juli 1952, helfe er mit, Millionen zu fortschrittlichen Menschen zu erziehen.[246]

Auf der Konferenz der Filmschaffenden im September 1952 in Berlin bezeichnete Hermann Axen, seit 1950 Mitglied des ZK der SED, damals Sekretär für Agitation, den Mangel an Qualität und Quantität als die Hauptschwächen der DEFA (Deutsche Film AG, 1946 aus Teilen der Ufa in der SBZ gegründete Filmgesellschaft in Potsdam-Babelsberg) auf dem Gebiet der Spielfilm-Produktion. Ursachen seien nicht nur organisatorische Probleme, sondern in erster Linie ideologische Unklarheiten, zurückzuführen auf das mangelnde Studium und die ungenügenden Anwendungen der Methoden des sozialistischen Realismus. Er forderte die Filmschaffenden auf, in ihren Schöpfungen „das neue demokratische Antlitz, den demokratischen Charakter, die Volksverbundenheit des neuen Staatsapparats" zu zeigen, und machte damit deutlich, dass die Partei den Film fast ausschließlich für Propagandazwecke nutzen wollte. „Widerspiegeln Sie in ihren Filmen den fortschrittlichen Inhalt und

die tiefen Auswirkungen unserer demokratischen Gesetze! Geißeln Sie mit Scherz und Satire Bürokratismus und Trägheit! Gestalten Sie Filme, die die politische Wachsamkeit und die Verteidigungsbereitschaft der Werktätigen erhöhen."[247] Gelobt wurde in diesem Sinne zum Beispiel der Film „Der Rat der Götter" in der Regie von Kurt Maetzig (Buch Friedrich Wolf). Er beschrieb die Geschichte der IG Farben von der Machtergreifung der Nationalsozialisten über die Verstrickung des Konzerns in die Gräuel des Dritten Reiches durch Rüstungsproduktion und Giftgasherstellung bis zur Entflechtung nach Kriegsende.[248] Verboten wurde zum ersten Mal die Aufführung eines DEFA-Films: Falk Harnacks „Das Beil von Wandsbek" nach einem Roman von Arnold Zweig. Der Film mache nicht die Kämpfer der Arbeiterklasse zu Haupthelden, sondern

Willi Sitte, „Der Raub der Sabinerinnen", 1953. Sitte gehörte, neben Wolfgang Mattheuer, Bernhard Heisig und Werner Tübke („Leipziger Viererbande" genannt) zu den Künstlern, denen der von der SED ihren Malern und Bildhauern seit 1950 zugewiesene „konventionelle Sehschlitz" nicht genügte. Doch war er stets bemüht, „sich auf der Höhe der jeweiligen Parteitagslosungen zu bewegen. Seiner Zuneigung zu Picasso, Léger und Guttuso, die an sich als Kommunisten politisch untadelig waren, schwor er 1963 in einer ‚Selbstkritik' ab, was ihm den Weg zur Präsidentschaft des Verbandes Bildender Künstler der DDR erleichterte" (Karin Thomas).

widme ihrem Henker zu viel Aufmerksamkeit. Schon vorher (1950) war das Lustspiel „Bürgermeister Anna" in der Regie von Hans Wolff (Buch Friedrich Wolf), ein großer Erfolg beim Publikum, kritisiert worden, weil es indirekt die verpönte Selbstverwaltungsidee stütze. „Die Jungen vom Kranichsee" (ebenfalls 1950) wurden abgelehnt, weil die Geschichte eines unkonventionellen Lehrers nicht den fortschrittlichen Inhalt der SED-Schulreform spiegle. Für zwei Thälmann-Filme (1954/55) war Kurt Maetzig, der 1946 zusammen mit Wolfgang Staudte „Die Mörder sind unter uns" und 1947 den Film „Ehe im Schatten" gedreht hatte, von der Parteiführung besonders gelobt worden – zeigten die Filme doch die Ostdeutschen und ihre Partei als Nachfolger der kommunistischen Widerstandkämpfer im Dritten Reich. (Der Kommunist Ernst Thälmann

hatte in der Weimarer Republik zwei Mal für das Amt des Reichspräsidenten kandidiert und war 1933 von der SS ermordet worden.) Nach der Entmythologisierung Stalins, allerdings erst 1961, wurden die Thälmann-Filme dann einer „Filmkontrolle in Auswertung des XXII. Parteitages der KPdSU, insbesondere in Bezug auf die kritische Einschätzung der historischen Bedeutung Stalins" unterzogen. „Die Thälmann-Filme sind ein Paradebeispiel für die propagandistische Filmarbeit des DEFA-Studios und für den Stellenwert, den der Film generell auf den höchsten Ebenen von Partei und Staat hatte. Sie sind aber auch ein anschaulicher Beleg dafür, wie die DDR immer wieder von ihren eigenen politischen Entscheidungen eingeholt wurde, wie kurzfristig ihre Bestimmungen waren und wie sich das Auf und Ab auf die Kulturpolitik auswirkte."[249] Insgesamt hatte die Kritik an Stalin für die Kultur der DDR eine gewisse Lockerung erbracht; sie wurde jedoch bald wieder beseitigt. So sollten sich Ende der fünfziger Jahre die Künstlerinnen und Künstler aller Sparten auf den so genannten „Bitterfelder Weg" begeben. Walter Ulbricht hatte in einer Rede im „Elektrochemischen Kombinat" eine neue Form der sozialistischen Nationalkultur verkündet. Die Kulturschaffenden sollten zusammen mit der Arbeiterklasse die Höhen der Kultur erstürmen und von ihnen Besitz ergreifen. Konkret hieß dies, dass zum Beispiel Schriftsteller sich in den Betrieben auf Stoffsuche zu begeben hätten, Arbeiter sich dagegen an den Schreibtisch setzen sollten: „Greif zur Feder, Kumpel!"[250] Einige der betroffenen Künstler konnten sich freilich – wie immer in der Geschichte der DDR – bei geschickter Taktik und Camouflage, manchmal auch Widerspruch und Opposition wagend, in die Büsche schlagen. Für Kultur, noch dazu aufgezwungene Kultur, waren zudem die Massen im östlichen Sozialismus genauso wenig wie im westlichen Kapitalismus zu mobilisieren. Die Kumpels hier wie dort setzten sich lieber an den Stammtisch.

Szene aus dem Film „Ernst Thälmann – Sohn seiner Klasse" von Kurt Maetzig, 1954. „Im Jahr 1918 befindet sich der junge Thälmann (Günther Simon) in den Schützengräben der Westfront, wo er bereits politische Reden hält und Gleichgesinnte um sich schart. Als die Nachricht der Erhebung der Arbeiter in Kiel zu ihm dringt, fasst er sogleich den Plan, an der Seite seiner Genossen zu kämpfen. Größte Herausforderung ist die Herstellung der Einheit der zersplitterten Gruppen, um die Revolution nicht zu gefährden. Insbesondere rechte Sozialdemokraten üben Verrat – ein Lieblingsthema der SED: die Sozialdemokraten als Schuldige" (Dagmar Schittly).

Kulturhaus des VEB Maxhütte in Thüringen, erbaut 1952 bis 1955. „Die Kunst gehört dem Volke" lautet das Motto dieses Plakats, aber es durfte nur von den „sozialistischen Oberlehrern" gebilligte Kunst sein. Als man – um ein symptomatisches Beispiel anzuführen – in einer Dresdner Ausstellung für Industrie und Formgestaltung (1962) Vasen von Hubert Petras in Bauhaus-Tradition aufstellte, intervenierte Walter Ulbricht, da Vasen ohne Dekor und noch dazu weiß oder grau eine schreckliche Verarmung darstellten, also dem sozialistischen Vorwärts nicht entsprachen. Die Werktätigen wollten so etwas nicht. „Vor allem die Mitglieder des Berliner Ensembles entgegneten dem Staatsratsvorsitzenden mit Schärfe, was Ulbricht noch mehr empörte. Brecht hatte sie empfänglich gemacht für die Schönheit des Einfachen. Der Dichter behauptete gern von sich, ihm seien alle Farben recht, wenn sie nur grau seien. Die Schauspielerin und Sängerin Gisela May meldete sich im ‚Neuen Deutschland' zu Wort, weil sie einfache Formen schön finde. Sie schrieb: ‚Wir alle lieben den Sozialismus. Ihm gehört unsere Kraft, unsere Begabung und das, was wir gelernt haben. Aber laßt uns auch graue und weiße Vasen und asketische Stühle.'" (Werner Mittenzwei).

Epilog
Bonn war nicht Weimar, aber Ostberlin Moskau

Ein Bild von symbolischer Bedeutung: Die Dame aus dem goldenen Westen verdeutlicht das Wirtschaftswunder der westlichen „Fuffziger"; ein paar Meter weiter die triste Welt der Fünfziger in der DDR. Ein geteiltes Volk im Wartesaal erster und im Wartesaal vierter Klasse. 1989/90 dann, plötzlich und unerwartet, der Beginn einer gemeinsamen Reise. Manche der dabei mitfahrenden Hoffnungen sind freilich bis heute noch nicht angekommen.

Nach den Fünfzigern kamen die Sechziger, die Siebziger, die Achtziger, die Neunziger – doch war im Westen wohl kaum ein Jahrzehnt so kontrastreich-farbig, widersprüchlich-irritierend, umfassend-folgenreich wie die „Fuffziger" mit ihrem Aufbruch in die Modernität. Die wichtigste Botschaft, die sie vermittelten, schon von Zeitgenossen erkannt, aber vor allem im Rückblick erhärtet, hieß: „Bonn ist nicht Weimar!" Ein solches Resümee gründlicher Beobachtungen und Vergleiche zog der Schweizer Journalist Fritz René Allemann im Januar-Heft des „Monat" 1955. Die Feststellung ist bis heute die am häufigsten zitierte Analyse der neuen Republik geblieben.[251]

Der Staat, der nach dem Ersten Weltkrieg das Erbe des wilhelminischen Kaiserreiches übernahm, sei – so Allemann – von restaurativen und reaktionären Kräften durchsetzt und dann von revolutionären und radikalen Kräften erobert worden. Die Demokratie seit 1945 habe sich jedoch unter ganz anderen Voraussetzungen entwickeln können. Die Deutschen glaubten nun an die Notwendigkeit einer europäischen Verständigung, und sie fühlten sich in ihrem neuen Selbstbewusstsein vor allem dadurch bestätigt, dass sie wieder im Begriff waren, einen Platz in der vordersten Reihe der europäischen Nationen einzunehmen. Auch konnten sie sich im Laufe weniger Jahre zum begehrten und geachteten Partner der Weltmacht USA aufschwingen.

Zwar hatte die Weimarer Republik eine Phase der wirtschaftlichen und politischen Stabilisierung gehabt. Aber selbst zu jener Zeit stand ein namhafter Teil des Volkes bewusst außerhalb des Staates. Ein besonderes Kennzeichen der damaligen Situation sei die Stärke des Kommunismus und später des Natio-nalsozialismus (mit besonderer Sogkraft für die völkische, nationalistische Opposition) gewesen. Im Bonner Staat mochten Demokratie und Parlamentarismus da und dort umstritten sein, umkämpft waren sie nie. Der Staat von Weimar wie der von Bonn waren zwar beide Produkte einer Niederlage. Aber ihr Verhältnis zu dieser Niederlage war nicht dasselbe. Die erste Republik war mit dem Odium des verlorenen Krieges belastet. Millionen von Deutschen waren zutiefst überzeugt davon, dass der Sieg im Ersten Weltkrieg nicht an der Front, sondern im Hinterland durch Verrat (durch einen „Dolchstoß in den Rücken des kämpfenden Heeres") verspielt worden sei. Der von Hitler bis zum bitteren Ende geführte totale Krieg und die von den Alliierten erzwungene bedingungslose Kapitulation hätten dagegen ein Gutes gehabt: Der nachhitlerische Staat konnte nicht mit den Konsequenzen der Niederlage, geschweige denn mit der Schuld an der Niederlage behaftet werden.

In der Weimarer Republik war die Existenz der demokratischen Ordnung nur dann einigermaßen (und selbst dann nur halbwegs) gesichert, wenn und falls eine ganz bestimmte politische Kräftekonstellation herrschte: nämlich die „Weimarer Koalition", die politische Allianz von Sozialdemokratie, Zentrum und bürgerlich-freisinnigen Demokraten. Die Opposition in der Bundesrepublik (SPD) sei jedoch staatstreu, jederzeit im Stande, im Falle eines „Erdrutsches" die in Bewegung kommenden fluktuierenden Wählermassen aufzufangen, das heißt ihnen eine demokratische Alternative zur Regierungspolitik zu bieten.

Wer über Wirtschaftswunder und Konsumgesellschaft verächtlich die Nase rümpfe, so Allemann 1965 – „Bonn ist nicht Weimar. Zehn Jahre danach" –, sollte sich von Zeit zu Zeit an diese Tatbestände erinnern und zudem erkennen, dass die bundesrepublikanische Demokratie keineswegs allein vom Erfolg ihres Wirtschaftssystems abhängig sei. Ihre Konsolidierung hänge vielmehr elementar mit dem aufgestauten Bedürfnis nach

Achtung!
Sie verlassen
nach 40m.
West-Berlin

Am 4. Oktober 1957 wurde der erste künstliche Erdsatellit gestartet. Wieder einmal hatte „die Zukunft begonnen", aber diesmal in der Sowjetunion. Der „Sputnik" (russisch „Weggenosse") hatte ein Gewicht von 84 Kilogramm, eine Umlaufzeit von 96,2 Minuten, erreichte eine mittlere Höhe von 575 Kilometern und eine Lebensdauer von 92 Tagen. Zwar holten die USA, die durch den Erfolg der sowjetischen Wissenschaft hinsichtlich ihres Bildungssystems in eine Krise gerieten („Sputnik-Schock"), durch den Start der Raumsonde „Explorer" am 1. Februar 1958 etwas auf; doch waren es wiederum die Russen, die (durch ihr Raumschiff „Lunik 2") erste Fotos von der Rückseite des Mondes zur Erde funken ließen. Am 12. April 1961 gelang ihnen der ganz große Coup: Juri Gagarin umkreise als erster Mensch im Weltraum mit dem Raumschiff „Wostok I" einmal die Erde und kam sicher zurück. In Identifikation mit der Sowjetunion erlebte man auch in der DDR ein gewisses „Wir-sind-wieder-wer".

Ruhe, Sicherheit, individuellem Lebensgenuss und persönlicher Ungebundenheit zusammen. Bei diesem Drang zur Normalität handle es sich keineswegs um einen restaurativen Rückgriff auf Gewesenes, sondern um einen Vorgang, den man als einen durchgreifenden Verbürgerlichungsprozess kennzeichnen könne. „Das Volk, das die bürgerliche Revolution nie zu Ende geführt und gerade deshalb fast widerstandslos vor der antibürgerlichen kapituliert hatte, holte nun nach dem Ausbrennen der revolutionären Leidenschaften dieses Versäumnis auf dem Wege spontaner Evolution nach."[252] Der DDR fehlten in den fünfziger Jahren die wegweisenden Impulse. Immerhin ging in diesem Jahrzehnt die entbehrungsreiche Kriegs- und Nachkriegsrationierung zu Ende; sie wurde 1958 vollständig abgeschafft. Die ökonomischen Eckdaten verbesserten sich. In Identifikation mit der Sowjetunion erlebte man ein gewisses „Wir-sind-wieder-wer", als es jener 1957 zum Entsetzen des Westens gelang, erstmals einen künstlichen Trabanten, den „Sputnik", in das All zu schicken. Und die DDR wurde zunehmend international anerkannt, was auch Adenauers „Hallstein-Doktrin" von 1955 nicht verhindern konnte, also die Drohung des Abbruchs diplomatischer Beziehungen zu Staaten, die solche mit der DDR pflegten. All das vollzog sich jedoch im Gehäuse eines „Nationalzuchthauses", in dem vor allem die Jugend von der Verwirklichung ihrer Hoffnungen, Visionen und Utopien, zu denen im entscheidenden Maße Freizügigkeit außerhalb der 1961 errichteten Mauer gehörte, abgeschnitten blieb.

Nach der Vereinigung der beiden deutschen Staaten 1990 steht ein gemeinsamer Aufbruch in eine Modernität an, die heute im Rahmen der Globalisierung und anderer weltweiter positiver wie negativer Veränderungen neu gesehen werden muss. Von gleicher Gültigkeit bleibt jedoch jenes von Immanuel Kant als Wesen der Aufklärung bezeichnete „Sapere aude!" – Habe Mut, dich deines eigenen Verstandes zu bedienen.

Ein wesentliches Element der möglichen Befreiung des Menschen aus seiner „selbstverschuldeten Unmündigkeit" besteht dabei in seiner Fähigkeit zu vorausschauender Vernunft. Da können die „Fuffziger" Vorbild sein: Haben sie doch mit der sozialen Marktwirtschaft und den damit verknüpften Bemühungen um Lastenausgleich den Weg in eine einigermaßen gesicherte Zukunft gewiesen. Wirklich sicher – das zeigt die Berliner Republik mit ihrer Anfälligkeit für politische Inkompetenzkompensationskompetenz[253] – ist Zukunft freilich nie. Angesichts der gerade überstandenen „Wende" schrieb der ostdeutsche Schriftsteller Heinz Czechowski im November 1989[254]:

Was hinter uns liegt,
Wissen wir.
Was vor uns liegt,
Wird uns unbekannt bleiben,
Bis wir es
Hinter uns haben.

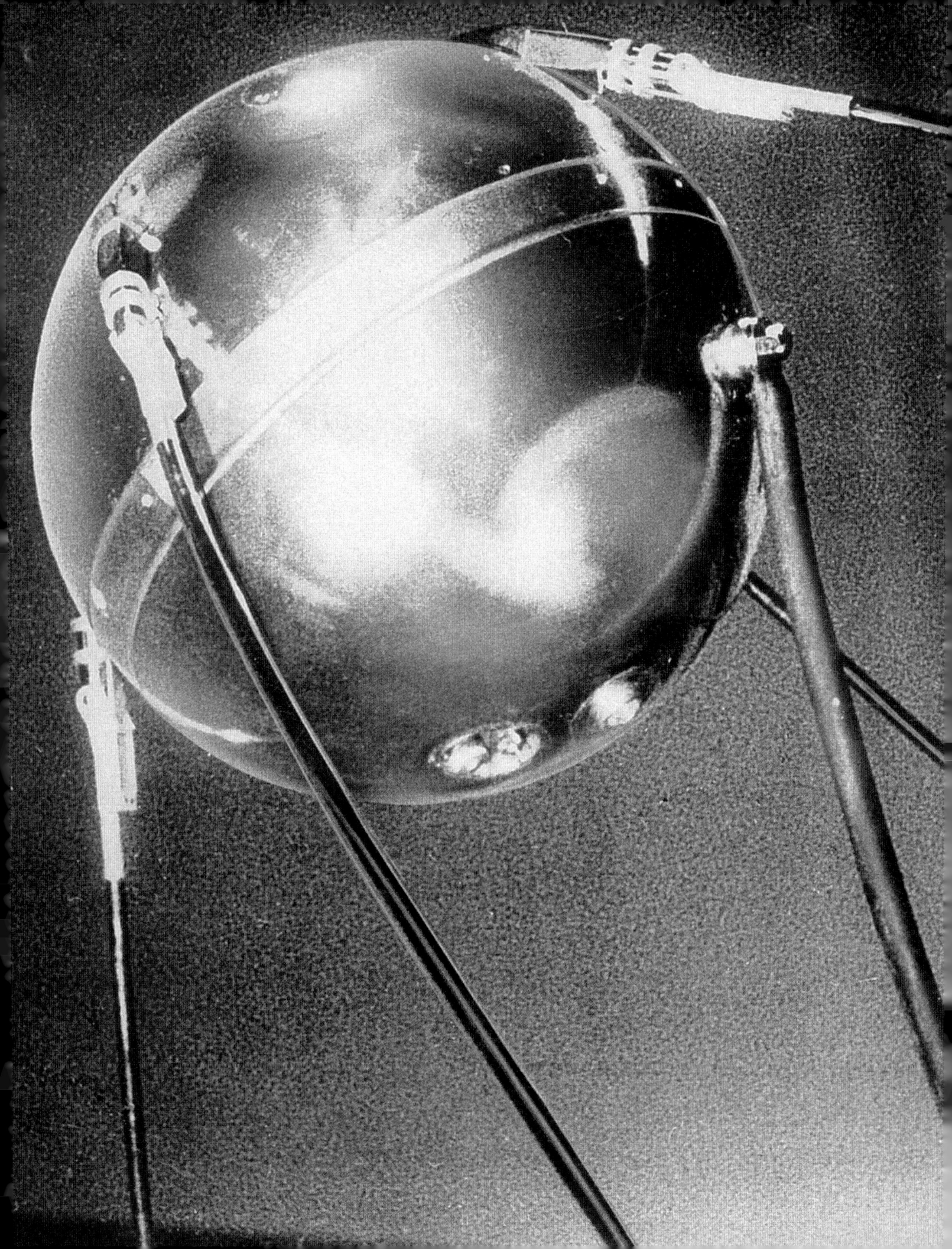

1949

Im Mai Aufhebung der Berliner Blockade. Der Parlamentarische Rat verabschiedet das „Grundgesetz der Bundesrepublik Deutschland". Nach Billigung des Grundgesetzes durch die Landtage aller westdeutschen Länder, außer Bayern, am 14. August Wahlen zum ersten Bundestag; Konrad Adenauer erster Bundeskanzler. Die Verfassung der DDR tritt in Kraft; Otto Grotewohl (SED) wird erster Ministerpräsident. Auseinandersetzungen um die Art des Wiederaufbaus: konsequent modern-funktionalistisch Hannover mit dem Stadtbaurat Rudolf Hillebrecht; ähnliche Entwicklungen (verkehrsgerechte Stadt) in Berlin, Frankfurt, Köln, Hamburg. Historisch orientiert sind die „Traditionalisten" in München, Freiburg, Würzburg, Nürnberg. Wiederaufbau des Goethe-Hauses (Frankfurt). Gründung der Künstlergruppe „Zen" in München. Kokoschka-Ausstellung im Museum of Modern Art in New York. In Dortmund wird das Museum am Ostwall für Kunst des 20. Jahrhunderts gegründet. Goethe-Jahr (200. Geburtstag). Thomas Mann spricht in West und Ost (Frankfurt und Weimar) und ruft dadurch heftige Kontroversen hervor. Ernst Jünger: „Strahlungen"; Gottfried Benn: „Trunkene Flut"; George Orwell: „1984"; Stefan Andres: „Das Tier aus der Tiefe" (erster Band der Trilogie „Die Sintflut"); Hermann Broch: „Die Schuldlosen;" Simone de Beauvoir: „Das andere Geschlecht". William Faulkner erhält den Nobelpreis. Bertolt Brecht gründet mit seiner Frau Helene Weigel in Ostberlin das Berliner Ensemble, das erstmals mit „Mutter Courage und ihre Kinder" (Helene Weigel in der Hauptrolle) hervortritt. Arthur Miller: „Der Tod des Handlungsreisenden" (deutsch 1950).
Filme: „Der dritte Mann" (mit Orson Welles), deutsch 1950; „Nachtwache" (Regie Harald Braun).

1950

Internationaler „Kongress für kulturelle Freiheit" (gegen die Unterdrückung geistiger Freiheit durch den Kommunismus) in Berlin. Um einen Platz für Aufmärsche und Paraden zu schaffen, wird in Ostberlin das Berliner Schloss gesprengt. Polen und DDR erklären in Warschau die Oder-Neiße-Linie zur endgültigen polnischen Grenze; der Bundestag verwahrt sich dagegen.
Es sterben Heinrich Mann, Ernst Wiechert, Hedwig Courths-Mahler, George Bernard Shaw. In den USA erscheinen Ernest Hemingways Kriegsroman aus dem Zweiten Weltkrieg „Über den Fluß und in die Wälder" (deutsch 1954), John Herseys „Die Mauer" (über die Vernichtung des Warschauer Ghettos); in der Bundesrepublik: Walter Jens' „Nein – die Welt des Angeklagten", Luise Rinsers „Mitte des Lebens". Günter Eich erhält den ersten Preis der Gruppe 47. Der Friedenspreis des Deutschen Buchhandels wird erstmals auf der wieder gegründeten Frankfurter Buchmesse (an Max Tau) verliehen. – Die stark aktualisierte Inszenierung des „Don Carlos" von Friedrich Schiller durch Fritz Kortner am Berliner Hebbel-Theater ruft einen Premierenskandal hervor. Uraufführung von Carl Zuckmayers „Der Gesang im Feuerofen" am Deutschen Theater in Göttingen (Regie Heinz Hilpert) und der Dramatisierung von Franz Kafkas „Der Prozeß" (durch André Gide und Louis Barrault) am Schlosspark-Theater Berlin. In Paris Eugène Ionescos „Die kahle Sängerin". Hörspiele werden immer beliebter.
Walt Disneys Zeichentrickfilm „Schneewittchen und die sieben Zwerge" (1937) kommt nach Deutschland. Billy Wilders Film „Sunset Boulevard" (deutsch 1951) rechnet mit dem Hollywood-Mythos ab. Luis Buñuels Film „Die Vergessenen" schildert die Jugendkriminalität in Mexico City (deutsch 1953). Vittorio De Sica: „Das Wunder von Mailand" (deutsch 1953) handelt von einem Jungen, der für die Armen am Stadtrand

Wunder tut. Max Ophüls: „Der Reigen", nach dem gleichnamigen Stück von Arthur Schnitzler. Als sich Ingrid Bergman von ihrem Mann trennt und den Filmregisseur Rossellini heiratet, bewirkt dies in den USA einen Sittenskandal. In Deutschland „Schwarzwaldmädel" ein großer Erfolg. Cornelia Froboess hat im Berliner Titania Palast ihren ersten Auftritt und wird zum Kinder-Schlagerstar.

1951

Nach einer Streikdrohung der IG Metall einigen sich Adenauer und der DGB-Vorsitzende Hans Böckler (der im selben Jahr stirbt) über die Mitbestimmung im Montan-Bereich. Unterzeichnung des Vertrags über die Gründung der „Europäischen Gemeinschaft für Kohle und Stahl"; der deutsche Bundeskanzler kommt dabei zum ersten Mal in die französische Hauptstadt; im selben Jahr besucht er noch Italien und Großbritannien; nach Wiedereinrichtung des Auswärtigen Amtes leitet er es zunächst in Personalunion (ab 1955 Heinrich von Brentano). Aufnahme der Bundesrepublik in die Unesco. Konstituierung des Bundesverfassungsgerichts in Karlsruhe. Der „Bund der Heimatvertriebenen" wird gegründet; das Lastenausgleichsgesetz vom Bundestag verabschiedet.
Die pazifistische Oper „Das Verhör des Lukullus" von Bertolt Brecht und Paul Dessau wird von der SED, die auf dem 5. Plenum des ZK eine Kampagne gegen den sich ausbreitenden „Formalismus" (gegen alle diejenigen, die der „Marschrichtung des politischen Kampfes" nicht folgen) eröffnet hat, gemaßregelt. Es erscheinen „Wo warst du, Adam?" von Heinrich Böll, „Tauben im Gras" von Wolfgang Koeppen, „Sie fielen aus Gottes Hand" von Hans Werner Richter, „Der Fragebogen" von Ernst von Salomon, „Molloy" von Samuel Beckett (deutsch 1954). Gottfried Benn erlebt ein spektakuläres Comeback. Der deutsche PEN spaltet sich in eine westdeutsche und eine ostdeutsche Gruppe.

Theaterpremieren: Max Frischs „Graf Öderland" in Zürich, Eugène Ionescos „Die Unterrichtsstunde" in Paris (deutsche Erstaufführung 1956 am Mainzer Zimmertheater), Tennessee Williams' „Die tätowierte Rose" in New York (wenig später am Thalia-Theater, Hamburg), Jean-Paul Sartres „Der Teufel und der liebe Gott" (Hamburger Schauspielhaus). In Düsseldorf wird durch Gustaf Gründgens (Intendant dort von 1947–1955) das neue Schauspielhaus eröffnet. Willy Forsts Film „Die Sünderin" (mit Hildegard Knef), als „Hohelied der Frau" angekündigt, führt wegen einer Nacktszene zu einem Skandal. Veit Harlan (der Regisseur des NS-Filmes „Jud Süß") tritt mit dem Streifen „Unsterbliche Geliebte" wieder in Erscheinung; es kommt zu Protesten. Wolfgang Staudte dreht „Der Untertan" (Uraufführung in Ostberlin). Eine Ausstellung im Münchner Haus der Kunst enthält viele Künstler, die im Dritten Reich reüssierten (darunter Sepp Hilz und Josef Thorak). In Bayreuth finden die ersten Richard-Wagner-Festspiele nach Kriegsende statt. Arnold Schönberg, der Schöpfer der Zwölftonmusik, stirbt in Los Angeles.

1952

Die USA zünden in einem Test die erste Wasserstoffbombe (mit der Sprengkraft von 600 Hiroshimabomben). Robert Jungk: „Die Zukunft hat schon begonnen". Norbert Wiener veröffentlicht „Mensch und Menschmaschine" (als philosophische Grundlage der Kybernetik).
Die „Stalin-Note" zur Frage eines deutschen Friedensvertrages versucht vergeblich, die Integration der Bundesrepublik ins westliche Bündnissystem zu verhindern; die Aufrichtigkeit der Vorschläge (unter anderem freie gesamtdeutsche Wahlen) wird bezweifelt. Wiedergutmachungsverhandlungen zwischen Vertretern der Bundesrepublik, Israels und der jüdischen Weltorganisationen führen zu einem Abkommen zwischen der Bundesrepublik und Israel. Unterzeichnung

des „Generalvertrages" (Deutschlandvertrages) und des Vertrages über die Europäische Verteidigungsgemeinschaft. Der Bundestag verabschiedet das Lastenausgleichsgesetz. Der SPD- Vorsitzende Kurt Schumacher stirbt; Erich Ollenhauer wird sein Nachfolger. Verbot der rechtsextremen „Sozialistischen Reichspartei" (SRP) durch das Bundesverfassungsgericht. Die „Gesamtdeutsche Volkspartei" wird gegründet; Vorsitz Gustav Heinemann.

Von Paul Celan erscheint der Gedichtband „Mohn und Gedächtnis", der die „Todesfuge" (über die Ermordung der Juden in den Vernichtungslagern) enthält. Ferner werden veröffentlicht: „Die Kirschen der Freiheit" von Alfred Andersch; Der letzte Rittmeister von Werner Bergengruen, „Links, wo das Herz ist" von Leonhard Frank (Autobiographie), „Labyrinthische Jahre" von Hans Egon Holthusen (Gedichtband), „Der alte Mann und das Meer" von Ernest Hemingway. Monatlich gibt jeder Deutsche 6,75 DM für Bücher, 4,85 DM für Theater und 3,47 DM für Kino aus.

Der Westdeutsche Rundfunk veranstaltet unter der Leitung von Werner Höfer den ersten „Internationalen Frühschoppen". Das Boogie-Woogie-Fieber grassiert. Die „Bild-Zeitung" erscheint mit einer Startauflage von 250 000 Exemplaren, Preis 10 Pfennig.

1953

Unter dem neuen Präsidenten der USA, Dwight D. Eisenhower, wird John Foster Dulles, den bald eine enge Freundschaft mit Adenauer verbindet, Außenminister. Stalin stirbt; Nikita Sergejewitsch Chruschtschow wird Erster Sekretär des ZK. Adenauer besucht die USA; die Wahlen zum zweiten Deutschen Bundestag werden für ihn zum großen persönlichen Triumph. Am 17. Juni kommt es zu einem Arbeiteraufstand in Ostberlin und in der DDR, der mit Hilfe sowjetischer Truppen niedergeschlagen wird. Waffenstillstand in Korea. Erster Wasserstoffbombenversuch in der Sowjetunion.

Am Schlosspark-Theater Berlin erfolgt die deutsche Erstaufführung von Samuel Becketts „Warten auf Godot", mit der das „absurde Theater" auf den deutschen Bühnen einzieht; ferner Uraufführung von „Das Schloß" von Franz Kafka in der Dramatisierung von Max Brod (Berlin). Von Wolfgang Koeppen erscheint „Das Treibhaus", von Heinrich Böll „Und sagte kein einziges Wort", von Ingeborg Bachmann der Gedichtband „Die gestundete Zeit", Ernst Berendt veröffentlicht das „Jazz-Buch"; Alan Bullocks Buch „Adolf Hitler – eine Studie über Tyrannei" kommt in deutscher Übersetzung heraus. Der zweite Teil des Kinsey-Reports („Das sexuelle Verhalten der Frau"), wonach mehr als die Hälfte der Amerikanerinnen nicht mehr jungfräulich in die Ehe gehen, ruft auch in der Bundesrepublik lebhafte und kontroverse Diskussionen hervor.

James D. Watson und Francis H. Crick entdecken die Struktur des Erbträgermoleküls Desoxyribonukleinsäure (DNS) und begründen damit den Forschungsbereich der Molekulargenetik. Der Neuseeländer Edmund Percival Hillary besteigt zusammen mit dem Sherpa Tenzing Norgay den Mount Everest im Himalaja, den höchsten Berg der Erde (8848 Meter). Marilyn Monroe beginnt ihren Aufstieg als naiver Sexstar. Der Nordwestdeutsche Rundfunk sendet das erste regelmäßige Fernsehprogramm. Nach einer experimentellen Vorbereitungszeit wird die elektronische Musik (mit einem Tonstudio im Kölner Funkhaus als Zentrum) vor allem durch Karlheinz Stockhausen bekannt.

1954

Beginn des Aufbaus der Bundeswehr („Erste Wehrergänzung" des Grundgesetzes). Otto John, Präsident des „Bundesamtes für Verfassungsschutz", begibt sich unter ungeklärten Umständen in die DDR. EVG-Vertrag scheitert in der französischen Nationalversammlung. Theodor Heuss erneut zum

Bundespräsidenten gewählt. Auf dem Bikini-Atoll detoniert die erste transportable amerikanische Wasserstoffbombe.

Le Corbusier beendet den Bau der Wallfahrtskirche Notre Dame du Haut in Ronchamp. Zum ersten Mal wird in der Bundesrepublik (Krefeld) das Gesamtwerk von Joan Miró gezeigt. Auf der Biennale von Venedig schockieren die Bilder von Francis Bacon das Publikum. Françoise Sagan wird mit ihrem Erstlingswerk „Bonjour Tristesse" weltberühmt. Max Frisch veröffentlicht den Roman „Stiller"; es erscheinen von Heinrich Böll „Haus ohne Hüter", von William Faulkner „Eine Legende", von Thomas Mann „Die Bekenntnisse des Hochstaplers Felix Krull". Ernest Hemingway erhält den Nobelpreis. – Neue Zeitschriften: „Akzente" („Zeitschrift für Dichtung") und (seit Dezember 1953) „Magnum" („Zeitschrift für das moderne Leben", typographisch raffiniert gestaltet, Organ eines engagierten Fotojournalismus). Erstaufführung von Bertolt Brechts „Der kaukasische Kreidekreis". Filme: „Die letzte Brücke" (Helmut Käutner), „La Strada" (Federico Fellini), „Die Faust im Nacken" (Elia Kazan). Wilhelm Furtwängler stirbt. Europäische Erstaufführung von „Musik für zwei präparierte Klaviere" von John Cage und David Tudor bei den Donaueschinger Musiktagen.

Die bundesrepublikanische Mannschaft gewinnt in Bern die Fußballweltmeisterschaft.

1955

Konferenz von 29 blockfreien Staaten in Bandung. Aufnahme der Bundesrepublik in die NATO; der „Sicherheitsbeauftragte" Theodor Blank, seit 1950 zuständig für die „mit der Vermehrung der alliierten Truppen zusammenhängenden Fragen", wird der erste Bundesverteidigungsminister. (Januar 1956 werden die ersten Bundeswehrkader – „Lehrkompanien" aus freiwilligen Soldaten – aufgestellt.) Otto John kehrt in die Bundesrepublik zurück. Beginn deutsch-sowjetischer Verhandlungen in Moskau über die Handelsbeziehungen und die Repatriierung der in der UdSSR noch zurückgehaltenen Deutschen.

Erste „documenta" in Kassel. Pablo-Picasso-Ausstellung in München. Robert Rauschenberg erweist sich als Wegbereiter der amerikanischen Pop-Art. Es sterben Willi Baumeister, Fernand Léger, Max Pechstein, Maurice Utrillo.

Kurz nach der Uraufführung von Tennessee Williams' Schauspiel „Die Katze auf dem heißen Blechdach" in New York deutsche Erstaufführung in Düsseldorf. Carl Zuckmayer: „Das kalte Licht" (Hamburg, inszeniert von Gustaf Gründgens). Der 150. Todestag von Friedrich Schiller wird in beiden deutschen Staaten mit großen Feiern begangen; Thomas Mann hält in Stuttgart und einen Tag später in Weimar eine Gedenkrede („Versuch über Schiller"); ein paar Monate später stirbt der Dichter. Tod von Paul Claudel, Theodor Plievier, Alfred Polgar. Vladimir Nabokovs Roman „Lolita" erscheint in Paris, nachdem er von amerikanischen Verlegern aus moralischen Bedenken abgelehnt worden war. Der Filmschauspieler James Dean verunglückt kurz nach Fertigstellung des Filmes „East of Eden" (Regie Elia Kazan) tödlich; er wird in kurzer Zeit zur Kultfigur der Jugend. Filmpremieren: „Die Saat der Gewalt" (Richard Brooks), „Himmel ohne Sterne" (Helmut Käutner), „Sissi" mit Romy Schneider und Karlheinz Böhm), „Des Teufels General" (Helmut Käutner). Durchbruch der Rock 'n' Roll-Musik (Elvis Presley). Die Berliner Philharmoniker unter Herbert von Karajan gastieren in New York. Deutschsprachige Premiere des Musicals „Kiss me Kate" von Cole Porter (1948). Großer Erfolg von Maria Callas in Berlin.

1956

Entstalinisierung, durchgesetzt auf dem 20. Parteitag der KPdSU. Die KPD wird durch das Bundesverfassungsgericht verboten.

Nationale Volksarmee in der DDR. 80. Geburtstag Konrad Adenauers. Einigung mit Frankreich über die Angliederung des Saarlandes an die Bundesrepublik zum 1. Januar 1957. Bundestag verabschiedet Wehrpflichtgesetz. Franz Josef Strauß (CSU) wird Verteidigungsminister. Niederwerfung der ungarischen Revolution durch sowjetrussische Truppen. Angriff Israels auf Ägypten.

Die Dramatisierung des „Tagebuchs der Anne Frank" (Buchausgabe 1955) wird an acht deutschen Bühnen aufgeführt und löst vor allem bei jungen Menschen tiefe Betroffenheit aus. Neuerscheinungen: „Der Fall" von Albert Camus (deutsch 1957, im selben Jahr Nobelpreis); „Die Dämonen" von Heimito von Doderer; „Hamlet oder Die lange Nacht nimmt kein Ende" von Alfred Döblin. Sachbuch: „Heller als tausend Sonnen" von Robert Jungk (über die Spaltung des Atoms und die Folgen). Es sterben Gottfried Benn und Bertolt Brecht. Uraufführung von Friedrich Dürrenmatts Drama „Der Besuch der alten Dame" in Zürich. – Neue Filme: „Stresemann" (Regie Alfred Braun); „Baby Doll" (Elia Kazan, deutsch 1957); „Die Trapp-Familie" (Wolfgang Liebeneiner, mit Ruth Leuwerik und Hans Holt); „Nacht und Nebel" (Alain Resnais, Dokumentarfilm über die Konzentrationslager des Dritten Reiches); „Die Halbstarken" (Georg Tressler); „Der Hauptmann von Köpenick" (Helmut Käutner, mit Heinz Rühmann).

In den USA wird die Antibabypille entwickelt (erste erfolgreiche Tests auf der Antilleninsel Puerto Rico); obwohl von der katholischen Kirche erbittert bekämpft, tritt sie Anfang der sechziger Jahre ihren Siegeszug um die ganze Welt an.

1957

Beginn des Vietnam-Krieges. Willy Brandt wird Regierender Bürgermeister von Berlin. Internationale Bauausstellung in Berlin. Werner Heisenberg und Wolfgang Pauli entwickeln als Versuch einer physikalischen Gesamtdeutung ihre „Weltformel" (seit 1953). Unter Federführung von Otto Hahn veröffentlichen 18 deutsche Kernphysiker einen Aufruf, in dem sie die Bundesregierung zum freiwilligen Verzicht auf Atomwaffen auffordern („Göttinger Manifest"); Adenauer hatte sich für die Ausrüstung der Bundeswehr mit Atomwaffen ausgesprochen. Die UdSSR startet den ersten künstlichen Erdtrabanten, den „Sputnik". In den USA wird dadurch unter anderem eine curriculare Umstellung des Erziehungswesens eingeleitet, da man sich nun technologisch überrundet sieht: Die Naturwissenschaften sollen stärker betont werden. (Erster Start eines US-Satelliten 1958.)

Der Mailänder Verleger Feltrinelli veröffentlicht Boris Pasternaks Roman „Doktor Schiwago", dessen Erscheinen in der Sowjetunion verhindert worden war. Weitere Neuerscheinungen: „Homo faber" von Max Frisch, „Sansibar oder der letzte Grund" von Alfred Andersch, „Verteidigung der Wölfe" von Hans Magnus Enzensberger, „Ehen in Philippsburg" von Martin Walser, „Unterwegs" von Jack Kerouac (deutsch 1959; eine autobiographische Erzählung, die zum Kultbuch der Beat-Generation wird). Entwicklung des „Nouveau roman" in Frankreich; eingeleitet durch Alain Robbe-Grillets Roman „Die Jalousie oder Die Eifersucht" (deutsch 1959). Es sterben Alfred Döblin, Curzio Malaparte. Sachbücher: „Das ist des Deutschen Vaterland. 70 Millionen in zwei Wartesälen" von Erich Kuby; „Die skeptische Generation" von Helmut Schelsky. – Theaterpremieren: „Leben des Galilei" von Bertolt Brecht; „Der Balkon" von Jean Genet (deutsche Erstaufführung 1959); John Osborne: „Blick zurück im Zorn" (deutsche Erstaufführung in Berlin). Skandal um Eugène Ionescos absurdes Drama „Opfer der Pflicht" (Darmstadt). Menschliche Beziehungslosigkeit und ihre Überwindung stehen im Mittelpunkt des Filmes „Wilde Erdbeeren" von Ingmar Bergman. Weitere Filmpremieren: „Das Wirtshaus im Spessart" (Regie Kurt Hoffmann), „Die zwölf Geschworenen" (Sidney Lumet),

„Die Brücke am Kwai" (David Lean, mit Alec Guinness). Brigitte Bardot wird zur Symbolfigur weiblicher Emanzipation; sie „überspielt" die „Busenköniginnen" Gina Lollobrigida und Sophia Loren. Die Fernsehfassung der Brecht'schen „Dreigroschenoper" erreicht eine Einschaltquote von 81,2 Prozent. Außenminister Heinrich von Brentano vergleicht das lyrische Spätwerk Brechts mit Produkten des Nazi-Dichters Horst Wessel.

1958

Lebhafte Diskussionen über die Möglichkeiten der Entspannung: Der polnische Außenminister Adam Rapacki schlägt eine atomwaffenfreie Zone in Mitteleuropa vor; die Sowjetregierung fordert in einem Memorandum die Einberufung einer Gipfelkonferenz (was Bundeskanzler Adenauer als Störmanöver und Propagandafeldzug bezeichnet). Massenkundgebungen der Aktion „Kampf dem Atomtod" in vielen deutschen Städten. Sowjetische Vorschläge für einen auf 25 Jahre befristeten Nichtangriffspakt zwischen den Mitgliedern der NATO und des Warschauer Paktes. Erstes Treffen von Adenauer mit dem neuen französischen Staatschef de Gaulle, der wenig später die Atombewaffnung Frankreichs ankündigt. Weltausstellung in Brüssel. Die SED kündigt auf ihrem V. Parteitag an, der Lebensstandard in der DDR werde den Lebensstandard in der Bundesrepublik bis 1961 erreichen oder sogar übertreffen.
Kardinal Roncalli, der Erzbischof von Venedig, wird als Johannes XXIII. zum Papst gewählt. – Boris Pasternak erhält den Nobelpreis für Literatur. Es erscheinen „Frühstück bei Tiffany" von Truman Capote, „Schlußball" von Gerd Gaiser. Als Sachbücher: „Deutsche Geschichte im 19. und 20. Jahrhundert" von Golo Mann, „Der Sowjetmensch" von Klaus Mehnert. In der bildenden Kunst werden die Mobiles von Alexander Calder bekannt. „Große sitzende Frauenfigur auf Stufen": Plastik von Henry Moore.

Die Bundesregierung versucht, die Aufführung des gesellschaftskritischen Filmes „Rosemarie, des deutschen Wunders liebstes Kind" (Regie Rolf Thiele, Drehbuch Erich Kuby) auf der Biennale von Venedig zu verhindern. Die Filmselbstkontrolle setzt durch, dass vor dem Start des Filmes ein Vorspann eingesetzt wird, der jede Beziehung des Stoffes zur bundesdeutschen Wirklichkeit verneint. In Frankreich wird der „Film der Autoren", im Gegensatz zur kitschigen Konfektionsware, vor allem durch François Truffaut („Sie küßten und sie schlugen ihn", deutsch 1959) bekannt.

1959

Amtsantritt von Charles de Gaulle als französischer Staatspräsident. John Foster Dulles stirbt. Das Bundesverteidigungsministerium bestellt in den USA 96 „Starfighter". Nominierung Konrad Adenauers zum Kandidaten der CDU/CSU für das Amt des Bundespräsidenten; Adenauer verzichtet; an seiner Stelle wird Heinrich Lübke gewählt. Die SPD verabschiedet das Godesberger Programm. Der Deutsche Ausschuss für das Erziehungs- und Bildungswesen legt den „Rahmenplan zur Umgestaltung und Vereinheitlichung des allgemeinbildenden öffentlichen Schulwesens" vor.
Die „documenta 2" in Kassel (mit einem starken Übergewicht der Maler des abstrakten Expressionismus). Oskar Kokoschka porträtiert Bundesminister Ludwig Erhard. Fertigstellung der Wohnhochhäuser „Romeo und Julia" von Hans Scharoun in Stuttgart. Günter Grass veröffentlicht den Roman „Die Blechtrommel"; vor allem wegen der Unverblümtheit in der Darstellung des Sexuellen wird ihm der von der Jury zuerkannte Literaturpreis der Stadt Bremen verweigert. Weitere Neuerscheinungen: „Billard um halbzehn" von Heinrich Böll, „Mutmaßungen über Jakob" von Uwe Johnson, „Sprachgitter" von Paul Celan. Zahlreiche Feiern zu Friedrich Schillers 200. Todestag. Die DDR proklamiert den „Bitterfelder

Weg"; (die Arbeiterliteratur soll im Mittelpunkt des literarischen Schaffens stehen). Zwei in ihrer Form höchst unterschiedliche Antikriegsfilme: „Die Brücke" von Bernhard Wicki (hartem Realismus verpflichtet) und „Hiroshima mon amour" von Alain Resnais (geprägt durch eine verfließende „Bildmelodie", Drehbuch Marguerite Duras). – Deutsche Erstaufführung von Eugène Ionescos Drama „Die Nashörner" in Düsseldorf (Regie Karlheinz Stroux). Ferner: „Die heilige Johanna der Schlachthöfe" von Bertolt Brecht (unter der Regie von Gustaf Gründgens in Hamburg); „Die Eingeschlossenen" von Jean-Paul Sartre (Paris). – Erste deutsche Bühnenaufführung von Arnold Schönbergs Oper „Moses und Aron" im Rahmen der Berliner Festwochen; Dirigent Hermann Scherchen; militante Störaktionen.
Hawaii wird 50. US-Bundesstaat. Abgeleitet aus hawaiianischer Folklore wird der Hula-Hoop-Reifen zur großen Freizeitmode.

1960

Israelische Agenten entführen den ehemaligen SS-Obersturmbannführer Adolf Eichmann, als „Schreibtischtäter" mitverantwortlich für die Massenvernichtung der europäischen Juden im Dritten Reich, nach Israel; er wird 1961 zum Tode verurteilt und 1962 hingerichtet. Nikita Chruschtschow verlangt in der UNO die Aufnahme der Volksrepublik China, mit seinem Schuh auf den Tisch trommelnd. Eingreifen von UNO-Truppen im Kongo; (Patrice Lumumba hatte die Wahlen in Belgisch-Kongo gewonnen; er wird von Staatspräsident Kasawubu gestürzt und an die Provinz Katanga, unter Präsident Moise K. Tschombé, ausgeliefert; 1961 dort ermordet). Brasilia wird Hauptstadt Brasiliens; Fertigstellung der dortigen Kathedrale durch Oscar Niemeyer. In New York Einweihung des Guggenheim-Museums (Architekt Frank Lloyd Wright). – Yves Klein: „Schwammrelief, monochrom blau" (Neuer Realismus). Die Happenings gewinnen an Bedeutung.

Erfindung des „Laser" (eines gebündelten, hochenergiereichen Lichtstrahls). Jacques Piccard erreicht mit seinem Tauchboot eine Rekordtiefe von 10 916 Metern. Frankreich zündet seine erste Atombombe.
Albert Camus kommt bei einem Autounfall um. Neuerscheinungen: „Die Rote" von Alfred Andersch, „Kaff auch Mare Crisium" von Arno Schmidt, „Halbzeit" von Martin Walser. Die Fernseh-Familienserie „Familie Schölermann" (seit 1954 111 Folgen, Einschaltquoten 70 bis 90 Prozent) wird eingestellt; Nachfolgeserie „Familie Hesselbach". – Erster Spielfilm von Jean-Luc Godard: „Außer Atem". – Uraufführung von Hans Werner Henzes Oper „Der Prinz von Homburg" (Libretto nach Heinrich von Kleists Schauspiel von Ingeborg Bachmann).

1961

Die USA brechen die diplomatischen Beziehungen zu Kuba ab. Chruschtschow und der neue Präsident der USA, John F. Kennedy, führen Gespräche in Wien. Der Mauerbau in Berlin führt zur hermetischen Abriegelung Ostberlins vom Westen. Adenauer wird wieder zum Bundeskanzler gewählt. Die Rebellion französischer Generäle in Algerien gegen de Gaulle bricht zusammen. Dag Hammarskjöld, der schwedische Generalsekretär der UNO (seit 1953) erhält postum den Friedens-Nobelpreis (abgestürzt auf dem Flug zu einer Besprechung mit dem Katanga-Präsidenten Tschombé). Der sowjetische Fliegermajor Juri Gagarin umrundet als erster Mensch im Weltraum mit seinem Raumflugkörper „Wostok I" die Erde. Neubau der Berliner Kaiser-Wilhelm-Gedächtniskirche durch den Architekten Egon Eiermann vollendet. Nagelbilder und benagelte Objekte von Günther Uecker, der sich der seit 1957 bestehenden Künstlergruppe „Zero" anschließt. Friedensreich Hundertwasser: „Sonne und Spiraloide über dem Roten Meer". Hans Uhlmann: Eisenplastik vor der Westberliner Deutschen Oper. – Ernest Hemingway begeht Selbst-

mord. Nobelpreis für den jugoslawischen
Schriftsteller Ivo Andriã. Walter Höllerer
gibt die Zeitschrift „Sprache im technischen
Zeitalter" heraus. – Bei einer vom NDR in
Auftrag gegebenen Fernsehinszenierung der
von Fritz Kortner bearbeiteten „Lysistrata"
des Aristophanes blendet sich der Bayerische
Rundfunk aus dem ARD-Programm aus;
Grund: „Verletzung des sittlichen Empfin-
dens". Gründung des „Zweiten Deutschen
Fernsehens" (ZDF) in Mainz. – Filme: „Viri-
diana" von Luis Buñuel; „Letztes Jahr in
Marienbad" von Alain Resnais (Drehbuch
Alain Robbe-Grillet). – Heftige Diskussionen, ob man nach dem Mauerbau Brecht
auf westdeutschen Bühnen noch spielen soll;
die meisten Theaterintendanten solidarisie-
ren sich gegen einen Boykott. Deutsche
Erstaufführung von „My Fair Lady" (1956)
in Berlin. Skandal um Luigi Nonos Oper
„Intolleranza" in Venedig. In der Neuinsze-
nierung des „Tannhäuser" durch Wieland
Wagner in Bayreuth ist die Venus mit der
farbigen Sängerin Grace Bumbry besetzt,
was Proteste auslöst.
Das Wörterbuch der Gebrüder Jacob und
Wilhelm Grimm gelangt zum Abschluss
(seit 1851). In seinem Buch „Griff nach der
Weltmacht" stellt der Hamburger Historiker
Fritz Fischer die Schuld der deutschen Regierung am Ersten Weltkrieg heraus und
bewirkt damit eine heftige Wissenschafts-
debatte.

Anmerkungen

Zitate wurden in der Rechtschreibung ihrer Entstehungszeit belassen.

1 Vgl. Schildt, Axel: Moderne Zeiten. Freizeit, Massenmedien und „Zeitgeist" in der Bundesrepublik der 50er Jahre. Hamburg 1995, S. 450. Für das Folgende S. 19 ff.

2 Schwarz, Hans-Peter: Die Fünfziger Jahre als Epochenzäsur. In Heideking, Jürgen u. a. (Hg.): Wege in die Zeitgeschichte. Festschrift zum 65. Geburtstag von Gerhard Schulz. Berlin/New York 1989, S. 473.

3 Maier, Hans: Die Deutschen und die Freiheit. Perspektiven der Nachkriegszeit. Stuttgart 1985, S. 19.

4 Gall, Lothar: Die Bundesrepublik in der Kontinuität der Deutschen Geschichte. In: Hefte für Zeitgeschichte, 239/1984, S. 609.

5 Schildt: Moderne Zeiten (wie Anm. 1).

6 Vgl. Broszat, Martin/Henke, Klaus-Dietmar/Woller, Hans (Hg.): Von Stalingrad zur Währungsreform. Zur Sozialgeschichte des Umbruchs in Deutschland. München 1989.

7 Merseburger, Peter: Grenzgänger. Innenansichten der anderen deutschen Republik. München 1988, S. 84.

8 Dirks, Walter: Der restaurative Charakter der Epoche. In: Frankfurter Hefte, 9/1950, S. 942.

9 Kogon, Eugen: Die Aussichten der Restauration. Über die gesellschaftlichen Grundlagen der Zeit. In: Frankfurter Hefte, 3/1952, S. 165 ff.

10 Michel, Karl Markus: Rückkehr zur Fassade. In: Kursbuch, 89/1987, S. 127.

11 Coulmas, Peter: Die goldenen fünfziger Jahre. In: Merkur, 378/1979, S. 1145 ff.

12 Elefanten Press (Hg.): Bikini. Die fünfziger Jahre. Kalter Krieg und Capri-Sonne. Berlin 1981.

13 Freymond, Jacques: Die Atlantische Welt. In Mann, Golo (Hg.): Propyläen Weltgeschichte, Bd. 10. Berlin/Frankfurt a. M. 1986, S. 273.

14 Adorno, Theodor W.: Auferstehung der Kultur in Deutschland? In: Frankfurter Hefte, 5/1950, S. 169 ff.

15 L'Ordre, 21.9.1946.

16 Vgl. Seitz, Norbert: Die Kanzler und die Künste. Die Geschichte einer schwierigen Beziehung. München 2005, S. 23.

17 Maier: Die Deutschen (wie Anm. 3), S. 29. Ferner Adenauer, Konrad: Teegespräche 1950–1954. Rhöndorfer Ausgabe. Hg. von Rudolf Morsey und Hans-Peter Schwarz, bearb. v. Hanns Jürgen Küsters. Berlin 1984.

18 Koch, Peter: Konrad Adenauer. Eine politische Biographie. Reinbek bei Hamburg 1985, u. a. S. 432 ff.

19 Adenauer, Konrad: Erinnerungen. 1945–1953. Stuttgart 1965, S. 173.

20 Proebst, Hermann: Adenauer. In: Vierzehn Jahre mit Adenauer. Sonderbeilage der Süddeutschen Zeitung, 15.10.1963.

21 Koeppen, Wolfgang: Das Treibhaus (1953). Berlin-Grunewald o. J., S. 29. Vgl. Reich-Ranicki, Marcel: Der gierige Zeuge. Über Wolfgang Koeppen. In: Der Monat, 177/1963, S. 70 f.

22 Vgl. Mann, Golo: Konrad Adenauer, Staatsmann aus Sorge. In: Frankfurter Allgemeine Zeitung, 14.2.1976.

23 Vgl. Haffner, Sebastian: Im Schatten der Geschichte. Historisch-politische Variationen aus zwanzig Jahren. Stuttgart 1985, S. 288, 291.

24 Vgl. Mittendorfer, Rudolf: Robert Schuman – Architekt des neuen Europa. Hildesheim 1983.

25 Zit. nach Vogt, Helmut: Bewährungshelfer vom Petersberg. In: Frankfurter Allgemeine Zeitung, 1.6.2002. Vgl. auch ders.: Wächter der Bonner Republik. Die Alliierten Hohen Kommissare 1949–1955. Paderborn 2004.

26 Zit. nach Vogt: Bewährungshelfer (wie Anm. 25).

27 Zit. nach Mende, Erich: Theodor Heuss in Bayern. Zum 100. Geburtstag des ersten Bundespräsidenten. Bayerischer Rundfunk, Sendemanuskript, 29.1.1984, S. 2.

28 Vgl. Henning, Friedrich (Hg.): Theodor Heuss; Lieber Dehler! Mit einem Geleitwort Hildegard Hamm-Brüchers. München 1983.

29 Vgl. Mende, Erich: Das verdammte Gewissen. Zeuge der Zeit 1921–1945. München, Berlin 1982.

30 Zit. nach Kocka, Jürgen: Zerstörung und Befreiung. Das Jahr 1945 als Wendepunkt deutscher Geschichte. In: Politik und Kultur, 5/1986, S. 47.

31 Zit. nach Seitz: Die Kanzler und die Künste (wie Anm. 16), S. 32. Für das Nachfolgende ebd., S. 32 ff.

32 Zit. nach ebd., S. 32.

33 Ebd., S. 31.

34 In Huf, Hans-Christian (Hg.): Das Land der großen Mitte. Gespräche über die Kultur der Bundesrepublik. Düsseldorf/Wien/New York 1989, S. 67.

35 In Sarkowicz, Hans (Hg.): Sie prägten Deutschland. Eine Geschichte der Bundesrepublik in politischen Portraits. München 1999. Vgl. auch Koerfer, Daniel: Kampf ums Kanzleramt. Erhard und Adenauer. Stuttgart 1987.

36 Franck, Dieter: Die fünfziger Jahre. Als das Leben wieder anfing. München/Zürich 1981, S. 36.

37 Weißler, Sabine: Fahnen des Neubeginns. Perlonstrümpfe. In Elefanten Press (Hg.): Perlonzeit. Berlin 1985, S. 150.

38 Blüthmann, Heinz: Der letzte Auftritt eines Alleinunterhalters. In: Die Zeit, 16.11.1982.

39 Amstutz, Peter/Bunzenthal, Roland: Der Aufstieg begann mit dem „Linzer Stüberl". In: Frankfurter Rundschau, 31.8.1982.

40 Vgl. Zehle, Sibylle: Josef Neckermann. Ein dressierter Mann. In: Die Zeit, 4.6.1982.

41 Enzensberger, Hans Magnus: Das Plebiszit der Verbraucher (1960). In: Einzelheiten I. Bewußtseins-Industrie. Frankfurt a. M. 1964, S. 168 ff.

42 Pritzkoleit, Kurt: Gott erhält die Mächtigen. Rückblick und Rundblick auf den deutschen Wohlstand. Düsseldorf 1963. Ders.: Wem gehört Deutschland? Eine Chronik von Besitz und Macht. München/Wien/Basel 1957.

43 Vgl. Burnham, James: Das Regime der Manager. Stuttgart 1949.

44 Graf, Otto: Die Krankheit der Verantwortlichen und der Gesundheitsschutz des geistigen Arbeiters. In: Universitas, 10/1953, S. 1009 ff.

45 Gaiser, Gerd: Schlußball. Aus den schönen Tagen der Stadt Neu-Spuhl. München 1958, S. 133.

46 Helwig, Werner: Humor aus Verzweiflung. Martin Walsers „Ehen in Philippsburg". In: Süddeutsche Zeitung, Jg. 157.

47 Schreiber, Hermann: Der gute Mensch vom Tegernsee. In: Der Spiegel, 37/1965, S. 27 ff.

48 Erhard, Ludwig: Wohlstand für alle. Düsseldorf 1990, S. 23.

49 Vgl. Lehmann, Hans Georg: Chronik der Bundesrepublik Deutschland. 1945/49 bis 1981. München 1981, S. 52.

50 Vgl. Schwarz, Hans-Peter: Die Ära Adenauer. Gründerjahre der Republik 1947–1949. In Bracher, Karl Dietrich/Eschenburg, Theodor/Fest, Joachim C./Jäckel, Eberhard (Hg.): Geschichte der Bundesrepublik Deutschland. Bd. 2. Stuttgart/Wiesbaden 1981, S. 167.

51 Blauhorn, Kurt: Alles soll jetzt besser werden. In Franck: Die fünf ziger Jahre (wie Anm. 36), S. 56 f.

52 Vgl. Barth, Hans Paul: Marxistisches Denken in der deutschen Arbeiterschaft? In: Die Neue Gesellschaft, 6/1955, S. 403 ff.

53 Hardach, Gerd: Die Wirtschaftsentwicklung der fünfziger Jahre. Restauration und Wirtschaftswunder. In Bänsch, Dieter (Hg.): Die fünfziger Jahre. Beiträge zu Politik und Kultur. Tübingen 1985, S. 57 f.

54 Vgl. Pirker, Theo: Die blinde Macht. Die Gewerkschaftsbewegung in Westdeutschland. Teil 1: 1945–1952. Vom „Ende des Kapitalismus" zur „Zähmung der Gewerkschaften". München 1960.

55 Dirks, Walter: Der lange Streik. In: Frankfurter Hefte, 4/1957, S. 234.

56 Vgl. Hardach: Die Wirtschaftsentwicklung (wie Anm. 53), S. 58.

57 Vgl. Ritzel, Heinrich G.: Kurt Schumacher in Selbstzeugnissen und Bilddokumenten. Reinbek bei Hamburg 1972, S. 123 ff. Siehe ferner Albrecht, Willy: Kurt Schumacher – Reden, Schriften, Korrespondenzen 1945–1952. Bonn 1985.

58 Zit. nach Vogel, Hans-Jochen: Schumachers Werk ist nicht davor gefeit, mißbraucht zu werden. Sein Erbe wirkt in der SPD weiter. In: Vorwärts, 12.10.1985.

59 Zit. nach Scholz, Arno/Oschilewski, Walter G.: Turmwächter der Demokratie. Ein Lebensbild von Kurt Schumacher. Bd. I: Sein Weg durch die Zeit. Bd. II: Reden und Schriften. Bd. III: Als er von uns ging. Berlin 1953. Bd. III, S. 16.

60 Vgl. Sontheimer, Kurt: Von Deutschlands Republik. Politische Essays. Stuttgart 1991.

61 Miller, Susanne: Die SPD vor und nach Godesberg. Kleine Geschichte der SPD. Bd. 2. Bonn-Bad Godesberg 1974, S. 36.

62 Vgl. Steffen, Jochen: Der Einzelne und seine Partei. Epilog für Herbert Wehner. In: Trans-Atlantik, 3/1983, S. 62. Ferner siehe Grebing, Helga: Die Parteien. In Benz, Wolfgang (Hg.): Die Geschichte der Bundesrepublik Deutschland. Bd. 1: Politik. Frankfurt a. M. 1989, S. 98 ff.

63 Schmid, Carlo: Erinnerungen. München 1981, S. 660.

64 Ebd., S. 680.

65 Schindelbeck, Dirk: Was eine Gesellschaft zusammenhält. Kleine Konsumgeschichte Deutschlands 1945–1990. Teil 1. In: Universitas, 669/2002, S. 229 f.

66 Zit. nach ebd., S. 234.

67 Vgl. ebd., S. 236.

68 Loewy, Raymond: Häßlichkeit verkauft sich schlecht. Düsseldorf 1953.

69 Vgl. Arnsperger, Klaus: Die Garde der heimlichen Verführer. In: Süddeutsche Zeitung, Nr. 52/1958. Vgl. ferner Dichter, Ernest: Strategie im Reich der Wünsche. Düsseldorf 1961.

70 Packard, Vance: Die geheimen Verführer. Der Griff nach dem Unbewussten in Jedermann. Düsseldorf 1958. Vgl. auch Packard, Vance: Die unsichtbaren Schranken. Theorie und Praxis des Aufstiegs in der „klassenlosen" Gesellschaft. Düsseldorf 1959; Maseberg, Eberhard: Die geheimen Verführer. In: Süddeutsche Zeitung, 19./20.10.1957; Korn, Karl: Der manipulierte Mensch. Perspektiven der amerikanischen Sozialingenieure. In: Frankfurter Allgemeine Zeitung, 10.8.1957; Mayer, Martin: Madison Avenue. Verführung durch Werbung. Köln 1959.

71 Zahn, Ernest. Zit. nach: Werbung. Ein bisschen irre. In: Der Spiegel, 4/1966, S. 41.

72 Habermas, Jürgen: Illusionen auf dem Heiratsmarkt. In: Süddeutsche Zeitung, 24./25.11.1956.

73 Holthusen, Hans Egon: Die Schönheitskönigin. In: Süddeutsche Zeitung, Jg. 1955.

74 Bodamer, Joachim: Der Mann von heute. Seine Gestalt und Psychologie (1956). Freiburg, Basel, Wien 1964, S. 115 f. Vgl. ders.: Die Frau im Zeitalter der Technik. In: Süddeutsche Zeitung, 30.11./1.12.1957.

75 Schildt, Axel: Gesellschaftliche Entwicklung. In: Deutschland in den fünfziger Jahren. Informationen zur politischen Bildung, 256/1997, S. 7.

76 Muhlen, Norbert: Das Land der großen Mitte. Notizen aus dem Neon-Biedermeier. In: Der Monat, 63/1953, S. 237 ff.

77 Lampugnani, Vittorio M.: Architektur und Stadtplanung. In Benz, Wolfgang (Hg.): Die Bundesrepublik Deutschland. Geschichte in drei Bänden. Bd. 3: Kultur. Frankfurt a. M. 1983, S. 148.

78 Schulz, Eberhard: Deutschland heute. Der Mensch der Nachkriegszeit. Frankfurt a. M. 1958, S. 186.

79 Vgl. Zwerenz, Gerhard: Bericht aus dem Landesinneren. City Strecke Siedlung. Frankfurt a. M. 1972, S. 10 f.

80 Vgl.: Glas verdrängt die Mauern. In: Das Schönste, 3/1958, S. 29 ff.

81 Vgl. Strobel, Ricarda: „Im Petticoat am Nierentisch". Architektur, Mode und Design. In Faulstich, Werner (Hg.): Die Kultur der fünfziger Jahre. München 2002, S. 124.

82 Zit. nach Borngräber, Christian: Nierentisch und Schrippendale, Hinweise auf Architektur und Design. In Bänsch: Die fünfziger Jahre (wie Anm. 53), S. 228.

83 Vgl. Schwarz, Andrea: Design, Grafik Design, Werbung. In Benz: Die Bundesrepublik (wie Anm. 77) Bd. 3, S. 298 f.

84 Zit. nach Selle, Gert: Die Geschichte des Designs in Deutschland von 1870 bis heute. Entwicklungen der industriellen Produktkultur. Köln 1978, S. 176.

85 Vgl. Maenz, Paul: Die 50er Jahre. Formen eines Jahrzehnts. Stuttgart 1978, S. 134 f.

86 Pawek, Kurt: Das Leben nach 45. In: magnum, 24/1959.

87 Zander, Irene: Im Märchenwald der modernen Form. Die Mailänder Triennale 1954. In: Süddeutsche Zeitung, Jg. 1954.

88 Vgl. Raestrup, Reiner: Alles Plastik. Die schöne Welt der 50er Jahre. In: Wechselwirkung, 19/1983, S. 31. Vgl. ferner Glenz, W.: Kunststoff – ein Werkstoff macht Karriere. München/Wien 1985.

89 Vgl. Weber-Kellermann, Ingeborg: Mit Pferdeschwanz und Petticoat. In Perlonzeit (wie Anm. 37), S. 13 ff.

90 Zit. nach Delille, Angela/Grohn, Andrea: Blick zurück aufs Glück. Frauenleben und Familienpolitik in den 50er Jahren. Berlin 1985, S. 67 f.

91 Kleßmann, Christoph: Zwei Staaten, eine Nation. Deutsche Geschichte 1955–1970. Bonn 1988, S. 55.

92 Graudenz, Karlheinz/Pappritz, Erica: Etikette neu (1956). 11. völlig neu bearb. Aufl. 1969, S. 147 f.

93 Anzeige. Zit. nach Jungwirth, Nikolaus/Kromschröder, Gerhard: Die Pubertät der Republik. Die 50er Jahre der Deutschen. Frankfurt a. M. 1978, S. 5.

94 Vgl. Sieburg, Friedrich: Die Lust am Untergang. Hamburg 1954.

95 Vgl. Schildt: Moderne Zeiten (wie Anm. 1), S. 180 ff.

96 Enzensberger, Hans Magnus: Vergebliche Brandung der Ferne. Eine Theorie des Tourismus. In: Merkur, 126/1958, S. 719 f.

97 Sachs, Wolfgang: Die Liebe zum Automobil. Ein Rückblick auf die Geschichte unserer Wünsche. Reinbek bei Hamburg 1984, S. 83.

98 Vgl. Schütz, Erhard: Der Volkswagen. In François, Etienne/Schulze, Hagen (Hg.): Deutsche Erinnerungsorte I. München 2001, S. 352.

99 Zit. nach Weymar, Thomas: Ein Volk auf Achse. In: Wechselwirkung, 19/1983, S. 25.

100 Zit. nach Kemper, Peter: Muttis trauriger Tagtraum. Margot Eskens: Cindy, oh Cindy (1957). In Max & Moritz (Hg.): Schlager, die wir nie vergessen. Leipzig 1997, S. 47.

101 Stang, Barbara: Was alles in einer Badehose stecken kann. Die kleine Cornelia: Pack die Badhose ein (1951). In Max & Moritz: Schlager (wie Anm. 100), S. 27.

102 Schreiber, Hermann: Lebenslüge nach Noten. In: Der Monat, 138/1960, S. 68.

103 Zit. nach ebd., S. 68.

104 Zit. nach Kleßmann: Zwei Staaten (wie Anm. 91), S. 56.

105 Vogel, Angela: Familie. In Benz: Die Geschichte (wie Anm. 62) Bd. 3: Gesellschaft, S. 47.

106 Ingenhoven, Claudia/Kemper, Magdalena: Nur Kinder, Küche, Kirche? In Perlonzeit (wie Anm. 37), S. 136.

107 Vgl. Meyer, Sibylle/Schulze, Eva: Von Liebe sprach damals keiner. Familienalltag in der Nachkriegszeit. München 1985, S. 169 ff.

108 Mitscherlich, Alexander: Auf dem Weg zur vaterlosen Gesellschaft. Ideen zur Sozialpsychologie. München 1963.

109 Zit. nach Bikini (wie Anm. 12), S. 278.

110 Schelsky, Helmut: Die skeptische Generation. Eine Soziologie der deutschen Jugend (1958). Düsseldorf/Köln 1963, S. 74 ff., 387 f.

111 Vgl. Baacke, Dieter: Jugend und Jugendkulturen. Weinheim/München 1987, u. a. S. 54 ff.

112 Zit. nach ebd., S. 34 f.

113 Kemper, Peter: König ohne Reich. Erst der tote Elvis lebt wirklich. In: Frankfurter Allgemeine Zeitung, 31.12.1993.

114 Leitmeyer, Wolfgang/Münster, Tanja (Hg.): Jugendjahre. Teans und Twens zwischen 1950 und 2000. Speyer o. J., S. 30.

115 Delille/Grohn: Blick zurück (wie Anm. 90), S. 116.

116 Vgl. Kinsey, Alfred Charles u. a.: Das sexuelle Verhalten des Mannes (1948). Frankfurt a. M. 1955; ders.: Das sexuelle Verhalten der Frau (1953). Frankfurt a. M. 1954.

117 Wuermeling, Franz-Josef: Familie – Gabe und Aufgabe. Baden-Baden 1963. Zit. nach Delille/Grohn: Blick zurück (wie Anm. 90), S. 67 f.

118 Knef, Hildegard: Der geschenkte Gaul. Frankfurt a. M./Berlin 1981, S. 232.

120 Demetz, Peter: B. B. Geschichte einer Legende. In: Frankfurter Allgemeine Zeitung, 13.4.1985.

119 Sieburg, Friedrich: Nichts da, Leute. In: Frankfurter Allgemeine Zeitung, 3.10.1959. Zit. nach Sieburg, Friedrich: Zur Literatur. Hg. von Fritz J. Raddatz. 1957–1963. Stuttgart 1981, S. 154.

121 Sagan, Françoise: Bonjour tristesse (1954). Berlin 1957, S. 9, 15, 152.

122 Vgl. Schirmbeck, Samuel: Wg. Sagan. In: Frankfurter Rundschau, 21.6.1985. Vgl. ferner Zeltner, Gerda: Françoise Sagan in ihrer eigenen Welt. In: Neue Zürcher Zeitung, 15./16.9.1984.

123 Vgl. Sieburg, Friedrich: Was soll aus ihr werden? In: Frankfurter Allgemeine Zeitung, 12.4.1958.

124 Vgl. Perlonzeit (wie Anm. 37), S. 41.

125 Bökenkamp, Werner: Ein Zwangsarbeiter der Elendmalerei. Das Leben des Bernard Buffet. In: Frankfurter Allgemeine Zeitung, 15.3.1958.

126 Vgl. Reich an Armut ... Bernard Buffet und Fernand Léger repräsentieren die moderne Kunst Frankreichs. In: Das Schönste, 4/1957, S. 24; Marc, Anatol: Bernard Buffet. In: Das Schönste, 3/1961, S. 30; Buffet, Bernard: Die Kritik ist wieder zufrieden. In: Das Schönste, 3/1962, S. 52 f.

127 Vgl. Fromm, Erich: Haben oder Sein. Stuttgart 1977. Vgl. ferner Jaspers, Karl: Lebensfragen deutscher Politik. München 1963.

128 Habermas, Jürgen: Comeback der deutschen Soziologie. In: Frankfurter Allgemeine Zeitung, Jg. 1955. Vgl. Bernsdorf, Wilhelm/Bülow, Friedrich: Wörterbuch der Soziologie. Stuttgart 1955; Gehlen, Arnold/Schelsky, Helmut: Soziologie. Ein Lehr- und Handbuch der modernen Gesellschaftskunde. Düsseldorf 1955; Weber, Alfred (Hg.): Einführung in die Soziologie. München 1955; Martin, Alfred von: Soziologie. Die Hauptgebiete im Überblick. Berlin 1956; Mannheim, Karl: Mensch und Gesellschaft im Zeitalter des Umbaus. Darmstadt 1958.

129 Vgl. auch Schelsky, Helmut: Soziologie der Sexualität. Hamburg 1955.

130 Jungk, Robert: Die Zukunft hat schon begonnen. Amerikas Allmacht und Ohnmacht. Stuttgart 1952, S. 320.

131 Anders, Günther: Die Antiquiertheit des Menschen. Bd. I: Über die Seele im Zeitalter der zweiten industriellen Revolution. München (1956) 1983, S. 24, 286. Vgl. auch ders.: Bd. II: Über die Zerstörung des Lebens im Zeitalter der dritten industriellen Revolution. München 1980.

132 Vgl. Horkheimer, Max/Adorno, Theodor W.: Dialektik der Aufklärung. Philosophische Fragmente (1944). Frankfurt a. M. 1970.

133 Adorno, Theodor W.: Negative Dialektik. Frankfurt a. M. 1970, S. 241.

134 Vgl. Wiggershaus, Rolf: Die Frankfurter Schule. Geschichte. Theoretische Entwicklung. Politische Bedeutung. München/Wien 1986.

135 Gehlen, Arnold: Der Mensch. Seine Natur und seine Stellung in der Welt (1940). Bonn 1955.

136 Vgl. Arnold, Heinz Ludwig: Die Gruppe 47. Reinbek bei Hamburg 2004.

137 Kaiser, Joachim: Die Gruppe 47 lebt auf. In: Süddeutsche Zeitung, 5.11.1958. Vgl. auch Görtz, Franz Josef: Die Blechtrommel. Attraktion und Ärgernis. Ein Kapitel deutscher Literaturkritik. Darmstadt/Neuwied 1984.

138 Enzensberger, Hans Magnus: verteidigung der wölfe. Frankfurt a. M. 1957, S. 70.

139 Ders.: Die Sprache des „Spiegel" (1957). In: Einzelheiten I (wie Anm. 41).

140 Benn, Gottfried: Doppelleben. In: Gesammelte Werke in acht Bänden. Bd. 8: Reden und Vorträge. Hg. von Dieter Wellershoff. Wiesbaden 1968, S. 2031.

141 Rühmkorf, Peter: Die Jahre die ihr kennt. Anfälle und Erinnerungen. Reinbek bei Hamburg 1972, S. 92 f.

142 Benn, Gottfried: Der Radardenker. In: Gesammelte Werke in acht Bänden. Bd. 6: Stücke aus dem Nachlaß. Szenen. Hg. von Dieter Wellershoff. Wiesbaden 1968, S. 1435.

143 Einholz, Armin: Welzheimer Marginalien. In: Die Neue Zeitung, 27./28.10.1951.

144 Vgl. Brenner, Hans Georg: Ilse Aichinger – Preisträgerin der Gruppe 47. In: Die Literatur, 1.6.1952.

145 Ferber, Christian: Die Frühjahrstagung der Gruppe 47 in Mainz. Süddeutscher Rundfunk, Juli 1953. Zit. nach Lettau, Reinhard: Die Gruppe 47. Bericht. Kritik. Polemik. Ein Handbuch. Neuwied/Berlin 1967, S. 89.

146 Zit. nach Prospekt des Piper Verlages. München o. J.

147 Holthusen, Hans Egon: Kämpfender Sprachgeist. Zur Lyrik Ingeborg Bachmanns. In: Merkur, 6/1958, S. 562 ff.

148 Zit. nach Ross, Werner: Mit der linken Hand geschrieben. Der deutsche Literaturbetrieb. Zürich 1984, S. 46.

149 Eich, Günter: Träume (1950). In: Träume. Vier Spiele. Berlin/Frankfurt a. M. 1959, S. 189.

150 Schwitzke, Heinz: Sprich, damit ich dich sehe. Sechs Hörspiele und ein Bericht über eine junge Kunstform. München 1960, S. 19.

151 Sanders-Brahms, Helma: Frieden, Freiheit, gute Butter. In Perlonzeit (wie Anm. 37), S. 9. Vgl. Bachmann, Ingeborg: Der gute Gott von Manhattan, 1958; Frisch, Max: Biedermann und die Brandstifter, 1956 (als Schauspiel 1958); Eich, Günter: Der Tiger Jussuf, 1952; ders.: Die Brandung von Setúbal, 1958.

152 Kästner, Erich: Der tägliche Kram. In: Gesammelte Schriften für Erwachsene. Bd. 7: Vermischte Beiträge II. München/Zürich 1969, S. 14.

153 Vgl. Koch Hans Jürgen/Glaser, Hermann: Ganz Ohr. Eine Kulturgeschichte des Radios in Deutschland. Köln/Weimar/Wien 2005, S. 243.

154 Pelzer, Jürgen: Kritik durch Spott. Satirische Praxis und Wirkungsprobleme im westdeutschen Kabarett (1945–1974). Frankfurt a. M. 1985.

155 Vgl. Budzinski, Klaus: Die Münchner Lach- und Schießgesellschaft. In: Das Schönste 1/1962, S. 47.

156 Pelzer: Kritik durch Spott (wie Anm. 154), S. 76 f.

157 Der Berliner Kaputt-Kabarettist Wolfgang Neuss wird sechzig. In: Nürnberger Nachrichten, 2.12.1983; Neuss, Wolfgang: Wir Kellerkinder. Serenade für Angsthasen. Frankfurt a. M. 1983.

158 Vgl. Koch/Glaser: Ganz Ohr (wie Anm. 153), S. 220.

159 Vgl. Glaser, Hermann. Kleine deutsche Kulturgeschichte. Eine west-östliche Erzählung vom Kriegsende bis heute. Frankfurt a. M. 2004, S. 93 f.

160 Mitscherlich, Alexander und Margarete: Die Unfähigkeit zu trauern. Grundlagen kollektiven Verhaltens. München 1967, S. 7 f.

161 Ebd., S. 26.

162 Ebd., S. 19.

163 Friedrich, Jörg: Die kalte Amnestie. NS-Täter in der Bundesrepublik. Frankfurt a. M. 1984. Vgl. ferner Giordano, Ralph: Die zweite Schuld oder Von der Last Deutscher zu sein. Hamburg 1987.

164 Vgl. Frei, Norbert (Hg.): Karrieren im Zwielicht. Hitlers Eliten nach 1945. Frankfurt a. M./New York 2001, S. 179.

165 Vgl. Lübbe, Hermann: Der Nationalsozialismus im deutschen Nachkriegsbewusstsein. In: Historische Zeitschrift, 236/1983, S. 585.

166 Vgl. Frei: Karrieren (wie Anm. 164), S. 101, 256, 279 f., 301, 331 f.

167 Vgl. Freimüller, Tobias: Mediziner: Operation Volkskörper. In Frei: Karrieren (wie Anm. 164), S. 53 ff.

168 Vgl. Frei: Karrieren (wie Anm. 164), S. 7, 80, 84, 97 ff., 114 f., 123, 305, 346. Vgl. ferner Simpson, Christopher: Die internationalen Wirtschaftseliten und das Wiedererstarken des deutschen Kapitalismus 1945–1948. In: 1999 – Zeitschrift für Sozialgeschichte des 20. und 21. Jahrhunderts, 2/1990.

169 Vgl. Scholten, Jens: Im Geiste unbesiegt. In Frei: Karrieren (wie Anm. 164), S. 131 ff.

170 Ebd. S. 137 ff.

171 Vgl. Miquel, Marc von: Juristen – Richter in eigener Sache. In Frei: Karrieren (wie Anm. 164), S. 181 ff., 217 ff.

172 Vgl. Glaser: Kleine deutsche Kulturgeschichte (wie Anm. 159), S. 138.

173 Schenk, Dieter: Auf dem rechten Auge blind. Die braunen Wurzeln des BKA. Köln 2001, S. 18.

174 Ebd. S. 19.

175 Zit. nach Weiß, Matthias: Journalisten. Worte als Taten. In Frei: Karrieren (wie Anm. 164), S. 242.

176 Hachtmeister, Lutz/Siering, Friedemann: Die Herren Journalisten. Die Elite der deutschen Presse nach 1945. München 2002.

177 Hermand, Jost: Kultur im Wiederaufbau. Die Bundesrepublik Deutschland 1945–1965. München 1986, S. 274 f.

178 Vgl. Schwenger, Hannes: Buchmarkt und literarische Öffentlichkeit. In Hansers Sozialgeschichte der deutschen Literatur vom 16. Jahrhundert bis zur Gegenwart. München 1986, S. 105 ff.

179 Kalow, Gert (Hg.): Sind wir noch das Volk der Dichter und Denker? 14 Antworten. Reinbek bei Hamburg 1964, S. 125.

180 Vgl. Rischbieter, Henning: Theater. In Benz: Die Bundesrepublik (wie Anm. 77), Bd. 3: Kultur, S. 79.

181 Vgl. Kaiser, Joachim: Schauspiel in der Bundesrepublik. In: Frankfurter Hefte, 5/1952, S. 333f.

182 Kesting, Marianne: Panorama des absurden Theaters. In: Süddeutsche Zeitung, 13./14.5.1961. Vgl. auch dies.: Panorama des zeitgenössischen Theaters. 50 literarische Porträts. München 1962.

183 Adorno, Theodor W.: Theater – Oper – Bürgertum. In: Der Monat, 84/1955, S. 532 ff., 537.

184 Zit. nach Zelinsky, Hartmut: Das erschreckende „Erwachen", und wie man Wagner von Hitler befreit. In: Neue Zeitschrift für Musik, 9/1983, S. 9.

185 Panofsky, Walter: Ein „Commonwealth" der Opernhäuser? Bericht über ein Gespräch mit Herbert von Karajan. In: Das Schönste, 3/1962, S. 15.

186 Vgl. Panofsky, Walter: Schlechte Noten für Karajan? In: Das Schönste, 11/1961, S. 48 f.

187 Schumann, Karl: Der Dirigent wird zum Bestseller. In: Das Schönste, 7/1959, S. 13.

188 Vgl. Vision eines Lebens – vertont. Die Deutsche Oper am Rhein brachte die Neufassung der Oper „Karl V." von Krenek. In: Das Schönste, 5/1958, S. 19.

189 Vgl. Daiber, Hans: Deutsches Theater seit 1945. Bundesrepublik Deutschland, Deutsche Demokratische Republik, Österreich, Schweiz. Stuttgart 1976, S. 144 f. Vgl. ferner Müller-Blattau, Joseph: Der Weg der zeitgenössischen Oper – von Strawinsky bis Henze. In: Universitas, 10/1964, S. 1044 f.

190 Grohmann, Will (Hg.): Neue Kunst nach 1945. Malerei. Köln 1958, S. 151. Vgl. auch ders.: Bildende Kunst und Architektur. Zwischen den Kriegen (III). Frankfurt a. M. 1953.

191 Thomas, Karin: Zweimal deutsche Kunst nach 1945. 40 Jahre Nähe und Ferne. Köln 1985, S. 21 f.

192 Ebd., S. 28 f.

193 Grohmann: Neue Kunst (wie Anm. 190), S. 178.

194 documenta, 15. Juli bis 18. September 1955. Kassel. Reprint München/New York 1955, S. 25.

195 Vgl. Hermand: Kultur (wie Anm. 177), S. 340 f.

196 Ebd., S. 341 ff.

197 Ungureit, Heinz: Filmpolitik in der Bundesrepublik. In: Filmkritik, 1/1964, S. 13.

198 Chiaromonte, Nicola: Bild und Wort. Anmerkungen zum intellektuellen Film. In: Merkur, 11/1963, S. 1036 ff.; Dörrlamm, Rolf: Junger Film – alte Filmhilfe. In: Der Monat, 226/1967, S. 49 ff.

199 Jansen, Peter W.: Anatomie einer Provokation. Der Modellfall Oberhausen. In: Merkur, 243/1968, S. 671.

200 Vgl. Bexte, Peter: Es braust ein Ruf, so fern ich seh. In: Frankfurter Allgemeine Zeitung-Magazin, Jg. 1985.

201 Budzinski, Klaus: Ist die Fernseh-Kamera Feind der Kunst? In: Das Schönste, 4/1959, S. 13.

202 Vgl. Siepmann, Eckhard: Bikini. In Bikini (wie Anm. 12), S. 265 f.

203 Hübner, Heinz Werner: Wandel durch Anordnung. Hörfunk und Fernsehen in vier Jahrzehnten. In: Die Zeit, 2.8.1985.

204 Süskind, W. E.: Literatur – Rundfunk – Fernsehen. Die Deutsche Akademie für Sprache und Dichtung tagt. In: Süddeutsche Zeitung, Jg. 1955.

205 Koch/Glaser: Ganz Ohr (wie Anm. 153), S. 254 ff.

206 Zit. nach Steininger, Rolf: Rundfunkpolitik im ersten Kabinett Adenauer. In Lerg, Winfried, B./Steininger, Rolf (Hg.): Rundfunk und Politik 1923–1973. Berlin 1975, S. 342.

207 Zit. nach Bikini (wie Anm. 12).

208 Frei, Alfred Georg: Finale Grande. Die Rückkehr der Fußballweltmeisterschaft 1954. Berlin 1994, S. 15 f.

209 Ebd., S. 137 f.

210 Vgl. Maegerlein, Heinz: Als der Sport ein Spaß war. In Franck: Die fünfziger Jahre (wie Anm. 36), S. 170 ff.

211 Thomas, Friedrich: Aspekte der Verfassungsentwicklung und der individuellen (Grund)Rechtsposition in der DDR. In Kaelble, Hartmut/Kocka, Jürgen/Zwahr, Hartmut (Hg.): Sozialgeschichte der DDR. Stuttgart 1994, S. 487.

212 Kunert, Günter: Der verschlagene Biedermann. In: Der Spiegel, 37/1999, S. 178.

213 Ebd., S. 178 ff.

214 Zit. nach Huf: Land der großen Mitte (wie Anm. 34).

215 Kuby, Erich: Das ist des Deutschen Vaterland. 70 Millionen in zwei Wartesälen (1957); o. O. 1959, S. 194 f., 205.

216 Ebd., S. 195.

217 Vgl. Mittenzwei, Werner: Die Intellektuellen. Literatur und Politik in Ostdeutschland 1945–2000. Leipzig 2001, S. 69.

218 Vgl. Kleßmann, Christoph: Aufbau eines sozialistischen Staates. In: Informationen zur politischen Bildung, 256/1997, S. 24.

219 Rexin, Manfred: Stalins langer Schatten: Die DDR. In: Franck: Die fünfziger Jahre (wie Anm. 36), S. 90.

220 Kleßmann: Aufbau (wie Anm. 218), S. 27 f.

221 Zit. nach Jäger, Manfred: Kultur und Politik in der DDR 1945–1990. Köln 1994, S. 71.

222 Zwerenz, Gerhard: Zorn ist eine Moral. Gedanken zwischen West und Ost. In: Merkur, 149/1960, S. 659.

223 Vgl. Olles, Helmut: Literaturlexikon 20. Jahrhundert. Bd. 3. Reinbek bei Hamburg 1971, S. 849.

224 Müthel, Eva: Für dich blüht kein Baum. Frankfurt a. M. 1959.

225 Hornstein, Erika von: Flüchtlingsgeschichten. 43 Berichte aus den frühen Jahren der DDR. (Neuauflage) Nördlingen 1985.

226 Kempowski, Walter: Im Block. Ein Haftbericht. Reinbek bei Hamburg 1969.

227 Johnson, Uwe: Ingrid Babendererde. Reifeprüfung (1953). Frankfurt a. M. 1985.

228 Ders.: Mutmaßungen über Jakob. Frankfurt a. M./Hamburg 1962. Vgl. dazu auch Maron, Monika: Stille Zeile sechs. Roman. Frankfurt a. M. 1991, S. 200, 30, 156.

229 Zit. nach Emmerich, Wolfgang: Kleine Literaturgeschichte der DDR. Leipzig 1996, S. 35.

230 Zit. nach ebd., S. 35 f.

231 Zit. nach Jäger: Kultur (wie Anm. 221), S. 34.

232 Zit. nach Symbole für das neue Deutschland. Welcher Name? Welche Hymne? Welcher Feiertag? In: Die Zeit, 15.6.1990.

233 Vgl. Raddatz, Fritz J.: Die Selbstverstümmelung des Johannes R. Becher. Expressionistischer Dichter, gläubiger Kommunist, Kulturminister der DDR: ein tragischer, ein exemplarischer Lebenslauf. In: Die Zeit, 1.11.1991. Vgl. auch Dwars, Jens-Fietje: Abgrund des Widerspruchs. Das Leben des Johannes R. Becher. Berlin 1999.

234 Zit. nach: DDR-Minister warf sich Mitschuld an der Barbarei Stalins vor. In: Frankfurter Rundschau, 10.6.1988.

235 Zit. nach Jäger: Kultur (wie Anm. 221), S. 35.

236 Zit. nach ebd., S. 35 f.

237 Vgl. Hasche, Christa/Schölling, Traute/Fiebach, Joachim: Theater in der DDR. Chronik und Positionen. Berlin 1994, S. 27.

238 Zit. nach Jäger: Kultur (wie Anm. 221), S. 80.

239 Zit. nach ebd., S. 82.

240 Janka, Walter: Schwierigkeiten mit der Wahrheit. Reinbek bei Hamburg 1989, S. 105.

241 Ebd., S. 91.

242 Thomas: Zweimal deutsche Kunst (wie Anm. 191), S. 10 f.

243 Vgl. Gillen, Eckhart: Kunst in der Sowjetischen Besatzungszone und in der DDR 1945–1990. Text zur Dia-Serie. Inter Nationes Bonn.

244 Henselmann, Hermann: Zielbewusste Kunstausstellung. In: Aufbau, 4/1946, S. 428.

245 Vgl. Abusch, Alexander: Die Diskussion in der Sowjetliteratur und bei uns. In: Neues Deutschland, 4.1.1950.

246 Thomas: Zweimal deutsche Kunst (wie Anm. 191), S. 59.

247 Zit. nach Schittly, Dagmar: Zwischen Regie und Regime. Die Filmpolitik der SED im Spiegel der DEFA-Produktionen. Berlin 2002, S. 56.

248 Vgl. ebd., S. 58.

249 Ebd., S. 69.

250 Vgl. Groth, Joachim-Rüdiger: Partei, Staat und Literatur in der DDR – Grundlagen, Interpretationen und Hinweise für den Unterricht. In Rüther, Günther (Hg.): Kulturbetrieb und Literatur in der DDR. Köln 1987, S. 327.

251 Allemann, Fritz René: Brief aus Westdeutschland. Bonn ist nicht Weimar. In: Der Monat, 76/1955, S. 333 ff. Vgl. ders.: Bonn ist nicht Weimar. Köln 1956.

252 Ders.: Bonn ist nicht Weimar. Zehn Jahre danach. In: Der Monat, 200/1965, S. 9.

253 Ein von Odo Marquard in anderem Zusammenhang geprägter Begriff. Vgl. dazu Glaser: Kleine deutsche Kulturgeschichte (wie Anm. 159), S. 293 ff.

254 Zit. nach Conrady, Karl Otto: Das große deutsche Gedichtbuch. Von 1500 bis zur Gegenwart. München/Zürich 1992, S. 778.

Literatur

Die Anzahl der Publikationen über die fünfziger Jahre, allgemein und auf Spezialfragen bezogen, ist ungemein groß; die Bibliographie in Axel Schildts Standardwerk „Moderne Zeiten, Freizeit, Massenmedien und ‚Zeitgeist‘ in der Bundesrepublik der 50er Jahre“ (Hamburg 1995) umfasst über 3000 Titel. Hier werden vorwiegend einige leicht zugängliche Überblicksdarstellungen aufgeführt und zwar solche, die das Jahrzehnt von 1950 bis 1960 zum Thema haben oder dieses im Rahmen einer Gesamt- beziehungsweise Kulturgeschichte der Bundesrepublik wie der DDR angemessen berücksichtigen; vor allem handelt es sich um Werke, die in diesem Buch zitiert sind.

Arnold, Heinz Ludwig (Hg.): Die deutsche Literatur 1945–1960. 4 Bände. Bd. 3: Im Treibhaus 1953–1956. München 1995.

Bänsch, Dieter (Hg.): Die fünfziger Jahre. Beiträge zu Politik und Kultur. Tübingen 1985.

Barth, Bernd-Rainer/Links, Christoph/Müller-Enbergs, Helmut/Wielgohs, Jan (Hg.): Wer war Wer in der DDR. Ein biographisches Handbuch. Frankfurt a. M. 1995.

Benz, Wolfgang (Hg.): Die Geschichte der Bundesrepublik Deutschland. 4 Bände. Bd. 1: Politik; Bd. 2: Wirtschaft; Bd. 3: Gesellschaft; Bd. 4: Kultur. Frankfurt a. M. 1989.

Bracher, Karl Dietrich/Eschenburg, Theodor/Fest, Joachim C./Jäckel, Eberhard (Hg.): Geschichte der Bundesrepublik Deutschland in fünf Bänden. Bd. 2: Schwarz, Hans-Peter: Die Ära Adenauer 1949–1957. Stuttgart, Wiesbaden 1981. Bd. 3: Schwarz, Hans-Peter: Die Ära Adenauer 1957–1963. Stuttgart/Wiesbaden 1983.

Bollenbeck, Georg/Kaiser, Gerhard (Hg.): Die janusköpfigen 50er Jahre. Wiesbaden 2000.

Bundeszentrale für politische Bildung (Hg.): Die Teilung Deutschlands 1955 bis zur Einheit. Informationen zur politischen Bildung, Heft 233/1991.

Bundeszentrale für politische Bildung (Hg.): Deutschland in den fünfziger Jahren. Informationen zur politischen Bildung, Heft 256/1997.

Delille, Angela/Grohn, Andrea: Blick zurück aufs Glück. Frauenleben und Familienpolitik in den 50er Jahren. Berlin 1985.

Elefanten Press (Hg.): Bikini. Die fünfziger Jahre. Kalter Krieg und Capri-Sonne. Berlin 1981.

Elefanten Press (Hg.): Perlonzeit. Wie die Frauen ihr Wirtschaftswunder erlebten. Berlin 1985.

Emmerich, Wolfgang: Kleine Literaturgeschichte der DDR. Leipzig 1996.

Faulstich, Werner (Hg.): Die Kultur der fünfziger Jahre. München 2002.

fifty fifty. Formen und Farben der 50er Jahre. Katalog zur Ausstellung des Kulturzentrums Ludwigsburg. Stuttgart 1987

Franck, Dieter (Hg.): Die fünfziger Jahre. Als das Leben wieder anfing. München/Zürich 1981.

Frei, Norbert: Karrieren im Zwielicht. Hitlers Eliten nach 1945. Frankfurt a. M./New York 2001.

Glaser, Hermann (Hg.): Bundesrepublikanisches Lesebuch. Drei Jahrzehnte geistiger Auseinandersetzung. München/Wien 1978.

Glaser, Hermann: Kulturgeschichte der Bundesrepublik Deutschland. 3 Bände. Bd. 2: Zwischen Grundgesetz und Großer Koalition 1949–1967. München/Wien 1986.

Glaser, Hermann: Deutsche Kultur 1945–2000. München, Wien 1997.

Glaser, Hermann: Kleine deutsche Kulturgeschichte. Eine west-östliche Erzählung vom Kriegsende bis heute. Frankfurt a. M. 2004.

Görtemaker, Manfred: Geschichte der Bundesrepublik Deutschland. Von der Gründung bis zur Gegenwart. München 1999.

Goeschen, Ulrike: Vom sozialistischen Realismus zur Kunst im Sozialismus. Die Rezeption der Moderne in Kunst und Kunstwissenschaft der DDR. Berlin 2001.

Gries, Rainer: Produkte als Medien. Kulturgeschichte der Produktkommunikation in der Bundesrepublik und der DDR. Leipzig 2003.

Grube, Frank/Richter, Gerhard (Hg.): Das Wirtschaftswunder. Unser Weg in den Wohlstand. Hamburg 1983.

Hasche, Christa/Schölling, Traute/Fiebach, Joachim: Theater in der DDR. Chronik und Positionen. Berlin 1994.

Helwig, Gisela/Nickel, Hildegard (Hg.): Frauen in Deutschland 1945–1992. Bonn 1993.

Helwig, Gisela (Hg.): Rückblicke auf die DDR. Festschrift für Ilse Spittmann-Rühle. Köln 1995.

Hermand, Jost: Kultur im Wiederaufbau. Die Bundesrepublik Deutschland 1945–1965. München 1986.

Historisches Museum der Pfalz (Hg.): Jugendjahre. Teens und Twens zwischen 1950 und 2000. Fotografien aus den Bildarchiven der dpa. Speyer 2001.

Hoffmann, Hilmar/Klotz, Heinrich (Hg.): Die Kultur unseres Jahrhunderts 1945–1960. Düsseldorf/Wien/New York 1991.

Jäger, Manfred: Kultur und Politik in der DDR. 1945–1990. Köln 1994.

Kleßmann, Christoph: Die doppelte Staatsgründung. Deutsche Geschichte 1945–1955. Bonn 1982.

Koetzle, Michael/Sembach, Klaus-Jürgen/Schölzel, Klaus: Die Fünfziger Jahre. München 1998.

Kunst und Kirche, Heft 4/1998: Die 50er Jahre – Halbzeit der Moderne.

Maenz, Paul: Die 50er Jahre. Formen eines Jahrzehnts. Stuttgart 1978.

Mayer, Hans: Die umerzogene Literatur. Deutsche Schriftsteller und Bücher 1945–1967. Berlin 1988.

Merkel, Ina: ... und Du, Frau an der Werkbank. Die DDR in den fünfziger Jahren. Berlin 1990.

Mittenzwei, Werner: Die Intellektuellen. Literatur und Politik in Ostdeutschland von 1945 bis 2000. Leipzig 2001.

Museumspädagogischer Dienst Berlin (Hg.): Kunstdokumentation. 1945–1990. SBZ/DDR. Aufsätze. Berichte. Materialien. Berlin 1996.

Schäfers, Bernhard: Sozialstruktur und sozialer Wandel in Deutschland. Stuttgart 2004.

Schittly, Dagmar: Zwischen Regie und Regime. Die Filmpolitik der SED im Spiegel der DEFA-Produktionen. Berlin 2002.

Seitz, Norbert: Die Kanzler und die Künste. Die Geschichte einer schwierigen Beziehung. München 2005.

Schoeller, Wilfried F. (Hg.): Diese *merk*würdige Zeit. Leben nach der Stunde Null. Ein Textbuch aus der „Neuen Zeitung“. Frankfurt a. M./Wien/Zürich 2005.

Sontheimer, Kurt: Die Adenauer-Ära. Grundlegung der Bundesrepublik. München 1991.

Spittmann, Ilse/Helwig, Gisela (Hg.): DDR-Lesebuch. Stalinisierung 1949–1955. Köln 1991.

Thomas, Karin: Zweimal deutsche Kunst nach 1945. 40 Jahre Nähe und Ferne. Köln 1985.

Trommler, Frank: Sozialistische Literatur in Deutschland. Ein historischer Überblick. Stuttgart 1976.

Winkler, Heinrich August: Der lange Weg nach Westen. Bd. 2: Deutsche Geschichte vom „Dritten Reich“ bis zur Wiedervereinigung. München 2000.

Wuppertaler Gespräch 1: Die Zähmung der Avantgarde. Zur Rezeption der Moderne in den 50er Jahren. Frankfurt a. M. 1997.

Zaunschirm, Thomas: Die Fünfziger Jahre. München 1980.

Sachregister

Bei Erwähnungen in der Zeittafel (Z) ist anstelle der Seitenzahl das Jahr angegeben.

Personenregister

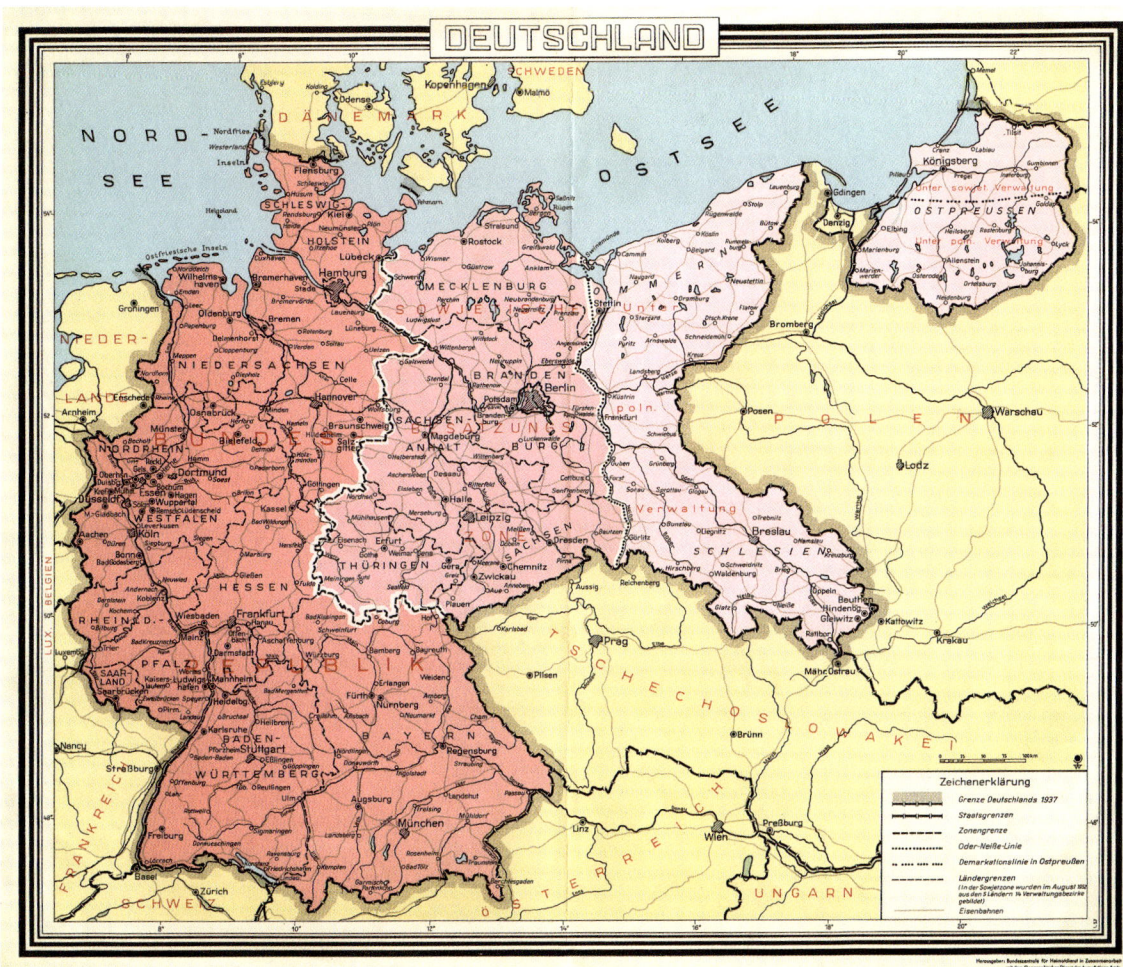

Karte des „dreigeteilten"
Deutschland nach 1945,
herausgegeben von der
Bundeszentrale für Hei-
matdienst im Jahr 1957

Cay Rademacher
Wer war Jesus?
Der Mensch und der Mythos
168 Seiten mit 10 Abbildungen
ISBN 3-8319-0197-X
In Zusammenarbeit mit GEO

Jesus von Nazareth predigte vor zwei Jahrtausenden in einer entlegenen Randregion des römischen Weltreiches. Und doch hat seine Lehre die Weltgeschichte verändert. Heute berufen sich über eine Milliarde Menschen auf ihn. Aber wer ist er gewesen? Der Journalist und Historiker Cay Rademacher hat auf der Grundlage der neuesten wissenschaftlichen Erkenntnisse eine moderne Biographie geschrieben über Jesus und die Welt, in der er wirkte.

Hermann Glaser
Wie Hitler den deutschen Geist zerstörte
Kulturpolitik im Dritten Reich
280 Seiten mit 23 Abb.
ISBN 3-8319-0227-5

Das nationalsozialistische Terror-Regime betrieb die systematische Zerstörung des deutschen Geistes. Bedeutende Vertreter der modernen Kunst wurden als „entartet" diffamiert. Hermann Glaser fasst im vorliegenden Buch seine Forschungen zur Genealogie der NS-Weltanschauung zusammen und beschreibt die Auswirkungen von Zensur, „Gleichschaltung" und Verfolgung auf Kultur, Unterhaltung, Erziehung und Wissenschaft im Dritten Reich.

Moses Goldschmidt
Mein Leben als Jude in Deutschland 1873–1939
208 Seiten
ISBN 3-8319-0176-7

Moses Goldschmidts Leben von der Zeit des Kaiserreichs bis zur Herrschaft der Nationalsozialisten ähnelt dem anderer gutbürgerlicher Juden in Deutschland. 1873 als Sohn einer jüdisch-orthodoxen Familie in Hamburg geboren, praktizierte er seit 1901 als Arzt. 1939 emigrierte er nach Brasilien, wo er 1943 starb. In seinen Erinnerungen schildert er mit viel Gespür für die Zeitströmungen den Alltag in Hamburg. Am Beispiel dieser jüdischen Familie wird der schleichende Antisemitismus in der deutschen Geschichte deutlich, der in der Katastrophe des Dritten Reiches endete und dessen Auswirkungen die folgenden Jahrzehnte nachhaltig geprägt haben.

Heinrich Jaenecke
Der blinde Adler
Reflexionen über Deutschland
304 Seiten mit 31 Abb.
ISBN 3-8319-0228-3
In Zusammenarbeit mit GEO-Epoche

Kein europäisches Volk hat so viele und so tiefe Umbrüche in seiner jüngeren Geschichte erlebt wie das deutsche. Als Angehöriger der Generation, die Hitler und den Zweiten Weltkrieg noch unmittelbar erlebt hat, spürt der Journalist und Zeitkritiker Heinrich Jaenecke den Bruchstellen der deutschen Geschichte nach. Die hier versammelten Arbeiten schlagen den Bogen über zwei Jahrhunderte von Friedrich dem Großen bis in die Gegenwart. Jaenecke lässt die „Geschichten in der Geschichte" lebendig werden.

Flucht und Vertreibung. Europa zwischen 1939 und 1948
Mit einer Einleitung von Arno Surminski
280 Seiten mit 204 Abbildungen
ISBN 3-8319-0173-2
In Zusammenarbeit mit GEO

Flucht und Vertreibung, Verschleppung und Zwangsarbeit – davon waren infolge des Zweiten Weltkriegs
Millionen Menschen betroffen. Der vorliegende Band
vereint Beiträge von Historikern und Zeitzeugen zu
einem umfassenden Überblick über das damalige
Geschehen aus heutiger Perspektive. Es werden
sowohl die Vorgeschichte als auch die psychischen
Spätfolgen, Ereignisse ebenso wie „Erinnerungspoli-
tik" berücksichtigt. Mit über 200 historischen Fotos,
Dokumenten und Karten.

Kriegsende in Deutschland
Mit einer Einleitung von Ralph Giordano
256 Seiten mit 153 Abbildungen
ISBN 3-8319-0195-3
In Zusammenarbeit mit GEO

Das Frühjahr 1945 bedeutete für die Deutschen die
Befreiung vom NS-Terror, das Ende der Kämpfe und
Bombennächte, aber auch den Beginn von Flucht, Vertreibung und Gefangenschaft. Der reich bebilderte wis-
senschaftliche Sammelband informiert über die Ereignisse der letzten Kriegsmonate und darüber, wie sie von
Soldaten und Zivilisten, KZ-Häftlingen und Flüchtlingen, Kindern und Jugendlichen erlebt wurden. Thema
ist auch die spätere Erinnerung an die „Stunde Null".

Christoph Kucklick
Feuersturm. Der Bombenkrieg gegen Deutschland
152 Seiten mit 120 Abbildungen
ISBN 3-8319-0134-1
In Zusammenarbeit mit GEO

Mehr als 1000 deutsche Städte und Dörfer wurden im
Zweiten Weltkrieg von alliierten Bombern in Schutt
und Asche gelegt, rund 500 000 Menschen starben.
Die Hansestadt Hamburg ging 1943 in einem Feuersturm unter, 35 000 Einwohner starben qualvoll.
Christoph Kucklick befasst sich mit der Frage, ob das
in seinem Ausmaß einmalige Flächenbombardement
im Kampf gegen Nazi-Deutschland militärisch sinnvoll
und moralisch legitim war. In Auseinandersetzung mit
neuesten Erkenntnissen der Forschung rekonstruiert er
die historische Entwicklung des Bombenkriegs und
schildert den Ablauf der Angriffe.

Der Neubeginn. Deutschland zwischen 1945 und 1949
Mit einer Einleitung von Arno Surminski
256 Seiten mit 155 Abbildungen
ISBN 3-8319-0226-7
In Zusammenarbeit mit GEO

Wie erlebten die Deutschen die ersten Jahre nach dem
Zweiten Weltkrieg? Historiker, Journalisten und Zeitzeugen schildern die lange Stunde Null vom Kriegsende
und der Besetzung durch die Alliierten über den begin-
nenden Kalten Krieg bis zur Gründung der beiden
deutschen Staaten. Der Alltag in Trümmern, das Schicksal der Vertriebenen, Kriegsgefangenen und Heimkeh-
rer, der Kampf ums Überleben zwischen Schwarz-
markt, Marshall-Plan und Währungsreform sind ebenso Thema wie die alliierten Versuche der Entnazifizierung und die Auseinandersetzung mit deutscher
Schuld, die Anfänge von Presse, Rundfunk, Film, Theater und Literatur, die Neugründung politischer Parteien
in Ost und West und der Weg zum Grundgesetz.

Bildnachweis

Akademie der Künste Berlin, Archiv: S. 149 (Plakatsammlung), 160/161 (Bertolt-Brecht-Archiv), 167
akg-images, Berlin: Umschlag Rückseite o. li.; S. 15, 23, 35, 87 li. (Columbia Pictures/Album), 87 re., 96, 103 (Hugo Jehle), 107 u., 158 re.
Archiv Ellert & Richter, Hamburg: Umschlag Rückseite o. re.; S. 7, 20, 22 u., 26, 32, 33, 39, 45, 46, 59, 64, 65, 69, 70 li., 70 re., 76/77, 85, 89 li., 98, 104 o., 104 u., 117, 129, 130, 133 li., 144 li., 152 Mi., 152 o., 173
Archiv der Hamburgischen Staatsoper: S. 118 o.
Archiv Hermann Glaser, Roßtal: S. 18 re., 28, 38, 48/49, 51, 52, 54, 58 o. li., 63, 78, 81, 121, 171
Archiv der sozialen Demokratie der Friedrich-Ebert-Stiftung, Bonn: S. 40 li. (6/PLKA004734), 43 (6/PLKA008553)
Artothek, Weilheim: S. 125 (Hamburger Kunsthalle/VG-Bild-Kunst)
Bayreuther Festspiele GmbH: S. 122 (Siegfried Lauterwasser)
bpk, Berlin: S. 11 (Wundshammer), 17, 18 li., 27, 37, 41 li. (Rohwedder), 41 re. (Eschen), 61 (Hubmann), 71 (Rohwedder), 72 u. (Seidenstücker), 99 o., 99 u. (Stein), 101 o., 101 u. (Ebert), 107 o., 108 o., 114 (McBride), 123 (Hubmann); 126, 127 (beide: Hamburger Kunsthalle/VG-Bild-Kunst); 135 o., 141, 148 (Pabel), 158 li. (Tüllmann), 159 li. (Moll), 159 re. (Kiesling), 165 re. (Wundshammer), 169 (Nationalgalerie Staatliche Museen zu Berlin/Foto: Jörg P. Anders/VG-Bild-Kunst), 197
J. H. Darchinger, Bonn: S. 82, 113
defd, Hamburg: S. 94/95, 133 re.
DHM, Berlin: Titel; S. 13, 21, 29 (Gronefeld), 44, 62 o. li., 72 o., 89 re., 134, 136, 143, 153, 156/157, 168 (© Staatliche Museen zu Berlin)
dpa Picture-Alliance GmbH, Frankfurt a. M.: S. 24, 47, 118 u., 119 (Herold), 150, 151 u., 165 li.
Manfred Günther, Oberschleißheim: S. 75
Interfoto, München: S. 136/137 (Weber)
Sascha Jaeger, Düsseldorf: Umschlag Rückseite u. li.; S. 58 o. re., 58 u. li.
Keystone/Conti Press: 40 re., 155 u. re., 163 re.
Günter Kunert, Kaisborstel: S. 162 li.
Landesarchiv Berlin/Willy Kiel: S. 92
Lappan-Verlag, Oldenburg: S. 115 u.
Heiner Müller-Elsner/Agentur Focus: S. 53, 55
Museum für Kunst und Gewerbe, Hamburg: 58 u. re., 80 (Entwurf: Witte), 132
Presse- und Informationsamt der Bundesregierung (Bundesbildstelle), Berlin: S. 19
Mit freundlicher Genehmigung der Firma rasch, Bramsche: Vor-/Nachsatz; S. 56
Rowohlt Verlag, Reinbek: S. 116
Stiftung Deutsche Kinemathek, Berlin: S. 128, 170
Stiftung Haus der Geschichte/Zeitgeschichtliches Forum Leipzig: S. 152 u.
SV-Bilderdienst, München: Umschlag Rückseite Mi. (Fischer); S. 30/31 (Fischer), 86, 109, 120, 131, 138 li. (Sessner), 142 o. (Sven Simon), 142 u. (Poehlmann), 175

ullstein bild, Berlin: Umschlag Rückseite u. re.; S. 8, 9, 10, 22 o., 34, 57, 66/67, 73, 90 o., 90 u., 97, 100, 105, 135 u. li. (Lindinger), 135 u. re. (Bethke), 138 re., 144 re., 145 (Scholz), 147, 151 o., 155 o., 163 li.
© Walt Disney: S. 115 o. re
Micky Waue, Friedrichsdorf: S. 115 o. li.
Sowie aus:
Für Heiner Müller. Arbeitsbuch, hg. von Frank Hörnigk u. a. Berlin 1996: S. 162 re.
Vom New Look zum Petticoat. Deutsche Modephotographie der fünfziger Jahre, hg. von F.C. Gundlach. Berlin 1984: S. 62 o. Mi. (Hubs Flöter), 62 o. re., 62 u. Mi. (F.C. Gundlach)
ModeWelten F.C. Gundlach. Photographien 1950 bis heute, hg. von Klaus Honnef. Berlin 1984: S. 62 u. li./re.

Impressum

Bibliographische Information der Deutschen Bibliothek
Die Deutsche Bibliothek verzeichnet diese Publikation in der Deutschen Nationalbibliographie; detaillierte bibliographische Daten sind im Internet über <http://dnb.ddb.de> abrufbar.

ISBN 3-8319-0233-X

Text und Bildlegenden: Hermann Glaser, Roßtal
Lektorat und Bildredaktion: Annette Krüger, Hamburg
Gestaltung: Büro Brückner + Partner, Bremen
Lithographie: Griebel-Repro, Hamburg
Druck: Girzig + Gottschalk, Bremen
Bindung: Buchbinderei S. R. Büge GmbH, Celle

Titelfoto: Besucherinnen der Automobilausstellung Frankfurt a. M. 1953
Umschlag Rückseite:
Bild links oben: Wahlplakat der CSU, September 1957
Bild links unten: Blumenbeistelltisch in Nierenform
Bild Mitte: Wahl zur „Miss-Strumpf", München 1952
Bild rechts oben: Romy Schneider und Karlheinz Böhm in der Filmtrilogie „Sissi" (1955–1957)
Bild rechts unten: Brigitte Bardot in dem Film „Und ewig lockt das Weib" (1957)
Vor- und Nachsatz: „rasch-Künstler-Tapete", Kleinmuster von Arnold Bode